유럽의 구원으로서 지방자유

Gemeindefreiheit
als Rettung Europas

윤리적 역사관 개요
Grundlinien einer ethischen
Geschichtsauffassung

아돌프 가써(Adolf Gasser)/ 이기우 역

제2, 전면증보판

박영사

역자 서문

　스위스의 역사가인 아돌프 가써(Adolf Gasser)는 제2차 세계대전 중에 왜 어떤 나라는 민주주의 국가에서 전체주의 국가로 전락하여 국민의 자유를 억압하고 세계평화를 위협하고, 어떤 나라는 온갖 역경하에서도 민주주의를 지탱하면서 전체주의를 막아내고 있는가 하는 의문을 제기하였다. 가써는 이 질문에 답하기 위하여 "유럽의 구원으로서 지방자유(Gemeindefreiheit in Europa)"를 1943년에 출판하였고 1947년에 전면 증보판을 내었다(이 책은 1947년 전면 증보판을 번역한 것이다). 그의 노력으로 유럽공동체의 지역위원회가 설치되었고, 유럽지방자치헌장이 탄생하여 지방자치문제가 단순히 국내 문제를 넘어 국제법적인 문제로 되었으며, 나아가서 세계 지방자치헌장 제정운동의 출발점이 되었다.

　1950년대 초에 영국의 한 기자는 "대한민국에서 민주주의를 기대하는 것은 쓰레기통에서 장미꽃이 피기를 기대하는 것과 같다."는 비관적인 전망을 하였다. 하지만 4·19 혁명과 6월 혁명으로 불가능한 것으로 보였던 민주주의 헌법체제를 국민들의 용기와 희생으로 쟁취하였다. 하지만 대한민국의 민주주의는 여전히 안정되지 못하고, 전체주의와 포퓰리즘의 그림자가 어

1

른거리고 있다. 정치가 경제와 국민행복의 디딤돌이 되지 못하
고 걸림돌이 되고 있다. 역자는 오랫동안 지방자치를 정착시켜
아래로부터 정치를 바꾸려는 노력을 해왔으나 대부분 성공하지
못하였다. 이런 비관적인 상황에서 돌파구를 찾으려는 몸부림 속
에서 읽은 가써의 "유럽의 구원으로서 지방자유"는 "대한민국의
구원으로서 지방자유"로 다가왔다. 그것은 "자유질서원칙으로서
지방주의(Kommunalismus als freiheitliches Ordnungsprinzip)"
이다. 이를 공유하기 위하여 번역판을 낸다. 대한민국의 정치위
기의 본질을 규명하고 돌파구를 찾는 분들에게 이 책이 큰 도움
이 될 것이라고 확신한다.

2022. 1.

역자

머리말

이 책에 제시되는 역사적 해석은 1938년부터 다양한 문헌에 이미 발표된 것이다. 여기서는 필자의 "국민자유와 민주주의의 역사(Geschichte der Volksfreiheit und der Demokratie)"(Aarau, 1939)에 대해서만 언급하고자 한다. 이 글은 1940년 1월에 나치독일에 의해 금지되었으나 종전 전에 이탈리아 반파시스트적인 저항세력에 의해서 비밀리에 번역되고 출판되었다.

이 책이 출간된 이후로 바젤대학에서 강의의무 외에 1940년 8월부터 매주 바젤 나치오날-차이퉁(바젤의 신문이름)에 쓰는 논설은 항상 결정적인 핵심문제를 부각시켜야 할 계기를 제공해 주었다. 그 사이에 일어난 세계적인 사건에 따라 내가 대변하는 윤리적인 역사해석에 대해 1938/39년과 같은 제한된 요강뿐만 아니라 제대로 개요를 쓰고 그로부터 도출되는 현실적인 결론을 내려야 할 필요가 절실했다.

두 가지 형태의 사회적 사고가 우리 시대에 널리 알려져 있다. 헌법적 사고와 경제적 사고이다. 헌법적인 보장에 의해 정치적인 자유와 정치적인 민주주의를 보장하려고 한다. 경제적인 개혁을 통해서 사회적인 자유와 사회적인 민주주의로 나아가려 한다.

3

이러한 일반적인 견해와 달리 여기서는 그것이 행정적인 자유와 지방자유가 연계되지 않는 한 정치적인 자유는 사회적 자유와 마찬가지로 결코 지속적일 수 없다는 것을 밝힌다. 헌법적 사고와 경제적 사고는 물론 중요하지만, 국가를 형성하는 정신적이고 윤리적인 힘을 올바르게 이해하고 생생한 이해를 위해서는 언제나 행정사고를 통해야만 한다.

이 책의 초판은 1943년 가을에 출간되었다. 초판에 비해서 제2판은 대폭 증보되었다(특히 13, 17, 19, 20, 24, 29, 30, 32, 33, 35절). 프랑스어판과 이탈리아어판에도 이러한 증보가 이루어졌다.

이 책의 제목은 다음과 같은 사고과정을 축약한 것이므로 이를 밝혀두고자 한다. "모든 유럽의 정치적, 사회적, 도덕적 회복을 위해 불가결한 조건으로서 광범위한 지방의 재량자유(Umfassende kommunale Ermessensfreiheit als unentbehrliche Voraussetzung für jede politische, soziale, moralische Gesundung Europas) 이다."

1946년 10월, 바젤에서

아돌프 가써

목차

Ⅲ. 지방부자유의 세계
(위로부터 구성된, 위계적인 명령행정과
복종에 기초한 국가기구)

Ⅳ. 지속적인 유럽민주화의 길

Ⅴ. 권력적 집단주의의 극복

한 국민은 지방자치제도 없이도 자유로운 정부를 가질 수 있지만, 자유의 정신은 가질 수 없다. 일시적인 열정, 순간적인 이익, 우연한 상황에 따라 겉보기에 독립을 줄 수는 있을지 모르지만 사회 깊숙이 도사리고 있는 전제적인 경향이 조만간에 표면으로 다시 나타날 것이다.

— Alexis de Tocqueville(1835)

I. 자유와 질서의 유기적 결합으로서 지방주의(Kommunalismus)

1. 건강한 민주주의와 취약한 민주주의

1930년대에 "민주주의"가 현대적인 시대문제를 해결할 수 없고 그 불완전함으로 인해 모든 곳에서 몰락에 직면하고 있다는 여론이 넓게 확산되었다. 게다가 전체주의 국가의 프로파간다는 1789년 시작된 자유와 민주주의의 시대가 오늘날 거의 끝나가고 있다는 데 초점을 두었다. 이러한 주장들은 결코 터무니없는 것으로 보이지 않았다. 왜냐하면 많은 사람들이 1919년부터 사건들의 흐름상 다른 결론을 내릴 수 없다고 믿었기 때문이다.

알다시피 1919년에 러시아국경에 이르는 모든 유럽국가들은 민주화되었고 의회주의화되었다. 당시에 유럽의 국민들은 거의 모든 곳에서 일반·비밀 선거권과 헌법적으로 보장된 개인적 자유, 권력분립제도를 가지게 되었다. 민주주의를 완전하게 만들려는 노력의 결과로 여성선거권과 비례선거제도도 실현되었다.

그럼에도 불구하고 "유럽을 민주적으로 성숙시키는" 1919년의 대실험은 완전히 실패했다. 특히 자유주의적인 국가제도를 새로 도입한 곳에서는 그것이 금방 실종되고 독재적인 정부체제가 다시 등장하였다. 자유와 민주주의는 실종되었다. 이탈리아에서는 1922년, 스페인에서는 1923년(1931년까지, 또 다시 1936~39), 불가리아에서는 1923년(1931년까지, 또 다시 1935년), 그리스에서는 1925년(1926년까지, 또 다시 1935년), 폴란드에서는 1926년에, 리투아니아에서는 1926년, 포르투갈에서는 1926년, 유고슬로바키아에서는 1929년, 독일에서는 1933년, 에스토니아에서는 1934년, 라트비아에서는 1934년, 루마니아에서는 1937년에, 도시를 제외하고는 비밀투표가 없었던 헝가리도 같은 맥락에서 거론될 수 있다. 거기에서는 이미 1920년대에 자유와 민주주의는 매우 한정된 범위에서 존재했다.

"유럽민주주의의 떼죽음"은 자유로운 국가헌법의 붕괴가 대체로 대외정치적 이유가 아니라 국내정치적 이유로 인해 일어났다는 것을 보여준다. 민주주의는 정치적 자유가 오래전부터 자리 잡지 못한 국가에서 사실상 마비되었다. 왜냐하면 자유와 질서를 결합하는 데 성공하지 못하였고, 사회적이고 정치적인 대립이 만연할 수밖에 없으며, 민주적 제도의 순조로운 발전이 불가능하게 되었기 때문이다. 이는 바로 독일에서도 마찬가지 였다. 거기에서는 베르사유 평화체제로 인해 바이마르의 공화 제헌법(1919년부터 1933년까지)이 인기를 얻지 못한 측면도 있 지만, 엄밀하게 살펴보면 독일공화국은 무엇보다도 내부정치적 으로 죽음의 씨앗을 품고 있었다. 많은 다른 나라의 상황이 입증 하듯이, 1933년의 독일 국가사회주의의 승리는 전체 유럽에서 일어난 현상의 일부에 불과한 것으로 보인다.

나아가서 프랑스 민주주의의 붕괴도 동일한 전개과정으로 분 석할 수 있다. 1934년에서 1938년까지 프랑스를 파괴한 심각 한 사회적 갈등은 이미 제3공화국에서 가장 위험한 병균으로 분 명하게 지적되었다. 1940년 군사적 파멸이 국가를 휩쓸었을 때 국회는 이미 압도적인 다수가 자진해서 포기하려고 했다. 의심 의 여지없이 1940년에 처한 상황에서 페탱 원수의 권위주의적 체제수립은 광범위한 국민의 일시적인 의사에 따른 것이었다. 국가는 사태에 대한 책임을 의회민주주의에 돌리고, 재난이 닥 쳐도 지금까지의 이상을 위해 확고하게 헌신하는 것과는 거리 가 멀었다.

그러나 이 모든 것에서 서구적 민주주의 전체가 자연법칙에 따라 내부적으로 붕괴할 수밖에 없다는 결론을 내린 사람은 심 한 착각에 빠졌다. 특히 앵글로색슨계의 세계 강국에서는 전체 주의적 노력으로 더 이상 많은 국민들을 사로잡을 수 없었다. 오

히려 영국과 미국에서는 민주적인 장치들이 경제적인 위기에도
불구하고 확고하게 지속되었다. 두 국가에서는 전면전 속에서
도 자유로운 비판권이 침해받지 않고 광범위하게 존속했다. 또
한 피점령국가였던 덴마크, 노르웨이, 네덜란드는 멸망한 프랑
스와는 전혀 다른 내부적 저항력을 보여 주었다. 이들 작은 국가
에서는 압도적인 국민다수가 점령군에 의해 파괴되고 위험에
처한 민주적인 헌법을 불굴의 충성으로 지켰고, 권위주의 원칙
에 굴복한 소수의 이탈자를 처음부터 국가반역자로 증오하였
다. 같은 방식으로 우리 스위스에서도 민주주의의 적들이 부분
적으로만 있었지만, 그들은 일반적으로 멸시되었다.

　이 모든 것은 두 가지 종류의 민주주의가 있다는 것을 입증한
다. 민주주의에는 건강한 것과 취약한 것이 있다. 민주주의 그
자체가 실패했다거나 민주주의와 연계된 경제체제가 실패했다
는 주장은 하지 않도록 경계해야 한다. 오히려 통일적인 개념으
로 "민주주의"는 생활과 아주 동떨어진 추상적 개념이라는 점
을 유의해야 한다. 민주주의 개념은 다른 모든 사회적 보조개
념과 마찬가지로 국가에 따라 다른 내용을 가지고 있다. "그 민
주주의"와 "그 민주주주의"는 표면적으로 일치하는 헌법요소에
도 불구하고 근본적으로 다른 것일 수 있으며, 각 국민의 정신
적·정치적 입장이 그 본질을 결정하는 데 중요하다. 달리 말하
면 민주주의는 기본적으로 국가형태에 관한 것이 아니라 국민
정신에 관한 것이다.

　이로써 우리는 우리 시대의 근본문제에 도달한다. 왜 국가마다 자유민주적 이상에 대해서 그렇게 다양한 입장을 취하고 있는가? 왜 어떤 국민은 자유와 민주주의의 길을 동요없이 계속 가려고 하고, 왜 다른 국민은 이 길을 전혀 편하지 않게 느껴 다시 떠나는가? 이 질문은 대체로 분명한 대답이 주어질 수 있다. 건강한 민주주의와 취약한 민주주의는 명확하게 구분할 수 있는 다른 특징이 있기 때문이다. 이러한 명백한 특징은 지방과 지역의 자치행정의 구조에 있다.

　현재의 건강한 민주주의, 즉 스칸디나비아국가들(스웨덴, 핀란드, 덴마크, 노르웨이, 아일랜드), 앵글로색슨계(영국, 캐나다, 오스트레일리아, 뉴질랜드, 남아프리카공화국, 미국), 여기에 네덜란드와 스위스는 한 가지 측면에서 다른 서방국가들과는 근본적으로 대조를 이룬다. 모든 건강한 민주주의는, 서로 매우 다양하지만, 그들의 지방과 지역의 하위단체에서 유서깊고 특히 활력있는 자치행정시스템을 가지고 있다.

　이들 "옛날부터 자유로운 국민국가들"의 결정적인 특징은 행정의 광범위한 지방분권에 있다. 서방의 다른 국가들은 정반대의 특징을 가지고 있다. 프랑스, 독일, 남유럽국가들, 러시아 국경에 이르는 동유럽국가들, 라틴아메리카 국가들은 1919년에서 1939년 시기에 모두 압도적인 행정중앙집권주의를 특징으로 한다. 예컨대 1933년 이전 독일의 "주(Länder)"와 같이 자치적인 하위단체가 있는 곳에서도 그것이 언제나 다시 강력하게 중앙집권적으로 조직되어 있어서 지역과 지방에서 활력있는 자치행정의 공간이 없었다. 바로 지방분권화된 행정체제와 중앙집권화된 행정체제의 대립에서 우리는 왜 어떤 민주주의는 국민적으로 되어 보존될 수 있었고, 왜 다른 민주주의는 그렇지 못하였는지에 대한 해답의 실마리를 발견할 수 있다.

　민주주의는 작은 공간에서 날마다 실제적으로 행사되고 실현되는 곳에서만 큰 공간에서도 건강하게 발전할 수 있다는 것은 처음부터 명백하다. 두 가지 모순되는 자유와 질서의 조정을 위해서 국가헌법의 구축은 논리적으로 국가행정의 정비보다도 전혀 더 중요한 것이 아니다. 행정이 삶을 구체적으로 실현하는 것이라면, 성문헌법은 이론의 문제이다. 헌법시스템이 행정시스템과 내면적으로 충돌하면 생활과 유리되어 장기적으로 지탱할 수 없는 이론이 된다. 당시에 자유주의정신을 가진 젊은 트라이췌케가 말한 것은 여전히 타당하다(Heinrich von Treitschke, Selfgovernment, 1860): "한 국가의 헌법은 필연적으로 그의 행정질서로부터 나오고, 양자가 서로 일치하지 않으면 국가가 병들게 된다는 인식은 매우 드물다."

　그럼에도 불구하고 오늘날까지 국민적 민주주의와 지방자치와의 내면적 관계에 대해서는 너무 인식이 부족하다. 올바른 인식의 길을 열기 위해서는 심도 있는 입증이 불가피하다. 공동체 생활문제에 대해 보다 나은 설명이 필요하다. 모든 사회적 인식의 중심에 있는 근본문제에서 출발해야 한다. 도대체 어떻게 해야 정치적 공동체형성이 가능한가?

2. 모든 공동체형성의 두 가지 기본형태

국가의 공동체생활은 질서원칙의 범위에서만 가능하다. 그것을 결코 경시해서는 안 된다. 행정적으로 보면 오로지 두 가지의 기본적인 질서원칙이 있다. 복종의 원칙과 조정의 원칙이다. 혹은 달리 표현하면 명령행정과 자치행정이다. 국가질서가 관치적인 명령기구와 권력기구를 통해서 보장되거나 또는 국가집단의 자유로운 사회적 의지에 기초한다.

본질적으로 한 경우는 위에서 아래로, 다른 한 경우는 아래에서 위로 국가를 구성한다. 전자의 경우는 명령에 대한 적응과 복종으로 질서원칙이 구체화되고, 후자의 경우에는 자유로운 협력을 위한 전면적인 의지로 실현된다. 표면적으로 보면 어느 때나 양 요소가 결합된 행정질서가 반복해서 있었다. 하지만 역사가 보여주는 것처럼 그러한 혼합형태에는 원래의 질서원칙이 지속적으로 결정적인 우위를 차지한다.

대립되는 두 가지 질서원칙을 표현하기 위해 다양한 개념이 사용될 수 있다. 예컨대, 지배적-협동적, 관치적-사회적, 위계적-연방적, 기관적-국민적과 같은 대립적인 단어 짝을 들 수 있다. 합목적성에 따라 어느 하나의 단어 짝을 사용할 수 있다. 이 중에서도 지배-협동(Herrschaft-Genossenschaft)의 대립이 사회역사상 가장 중요하다. 관치국가-사회적 국가(Gesellschafts-staat)의 대립은 완전히 근본적인 것에 대한 것이다. 말하자면 인간적인 공동체생활의 기본적인 토대에 관한 것이다. 두 가지 대립적인 국가형태는 기본적으로 정신적-윤리적 특징에 따라 구분된다. 하나의 질서원칙 또는 다른 질서원칙의 우위에 따라 국가들은 대립되는 공동체정신에 의해 고무되는 것으로 나타난다. 지배정신이거나 협동정신에 의해 좌우된다.

어떤 때는 지배국가 형태가 있었고, 중세시대의 봉건지배를 생각할 수 있고, 또한 작은 공간에서 지방분권화된 형태도 있었다. 지배정신이 큰 영토의 국가적 통합을 목표로 하는 곳에서는 이를 위해 국민으로부터 분리된 군사적-관료주의적인 중앙기구를 필요로 한다. 알다시피 프랑스의 프로빈츠나 독일의 영주령, 이탈리아의 소국가 등에서는 중앙집권적인 지배형태인 절대주의국가가 봉건제도를 흡수하고 극복하였다. 이때부터 유럽 대륙의 대부분 국가에서는 행정중앙집권주의가 결정적인 힘을 갖게 되었다. 오늘날까지도 거기에는 위로부터 투입된 관료, 지역과 무관하게 광범위한 명령권을 가진 관료주의가 지역과 지방의 사무를 결정적인 방법으로 처리했다.

지배국가와는 달리 협동국가는 본질적으로 언제나 작은 공간에 뿌리를 두었다. 정확히 말하자면 그것은 작고 한눈에 알 수 있는 공간인 '게마인데'이며 그곳에서만 활발한 협동적인 자치행정을 펼칠 수 있다.

사실 연방적 질서원칙은 통상적으로 자유롭고 방어능력이
있는 국민공동체, 즉, 권위주의적인 관료기구나 군대기구에 의
존하지 않고, 자력에 기초한 지방단체에 그 출발점을 두고 있
다. 흥미로운 것은 국민국가적인 넓은 공간의 국가는 자유롭
고, 방어능력이 있는 국민공동체의 결합으로 이루어질 때에만
협동정신으로 성장할 수 있다는 것이다. 이에 따라 "옛날부터
자유로운 국가"(즉, 스칸디나비아와 앵글로색슨계 국가들, 네덜란
드, 스위스)는 그들의 지역과 지방하위단체를 결코 군사적 명령
원칙이나 지방소외적인 지역관료주의에 의해 지배되도록 하지
않았다.

순전히 표면적으로만 보면 지배적-관료적인 국가구성과 협
동적-지방적인 국가구성에 본질적인 차이가 요사이 희박해진
것으로 보인다. 자유주의시대에 위로부터 아래로 성장한 국가
는 그 지방자치단체에게 어느 정도의 자치행정을 보장하였고,
반대로 아래로부터 위로 성장한 국민국가에서는 대외정책적인
압력과 경제적인 필요성에 의해 어느 정도의 관료화를 피할 수
없게 되었다. 그러나 두 개의 질서원칙 간의 상호 접근은 외견적
인 것에 불과하다. 그것은 표면적인 형식에 관한 것이며 본질적
인 내용에 관한 것이 아니다.

관치국가에서 지방자치로 새롭게 나타난 것은 실질적으로 관
료적 명령권에 의해 지속적으로 엄격한 구속을 하고 있으며, 거
꾸로 사회적 국가(Gesellschaftstaat)의 중앙집권화 영역에서

새로 만들어진 것은 일종의 상급조직일 뿐이며 지방자치행정의
기초에까지 미치는 것은 아니다.

　현대적인 상황에 적용해 보면 지배적이거나 관치적인 행정질
서 원칙을 언제든지 중앙집권적이거나 관료적 행정질서 원칙이
라고 부를 수 있고, 이에 대해서 다른 한편으로 협동적, 사회적,
지방분권적 행정질서원칙의 표현은 서로 같은 것이다.

　덧붙여서 관료적이고 위로부터 아래로 자라난 국가형태에서
모든 질서는 본질적으로 매우 권위적인 특징을 가지고 있다. 행
정시스템과 국가구성이 거기에서는 기계적인 힘의 집중에 기초
를 두고, 그래서 명령과 복종의 질서원칙이 없으면 만족스럽게
작동할 수가 없다.

　지방주의(넓은 의미로 연방주의)의 협동적 질서원칙은 중앙집
권주의적인 지배원칙과는 완전히 다른 입장을 취한다. 왜냐하
면 자유로운 협력의 질서원칙이, 아래에서 위로의 활발한 자치
행정이 작은 공간에서 큰 공간으로 자라는 곳에서는 기계적인
국가형태가 아니라 언제나 유기적인 국가형태가 된다. 협동정
신은 아주 특별히 섬세하게 조직된 질서원칙의 요소이고, 그에
의해 부양받는 힘의 원천인 지방자유에도 동일하게 적용된다.

3. 지방의 공동체윤리

자유롭고 방어능력이 있는 국민게마인데는 기원적으로 완전히 자유로운 사회적 협력에 기초한 조정원칙에 의한다. 왜냐하면 모든 시민에게 전통에 따라 개인적인 무기소지권이 있는 자치적인 지방단체에서 국가질서는 자유로운 집단의지에 의해서만 유지될 수 있기 때문이다.

하지만 어떻게 자유로운 협력의 원칙이 무정부적인 혼란에 빠지지 않고 실제적으로 지켜질 수 있는가? 달리 물어보면 어떻게 도대체 자유의 원칙이 질서원칙으로 작용할 수 있는가?

자유와 질서의 두 가지 대립의 합(Synthese)은, 자유로운 집단적 협력의지가 자유로운 집단적 적응과 분리되지 않고 결부될 때, 비로소 가능하게 된다. 관치적-관료적인 국가에서 상하의 지배적 위계질서 대신에 협동적-지방적인 국가에서 필수적인 적응의 원칙, 공동책임을 위한 일반의지가 나타나야 한다. 질서 속의 자유는 언제나 일정한 정신적-윤리적 생활가치의 통용을, 거기에 집단과 개개인이 무조건 구속된다고 느끼는 것을 전제로 한다. 거기에서만 자유를 위한 의지는 질서파괴적이 아니라 질서촉진적으로 작용하고, 거기서 그것은 동시에 자기구속의 집단의지를 통하여 한계를 지키게 된다. 그래서 무기를 소지한 사람들의 자유로운 게마인데는 그에 속한 압도적인 다수가 모든 중요한 정신적-윤리적 근본문제에 있어서 통일적으로 생각하고 느낄 때에만 유지될 수 있다는 것은 명백하다.

결과적으로 높은 수준의 통일적인 집단감정이, 일종의 집단양심이, 지방주의의 고향으로부터 나오고, 이러한 "윤리적 집단주의"는 압도적으로 강하고 폐쇄된 "여론"이 존재하는 가운데 표현된다. 이렇게 파악하기 쉽지 않은 개념에는 종교적, 법적, 전통적, 특히 윤리적인 집단적 유대도 구체화된다. 이 모든 것은 개개인에게 지속적인, 하지만 그 자신의 동의를 받고, 강한 압박을 받으며 기관적인 강제는 없지만 자유로운 의사로부터 나오는 국가외적인 강제가 대신한다. 토크빌이 미국에 관한 연구에서 "다수의 독재"라고 부른 현상에 관한 것이다.

관치국가에서 "여론"으로서 우리가 접하는 것은 자유주의적 헌법하에서도 대개 일시적인 행정적이고 재정적인 영향의 결과이다. 사회적-지방적인 국가형태에서는 그러한 영향력의 행사는 보다 부차적으로만 가능하다. 이것은 그 자체로 매우 중요할 수 있다. 여기서도 정부는 언제나 여론의 지시에 따르도록 강제된다.

압도적 집단의지로 인해 때때로 경험하는 놀라운 변화는 최고수준의 자치적인 특징을 보여준다. 단순한 이익문제의 토론이 여론을 움직이는 것은 물론 쉽지 않다. 대내정책이나 대외정책 영역이 전국적으로 중요한 생활이익이나 또한 도덕적 기초와 함께 문제가 제기되면 강력한 효력을 얻거나 급변하는 방향으로 나아간다. 영국이나 미국에서 지금까지 지배적이었던 평화주의가 갑자가 폐쇄적이고 부동의 전쟁의지로 변화된 것을 예로 들 수 있다(1939년 3월 15일 프라하 점령 후 또는 1941년 12월 7일 하와이 공습 후).

　지방자유의 원칙에 의해 정신적으로 형성된 국민들은 자연적으로 강력한 여론을 갖도록 한다. 자유주의적이고 지방분권적인 공동체에게 이러한 집단감정의 통일은 전통적인 기관적 통일성과 중앙집권적 명령행정을 대신한다. 아래로부터 위로 자치행정을 구현하는 국가형태는 우선적으로 정신적-윤리적 힘으로 결합되고, 부수적으로만 권력정치적인 수단으로 결합되어 있다.

　여론의 개념과 일치하는 집단적 유대 중 당연히 윤리적 유대가 실제로 가장 중요하다. 그것은 매우 중요한 사실이다. 관치적-관료적 국가에서 정치와 도덕이 원칙적으로 서로 다른 차원에 자리잡고 있는 반면에, 사회적-지방적인 국가에서는 그것이 불가분적으로 결합되어 있다. 이에 따라 아래로부터 위로 형성된 공동체를 기초로 하는 협동적 질서원칙은 특히 합목적적으로 "지방적 공동체윤리"라고 표기된다.

4. 지방자유와 집단적 준법정신

　지방적 공동체윤리는 다양한 특성이 두드러진다. 우선 그것은 고유한 집단적인 법적 신념의 원천이 된다. 그것은 사물의 본

성에 있다. 아래로부터 위로 성장한 국가들은 중앙집권적 관치
국가와는 완전히 다른 법적 발전을 보여준다. 왜냐하면 오래되
고 방어력이 있는 지방자유의 기반 위에 모든 국가형태와 법형
태는 언제나 필연적으로 국민집단이 함께 하기 때문이다.

　세계역사는 보여준다. 지방주의 질서원칙이 국가제도를 만든 곳
에서는 지속적으로 모든 법은 민중법(Volksrecht)이고, 군주법
(Herrenrecht)은 아니었다. 그것은 무엇을 의미하는가? 무장한
남자들의 자유로운 지방자치단체는 한 가지 전제조건하에서만 내
부질서를 유지했다. 그 구성원들은 통일적인 법률관에 의해서 서
로 결합되어야 한다. 현존의 질서는 국민전체에 의하여 법적으로
무조건 유효한 것으로 인식되어야 한다. 이로부터 협동적-지방적
인 질서원칙은 언제나 민중법적인 질서원칙과 일치한다는 결론이
도출된다.

　현행법질서에 대한 일반적인 신념이 보여주는 것처럼 모든
민중법적인 구조와 활발한 자치행정을 기초로 하는 정신은 하
나의 특별한 특징으로 뚜렷이 나타난다. 그것은 보수적-법적인
공동체신념이다. 즉, 수적으로 상당한 국민집단이 기존 법질서
를 변경하고자 하는 곳에서는 언제나 파괴하는 것이 아니라 확
대하는 것만을 생각한다. 위에서 말하는 "보수적"은 "반동적"이
아니며 "진보적"과 반대되는 것이 아니라 "혁명적"의 반대라는
의미이다. 다시 말하면 지방적-민중법적 질서원칙과 행정적 조
직의 원칙은 본질적으로 동시에 보수적-법적 질서원칙이다. 그

것은 아주 자명하다. 왜냐하면 보수적-법적 공동체 신념만이
자유의 토대 위에 건강하고 안정적이고 진정한 국민적인 질서
를 만들기 위해 필요한 요건들을 제공하기 때문이다. 세계역사
가 입증하는 것처럼 자유는 민중법적-보수적 성격을 가지는 곳
에서만 생명력이 있고 위기에 강하게 지속될 수 있다.

　사회적-지방적인 국가에서 모든 국민을 강력하게 결속시키
는 보수적인 법의식은 전체공동체에 퍼져 있는 기존의 것에 대
한 자부심에 깊숙이 뿌리를 두고 있다. 하지만 기존의 것에 대한
집단적 자부심은 법적인 이상 그 자체에 대한 신념과 불가분적
으로 결합되어 있다. 이것이 매우 중요하다. 왜냐하면 국민전체
가 기존의 것을 점진적으로만, 유기적인 재교육 속에서, 변경하
는 데 명예를 걸고 있는 곳에서 헌법준수와 법률준수, 무조건적
인 법의 계속성을 신봉한다.

　그리고 지방자유와 자치이념의 토대 위에 전통적인 법과 현
행법에 대한 존중은 통일된 방법으로 정치지도층과 국민대중을
통합한다. 그들 모두는 보수적인 공동체정신으로부터, 민중법
의 정신으로부터 내면적으로 현행의 것에 구속됨을 느끼고, 이
로써 일시적인 유용성에 대한 법적 이상의 우월성을 인정한다.
조상으로부터 물려받은 법질서에 의한 권위있는 힘은 지방자유
정신에 의해 만들어진 국민국가의 확고한 대들보가 되고, 그래
서 이 공동체를 위해 헌법이나 법률보다 높은 정치적인 권위가
결코 있을 수 없는 것이다.

이 모든 것에서 아래로부터 위로 성장한 공동체는 내면적으로 조정원칙에 기초하여 형성되어 유지되고, 따라서 언제까지나 내부로부터 전체주의국가로 변질되는 것으로부터 보호될 것으로 보인다. 개개의 국가시민의 양심에, 즉 자유원칙 자체에 뿌리를 내린 "윤리적 집단주의"가 도대체 어떻게 전체주의적 집단주의나 극단적·자유적대적인 집단주의로 변질될 수 있겠는가?

5. 지방자유와 집단적 신뢰

지방주의의 토양에 기초를 둔 자유가 언제나 법적인 사고에 뿌리를 내린다는 사실의 의미는 아무리 높게 평가해도 충분하지 않다. 왜냐하면 자유와 법률의 협동적인 결합으로부터, 특히 일반적인 정치적·사회적인 신뢰로부터 엄청난 도덕적 힘이 흘러나오기 때문이다. 다른 곳이 아닌 여기서만 괴테의 에그몬트(Egmont)가 알바(Alba) 공작에게 맞섰던 공동체의 이상이 실현될 수 있다: "많은 사람들이 한 사람보다 서로를 신뢰하는 것이 차라리 낫지 않은가!"

지방의 공동체윤리에서 비롯되는 높은 수준의 집단적인 신뢰는 가장 중요한 그것의 본질적 특성에 속한다. 항상 그것을 충분히 명심해야 한다. 전체 국민공동체가 예로부터 전해온 자유의 법질서를 자랑스러워하는 곳에서 사람은 모든 면에서 가장 강력하게 서로 결합되어 있다. 왜냐하면 사람은 동료시민들의 헌법준수와 법률준수를 광범위하게 믿기 때문이다. 이익과 견해가 개별적으로 매우 다르더라도, 그럼에도 불구하고 초당적인 신뢰기반이, 모든 국민집단을 결속시키는 보수적-법적인 신뢰기반이 존재한다.

신뢰감은 지방자유로부터 자라나는 국가형태를 고무하면서 종종(매우 빈번하게!) 단지 주민의 잠재의식 속에만 남아 있다. 그런데 무의식적으로 작용하는 추진력이 특히 강력한 공동체결속의 수단이 될 수 있다. 실제로 지방적-민중법적 질서원칙의 지배하에서, 활발한 자치행정의지의 지배하에서 동료시민의 집단으로부터 정치적인 범법을 두려워하지 않아도 된다는 것을 일반적으로 확고하게 신뢰하는 경향이 있다. 이러한 국민다수에 대한 일반적인 신뢰 없이는, 이미 언급한 것처럼, 민주주의의 건강한 발전가능성이 없다.

이러한 신뢰가 얼마나 깊은지는 다음이 보여준다: 혁명적 마음을 가진 개인은 평화시기에는 국가의 위험이라기보다는 이상한 괴짜로 간주된다. "공포로부터 자유"는 모든 협동적-지방분권적으로 구성된 국가의 본질적인 특성이다. 지방주의와 연방주의의 정신이 스며든 국민의 국가의식은 향토애와 국가에 대한 충성심뿐만 아니라 깊이 뿌리내린 공동체의식의 도덕적 힘의 원천에도 기초를 두고 있다.

지방자유와 행정적 조정의 정신이 신뢰를 주는 힘을 펼치는

곳에서는 가장 대립적인 이해계층 간에도 긴밀한 공동체 유대
가 있다는 것을 주목할 만하다. 예컨대, 정부와 국민 사이, 교육
받은 사람과 그렇지 않은 사람, 부자와 빈자 사이에도 그러한 긴
밀한 공동체 유대가 있다. 집단적인 준법정신에 기초한 법질서
에서 국민지도층은 당연히 "거리의 남자"에 대한 걱정이 거의
없다. 그들은 국민대중의 자유로운 신뢰를 얻는 것을 자랑스럽
게 생각한다.

  이에 따라 국민대중은 그들대로 전통적인 법 아래서 자명한
것으로 간주하여 국가행정청에게 자발적으로 복종하는 것에 익
숙해진다. 즉, 정치생활의 영역에서도 법적 이상의 효력을 믿는
다. 그 모든 것이 국민에게 기꺼이 법과 윤리의 근본문제에서 정
부의 활동을 충분한 신뢰를 갖고, 정치실무에 대해서만 비판적
으로 판단하도록 강화한다.

  모든 지방적이고 상향적인 국가형태에는 지속적으로 동일한
종류의 원칙이 있다. 자유로운 공동체의지에 대한 신뢰이다. 정
치적으로 서로 신뢰할 수 있는 방어능력이 있는 지방자치단체
시민의 확신으로부터 무조건적인 지방자치행정의지가 나온다.
그것은 시사점이 매우 많다. 국가가 오래된 지방자유의 토양으
로부터 자라난 곳에는 언제나 지방분권적인 질서원칙과 모든
하위단체의 자치행정이 동요없이 유지된다. 즉, 지방공동체윤
리의 효력범위에서 지역(Landschaft)과 지방자치단체는 그 고
유사무를, 위계적인 명령기구나 지방에 생소한 관료주의가 아

니라, 현지의 대표자들이 처리하도록 한다. 이로써 윤리적으로
확고하고, 정치적인 연대정신이 스며든 자유로운 사람들의 신
뢰공동체에 의해서 무엇인가 특별한 것이 되려고 하는 확고한
결정이 구체화된다.

　이 모든 것으로부터 자유로운 집단적 협력에 대한, 집단적인
법률준수에 대한, 집단적인 신뢰에 대한 자발적 의지는 처음부
터 어디에서나 작은 공간에 살아있는 경우에만, 국가 전체에 스
며들 수 있다는 것을 확인할 수 있다. 자유의 토대 위에 민중적
인 질서를 세우기 위해서 국민국가는 내부적으로 작은 국가의
원칙을 준수해야 한다. 즉, 그것은 본질적으로 지방의 신뢰공동
체의 연합, 자치행정을 하는 생동하는 집단의 시스템, "집단국
가(Kollektivitätsstaat)"이다. 이러한 개념은 "명령국가"의 반대
로 이해된다.

　지방분권화된 현재의 민주주의에는 중앙정부에서 야당이지
만, 다른 한편으로는 많은 지역적이고 지방적인 하위단체에서
다수지위를 소수정당들이 있는 것이 아주 일반적이다. 그럼에
도 그러한 상황에서 여당은 그때마다 지방자치를 위계적인 명
령기구를 통해서, 중앙집권적-관료적 후견을 통해 재갈을 물리
고 이로써 야당을 실제로 무력화시키려는 생각은 전혀 하지 않
는다. 오히려 지방자치사무의 처리를 지역을 잘 모르는 정당친
구보다는 기꺼이 지역의 정당반대자에 맡겨야 한다는 원칙을
일관되게 존중한다.

이로부터 방어능력 있는 자치행정과 자기책임으로 무장한 자유로운 지방은 정치적 신뢰공동체로서, 심지어는 현대적인 정당대립과 계층대립도 억제하고 완화할 수 있다고 인식한다. 그러한 상황하에서 정당 간의 분쟁은 다른 곳과는 근본적으로 다른 기능을 한다. 왜냐하면 중앙집권적-관료적인 국가에서 그것은 후견적 명령행정으로 일방적인 권력투쟁이지만, 지방자유와 연방적인 국가구조의 토양 위에서 그것은 최종적으로 공동의 도덕적인 국가이상에 기여하려는 경쟁이다. 결정적이지만 너무 주목받지 못하는, 보다 무의식적으로 작용하는 차이이다!

6. 지방자유와 집단적인 조화

방금 말한 것은 추가적인 통찰로 이어진다. 지방공동체윤리에서 나오는 집단적인 신뢰에 대한 자발적인 의지는 자연스럽게 언제나 집단적 조화를 위한 자발적 의지로 연결된다. 사실 지방분권화된, 아래에서 위로 구성된 국가는 이러한 점에서 고유한 생존법칙을 갖고 있다.

기본적으로 그것은 다음과 같다. 자유롭고, 방어능력이 있는 지방자치단체에서는 누구나 지속적으로 정치적 반대세력과 타협을 하지 않을 수 없고, 작고 한눈에 알 수 있는 공간에서 책임을 의식하여 절제에 익숙하기 때문에, 보다 큰 공간인 지역이나 국가에서도 정치적-사회적인 배려를 하는 정신을 갖게 된다. 집단적인 준법정신과 집단적인 신뢰가 국민을 통합시키는 곳에서는 언제나 원래부터 화합과 조정을 위한 강력한 힘이 작용한다.

확실히 협동적-연방적 국가에도 인간적인 경멸과 증오가 있고, 그것이 공동체파괴적으로 작용하는 것은 다른 곳과 다를 것이 없다. 하지만 일반적으로 이러한 해체적인 힘은 언제나 다시 윤리적인 저항력에 부딪히게 된다. 이 윤리적 저항력은 자유의 토양 위에서 적절한 한계를 설정하여 그것의 정치적인 폭발력을 완화한다. 한 가지 흥미로운 것은 작은 공간의 고대와 중세의 지방국가는 같은 지방적 질서원칙으로부터 성장한 현대적 국민국가보다 강렬한 정당증오의 위험에 노출되었다. 오늘날 지방자치단체에는 개인적인 권력욕과 정당경쟁이 거의 장애없이 분출된다. 이에 대해 어떤 지역에서는 일반적으로 잘 이해하지 못하고, 중재하려고 노력한다. 반면에 중앙집권적 국가에서는 그러한 지방적 경쟁은 전체국가의 파괴적인 정당에 의해 더욱 격화된다.

그래서 아래에서 위로 성장한 국민국가의 내면적인 힘과 국가적인 통합의 비밀은 통일된 국민도덕에 있다. 사실 이러한 강력한 공동체정신, 이러한 "윤리적 집단주의", 이러한 "양심의 동화"는 무엇보다도 현대적인 계급대립을 결정적으로 완화할 수 있다. 지방주의와 자치행정원칙의 토양 위에서는 사회적 경멸과 사회적 증오의 감정을 펼칠 수 없다. 특이하게도 현재의 지

방분권화된 민주주의에서는 다른 곳과는 달리 계급대립이 자유
주의적인 헌법생활을 오염시키지 않았으며, 어디에도 실질적인
계급증오는 형성되지 않았다. 아래로부터 사회적·혁명적 경향
이 부족한 것은 항상 위로부터 상대적으로 강한 사회적 책임감
과 일치한다는 것을 경험은 말한다.

오늘날 지방자유가 있는 세계에서 각기 보수주의적, 자유주
의적, 사회주의적인 세 개의 지배적인 정당 이상은 화합할 수
없는 대립과는 완전히 다르다. 이들은 협동적-연방적 질서원
칙의 불가피한 기능으로서 오히려 분리할 수 없는 밀접한 관계
가 있다. 여기서 "보수주의자"는 통상 언제나 상당한 정도로 자
유주의적이고 사회주의적인 의미를 가진다. 마찬가지로 "자유
주의자"는 동시에 보수주의적이고 사회주의적이며, "사회주의
자"는 동시에 보수주의적이고 자유주의적이다. 개개인은 하나
또는 다른 이상을 특히 중요하다고 생각하거나 특별히 위험하
다고 여기고, 각자 한 정당이나 다른 정당에 가입한다. 하지만
양자는, 보다 큰 국민집단의 신뢰를 주장하려면, 다른 이상을
결코 완전히 부정해서는 안 된다.

보충적으로 추가하면, 집단적인 법률준수와 집단적인 신뢰,
집단적인 화합으로부터 모든 정치생활에서 신의성실을 주도적
가치로 인정하려는 높은 자발적 의지가 저절로 나온다. 아래에
서 위로 형성된 공동체는, 관치국가인 명령행정의 세계와 비교
하면, 익숙하지 않은 정치적 의무를 받아들이는 것을 통상 강하

게 물리칠 것이다. 하지만 일단 명백하게 계약상의 의무를 받아들이면 그것을 일반적으로 보다 잘 지킬 것이다. 달리 말하자면, 지방공동체윤리는 권력지형이 바뀔 때마다 국민국가가 가능한 계약준수의 원칙을 잘 지키고 벗어나지 않도록 한다.

　그래서 지방적으로 국가가 형성되고 활발한 자치행정이 실시되는 세계에서 높은 윤리적 생활가치인 연방이념이 특히 성과를 보여주는 것은 우연이 아니다. 그 가장 현저한 표현은 스위스 연방에서 신의성실에 대한 집단적 신념에서 찾을 수 있는데, 이곳에서는 영원한 연방충성에 대한 의지가 4개 국어의 국민국가를 확고하게 결속시키고 있다.

7. 지방자유와 인도주의 사상

　자유롭고 방어능력이 있는 지방자치단체와 모든 지방적-연방적으로 아래에서 위로 형성된 국민국가는 결정적으로 도덕적 공동체원칙에 의해 결합된다. 그것을 위해 결정적인 질서묶음은 전체 국민이 가지고 있는 통일적인 법률관과 도덕원칙의 존재로 표현된다. 집단적인 법률준수, 집단적인 신뢰, 집단적인 화합을 위한 의지는 이 공동체에, 이 자치행정의 세계에 생기를 불어넣는다. 그것은 자유로운 협력의 원칙과 자유로운 순응의 원칙을 유기적으로 결합하여 자유와 질서의 조화를 이루도록 한다.

　이로써 지방자유의 기초 위에 발생한 국가는 지속적으로 그
들 국민의 정신적-윤리적 일치, 집단양심의 통일, "윤리적 집단
주의"를 유지할 수 있는 모든 것을 장려해야 한다. 국민은 언제
나 법률준수, 신뢰, 화합을 흔쾌히 인정할 수 있어야 한다. 그것
은 국가가 그들의 참여와 그들의 정치적인 책임정신을 지속적
으로 호소하는 경우에만 가능하다. 이로부터 자치행정원칙에
기초한 모든 국가형태는 본질적으로 자기교육에 기반을 둔 자
유로운 인간의 신뢰공동체라고 얘기할 수 있다.

　자유로운 국가에 생명을 불어넣는 윤리 때문에 개인과 공동
체 간에는 통상적으로 매우 긴밀한 관계가 있다. 확실히 협동
적-지방분권적 국가형태의 출발점은 개인의 자유가 아니라 지
방자유이다. 하지만 지방자유에는 활기를 주고 질서를 촉진하
는 요소의 형태로 개인자유의 싹이 필연적으로 포함되어 있다
는 사실을 결코 간과해서는 안 된다. 군사적-관료적 권력기구,
관치적인 명령행정이 결코 없었던 곳에서 집단과 개개인은 전
통적인 법질서의 유지를 위해 윤리적인 연대책임감을 느낀다.
현존하는 것에 대한 집단적 자부심만으로도 이미 모든 면에서
정치적-사회적 책임감을 낳는다. 이러한 책임감으로부터 개인
은 전통적인 질서에 순응하는 수동적 의사를 가질 뿐만 아니라
전통적인 질서를 모든 자의로부터 보호하는 데 적극적으로 가
세하게 된다. 그러한 조건하에서만 현대에 도입된 개인의 자유
가 질서파괴적인 힘을 행사하지 못하도록 할 수 있다.

　원칙적으로 오래된 지방자유의 토대에서 연대적인 책임의식
은 집단의 정당한 요구와 그의 자유의 한계를 일상적인 실천에
서 개인적으로 명확히 하도록 한다. 그에게 "자유"는 그의 고유
한 욕망에 따라 하고 싶은 것을 하는 것이 아니라, 자유로운 윤
리적 의지로 진정한 공동체의 이익에 맞게 그가 해야 할 것을 수
행하는 것을 의미한다. 적어도 일반적인 신뢰의지, 즉 "윤리적
집단주의"를 파괴하는 행동을 아무것도 하지 않는 것이다. 달리
말하면, 누구나 제한된 여론의 통제를 받고 있고, 그 앞에서 정
당화해야 하기 때문에 중요한 정치적 결정을 그때마다 개인적
인 이익에 따라서만 내리는 것이 아니라, 다른 곳보다도 강하게
개인적인 양심의 결정에 따라 내리는 경향이 있다.

　개인의 자기교육시스템이 생존력을 갖도록 만드는 결정적인
힘의 원천은 자유로운 협동국가에 본질적으로 고유한 집단신뢰
이다. 자치행정원칙의 지배하에서 동료국민의 법률준수를 확립
할 수 있으므로 공동체 안에서 안전함을 느끼고, 명예직-부직
적(副職的)인 기능을 맡아서 공공의 이익에 봉사하고, 그에 의
해 요구되는 모든 희생을 자발적으로 바치는 것을 기쁘게 생각
한다. 똑같이 행정청의 자의에 맞설 동기가 있고 "시민의 용기"
로 표시되는 개인적인 특성이 지방주의의 세계에 일반적으로
확산될 경우에 여론의 보호를 광범위하게 신뢰하게 된다. 프라
이헤르 폰 쉬타인이 "신뢰는 인간을 고귀하게 하고, 영원한 후
견은 그의 성숙을 저해한다."고 한 말은 여전히 가장 깊은 진실

이다.

지방자유의 정신이 생기를 불어넣는 모든 국가는, 그 구성원들에게 지속적으로 자기교육을 제공하는 시설로서, 인간교육을 위한 하나의 시민학교(Bürgerschule)이다. 무엇보다 아래로부터 위로 구성된 공동체인 모든 활기있는 자치행정체는 그 내면적 본성에 따라 그의 국민에게 일정한 생활가치를 존중하도록 가르친다. 가장 중요한 이 깊고-윤리적인 생활가치는 자유와 법에 대한 신봉, 신뢰와 계약준수에 대한 자발적 의지, 화합과 절제의 의미, 약자의 생존권 존중, 선과 인간의 자발적 개선능력에 대한 믿음, 그리고 최고의 목표로 개개인에게, 최소한 잠재적인 방법으로, 지속적으로 동일한 과제를 부여하는 데 있다. 자신의 윤리적 완성을 위한 활동, 즉, 인간형성에 있다. 물론 이러한 과제는 때로는 매우 소홀해지고, 개별적인 경우에 부인될 수도 있다. 하지만 협동적-지방분권적 국가에서는 원칙적으로 투쟁을 선포할 수는 결코 없으며, 이로써 공동체생활의 올바른 형태와 윤리적인 순화로 가는 길은 언제든지 열려있다. 사실, 지방주의와 "윤리적 집단주의"가 아직 존재하는 한 인간적인 진보에 대한 믿음은 깊은 정당성을 갖고 있다.

지방자유가 바로 우리에게 서구의 최고 문화가치의 원천인 인도주의 이념이다. 처음부터 지방의 공동체윤리에는 문화적으로 두 가지 창조적인 윤리적 힘이 있으며, 그것은 불가분한 하나의 전체로 결합되어 있다. 개인자유와 이웃사랑이다. 기본적으

로 중요한 것은 모든 협동적-지방적 공동체의 살아있는 자치시
스템은 그래서 인도적인 시민학교로 구현된다는 점이다. 왜냐
하면 그 안에 단순한 사람도 모든 국가질서와 법질서를 이전부
터 간직하고 있기 때문이다.

공동체생활을 인간의 필요에 따라 형성하기 위한, 폭력신봉
의 지배정신과 대중경시를 억제하기 위한 가장 강력한 힘이, 군
주제와 귀족적 헌법하에서도, 자유주의적-민중적인 국가구조
에서 항상 발휘되어 왔다. 오직 이러한 정신적-윤리적 기초 위
에서만 안정적이고 내면적으로 건강한 민주주의를 세우는 데
성공할 수 있었다.

이러한 전체적 사고과정의 타당성은 세계역사를 개관해보면
입증된다. 여기서 자유와 인도주의 사상의 역사를 쓰려는 것도
아니고, 다양한 국가형태를 역사적인 성질에 따라 전체를 평가
하려는 것도 아니다, 즉, 장점과 단점을 정확하게 서로 저울질
하고, 자유와 인간성의 촉진에 기여했는지를 평가하려는 것이
아니다. 그 대신 여기서 말하려고 하는 것은 매우 제한적이다.
말하자면, 자유이념과 질서이념 사이의 내면적 관계에 대한 것
이다. 등급적인 성격보다는 보다 기능적인 "평가"에 대한 것이
다. 하지만 바로 이러한 상호관계에 전체를 위한 열쇠가 있다.
왜냐하면 한 국민이 현존하는 국가질서에 구속된다고 느끼는
것이 보다 더 양심의 기능에 의한 것인지, 아니면 보다 더 복종
의 기능에 의한 것인지 여부에 따라 민주적-인도적인 존재가치

의 지속적인 생존능력과 관련하여 상반된 조건들이 있기 때문
이다. 다음에 이어지는 유럽의 역사를 통하여 우리가 지금까지
말한 것을 실제로 확실히 증명할 것이다. 진정하고 지속적인 민
주주의의 유일한 토양이 있다. 바로 지방자치의 자유-연방적
질서원칙인 지방주의(Kommunalismus)이다.

"많은 사람들이 한 사람보다 서로를 신뢰하는 것이 차라리 낫지 않은가!" ― Goethe(Egmont)

"우리는, 법과 법률을 통하여 서로 결합되며, 우리의 국가자체이다." ―Johann Heinrich Pestalozzi

"잘 지배받는 것보다 자치가 더 낫다."

Ⅱ. 지방자유의 세계
(아래에서 위로 구성된, 연방적인 자치행정과 조정에 기초한 공동체)

8. 고대 유럽의 종족집단

역사의 초기를 되돌아 보면 인간성이 발전하면서 협동적-지방적 질서원칙, "윤리적 집단주의" 원칙이 원초적이고 건설적인 기본요소로 등장했다. 이것은 유럽 고대 시대에도 적용된다. 유럽 전체의 민족집단은 그리스, 이탈리아, 켈튼, 게르만, 슬라브 등에서 역사시대 초기에 수많은 작은 종족집단으로 분열되어 있었다.

그런데 모든 개별적인 종족집단은 자유로운 민족협동사회로서 조직되었고, 일종의 란츠게마인데(Landsgemeinde: 주민총

회)로 구현되었다. 거기에는 무장한 자유민인 남자가 참여했다. 법원공동체(Gerichtsgemeinde)와 군사공동체의 일치가 입증하는 것처럼 국가와 군대는 서로 일치했다. 오늘날 개념으로 말하면 일반적 투표권과 일반적 군역의무는 불가분하게 결부되어 있었다. 이 모든 것은 선사시대 유럽의 자유롭고, 방어능력이 있는 민족공동체를 "원시민주주의(Urdemokratie)"라고 표현하는 것을 허용한다.

물론 개별적으로는 유럽 원시민주주의가 귀족적이고 군주적인 특징으로 나타나기도 했다. 자유민 남자의 집단마다 명망 있는 가족 출신으로 한 명의 귀족을 세웠다. 통상 가장 신분이 높은 귀족가문에서 왕이 배출되었다. 이러한 원시귀족의 특권은 국민의 의사에 뿌리를 두고 있다. 왜냐하면 자유민들은 뛰어난 공로자, 특히 전쟁행위자가 보다 큰 전리품을 통해서 특별히 포상되어야 한다고 여겼기 때문이다. 즉, 고대의 귀족은 공로귀족과 토지귀족이었고, 금권정치적 귀족을 둘 수도 있었지만, 지배귀족은 아니었다. 국민들이 그들의 지도적 가문에 대해 자부심을 가졌듯이, 그들도 자유로운 국민신뢰를 잃지 않는 것을 자랑스러워했다. 비슷한 방법으로 고대의 왕도 자유로운 국민공동체의 신뢰에 기초했고, 원칙적으로 국민의 왕으로 표기해야 했다. 이 모든 것은 지방자유와 활발한 자치행정의 토양에서 군주정, 귀족정, 민주정을 엄격하게 대립된 것으로 파악하는 것은 안 된다는 것을 보여준다. 오히려 세 가지 기본개념은 민중적-

지방적 질서원칙의 기능들로서 서로 불가분하게 밀접한 관계에 있다(예컨대 오늘날 영국에서 그러한 것처럼).

고대의 자유적-민중적 국가질서의 결정적 특징은 법의 형성에 있다. 원시적인 종족집단에서 모든 법은 극단적인 방법으로 국민의 통일적인 법의식에 자리 잡았다. 이러한 극단적-보수적인 국민정신에 상응하여 법은 합목적성에 따라 제정된 것이 아니다. 오히려 그것은 모든 개별적인 경우에 "발견된" 것이다. 즉, 관습이 무엇이었는지를 확인하고, 그리고 그것을 따랐다.

당시에 지배권은 결코 없었으며, 통일적인 공민권(Volks-recht)만 있었고, 이것은 집단양심으로부터 나오는 국가에 대한 윤리적인 힘으로서 존재했다. 따라서 귀족과 왕은 원칙적으로 공민권에 엄격히 구속되었다.

이러한 사실은 모든 방어능력이 있는 국민구성원이 가졌던 저항권에서 그 표현을 찾을 수 있다. 저항권은 왕에 대해서도 행사될 수 있었다. 예컨대, 고대 스칸디나비아 법률에서 "왕이 법을 어기면, 왕에게 화살을 쏘아야 한다."라고 언급하였다.

고대에 유효하였던 저항권은 성질상 언제나 개인적인 자유권이기도 했으며, 이로써 이후의 모든 자유-민주적 공동체노력의 유기적인 출발점이 되었다. 덧붙이면 이미 고대 당시에 지방의 공동체윤리는 높은 개인적인 책임의식을 낳았다. 이로부터 모든 자유민은 현행질서에 대한 신봉을 자명한 의무로서 받아들였다. 저항권에게 공동체파괴적인 힘이 아니라 공동체결속적인 힘을 부여하는 것은 바로 민중법적인 기반이다.

결투나 피의 복수같은 고대의 난폭한 관습은 첫눈에 모순으로 보인다. 그러나 그것은 공동체사상에 절대적으로 반대되는 것은 아니다. 왜냐하면 그것을 무엇보다도 민족의 명성을 유지하기 위하여 행사하기 때문이다. 모든 권리와 마찬가지로 개인과 가족의 자조에 관한 권리도 전체 민족공동체의 의견으로부터 나온다. 그리고 또한 동일한 견해들은 평화시이든 전시이든 모든 자유민으로부터 상호 간의 배려와 사회적인 자발적인 희생의지를 요구한다. 요약하면 자유로운 민족구성원이 되는 것은 이미 유럽 원시민주주의에서 좋은 이웃이 될 윤리적 의무를 의미했다. 원시유럽의 종족집단에서 이웃사랑 의무의 적용범위는 자유민인 공동체구성원에 한정되었다.

패배한 이웃공동체나 노획한 전쟁포로에 대해서는 종종 무자비하게 강자의 권리를 행사했다. 특히 노예제도는 지배사상의 원칙적 시인을 의미했다(노예는 순전한 사적 소유물로서 동물과 같이 취급되었고 법질서의 밖에 있었다). 그 밖에도 예컨대 군신관계의 형태와 같은 여러 가지의 지배자도덕의 조짐이 있었다.

그 모든 것에도 불구하고 지방의 공동체윤리는 진정으로 강력한 생명력을 보존하였고 자유주의적이고 민중적인 질서의 내면적 붕괴에 대응하기 위해 충분히 확고하다는 것이 입증되었다.

유럽 어느 곳에서도 고대의 지방자유가 내부로부터 붕괴되어 사라진 곳은 없었다. 그것이 몰락한 곳은 언제나 외부로부터의 잔인한 침략에 의한 것이었다. 그것은 이방인의 정복에 의해 몰락하였다. 대부분의 국가에서 로마와 프랑크족의 군사지배에 원시 유럽의 지방주의가 희생되었다는 것을 다음에서 보게 될 것이다. 영국이나 스칸디나비아는, 이 먼 변방지역은 수천 년 동안 모든 풍상과 경제적인 격변을 성공적으로 견뎌내었다. 오늘날까지도!

9. 그리스의 폴리스

기원전 천년 동안에 어떤 전례가 없는 창조적인 힘이 지방의 공동체윤리와 윤리적인 지방자치의 질서원칙을 지니고 있었는지 밝혀져야 한다. 사실 이것은 고대세계, 특히 그리스의 획기적이고 불멸의 문화적 업적에서 나타났다. 고대 그리스는 산악의 갈기갈기 찢어진 반도로부터 바다로 밀려나면서 오리엔트의 문화세계와 긴밀한 관계를 맺으면서 등장했고, 원시민족에서 문화민족으로 발전한 유럽 최초의 국가가 되었다.

그러나 독재적으로 지배된 오리엔트와는 달리 고대 그리스에서 이러한 발전은 지방자유의 토대 위에서 이루어졌다. 다만, 예외적으로 여기에서도 자유롭지 못한 농민집단이 있었다. 특히 펠로폰네소스 남부에서 지배하는 스파르타 공동체는 복종하는 헬로트를 무장능력이 없는 국가노예로 취급하였다. 그러한 지배관계의 특별한 경우는 여기서 묵과하기로 한다. 왜냐하면 그리스의 국가발전에 원래의 전형적인 것은 각각 자유시민과 자유농민의 통일적인 전체공동체에 대한 동질성이기 때문이다. 그것은 특히 아테네에 적용되는데, 아테네는 도시국가로 그의 주도하에 통일된 지역인 아티카를 포함한다.

전체적으로 고대 그리스는 작은 국가, 아주 작은 국가들의 세계로 형성되었다. 원시시대의 자유로운 종족공동체는 원칙적으로 그대로 계속 존속했다. 그들 중 거의 전부는 도시적인 중심지를 형성하였고 점차 시민적-농민적 도시국가인 폴리스를 형성했다. 빌라모비츠(Wilamowitz)가 지적한 것처럼 "종족"이 곧바로 "국가"가 되었다.

초기에는 관청의 형성과 관련해서 귀족적인 헌법발전을 관철했다. 공동체에 명예직으로 근무한 귀족가문은 자연적으로 계급이익과 재산이익을 잘 보전할 수 있었다. 그들의 지도적 지위는 궁극적으로 방어능력이 있는 국민이 전통에 따라 그들에게 바치는 높은 존경 덕분이었다.

그때와 마찬가지로 새로운 상황하에서도 귀족은 지배귀족이 아니라 공로귀족과 토지귀족이었고, 그는 동일한 보수적인 법률관과 도덕원칙을 통하여 무장의무가 있는 자유로운 국민군대의 집단과 결합되었다.

요약하면 공동체윤리가 여전히 전체 국민을 내부적으로 결속시켰고, 결과적으로 새로 생겨난 관청에 점진적으로 많은 국민이 접근할 수 있도록 하였으며, 종종 민중적인 폭정의 중간단계를 넘어서 유기적인 발전으로 폴리스를 민주화시키는 것이 가능했다. 여기서는 모든 것을 상세히 다루지 않는다. 기본적인 것만 강조하고 이하에서 1940년 베를린에서 출간된 베른하르트 크나우스(Bernhard Knauss)의 감동적이고 매우 용감한 책인 "고대 그리스의 국가와 인간"에서 몇 개의 문장을 인용하고 요약하는 것이 가장 좋을 것으로 본다.

"공동체형성의 가장 단순하고 가장 직접적인 형태는 언제나 마을이나 지역의 자유롭고 무장능력이 있는 남자들의 집회였다. 개개인은 스스로 집회에 참여하여 거기서 독립적으로 행동함으로써 그의 인격을 지켰다. 그것은 개인의 의지에서 비롯된 그 기원을 결코 부정하지 않는 전체를 형성한다. 전체에 대한 자발적인 복종, 그러나 개인이 스스로 참여하지 않고 결정된 의지에는 결코 굴복하지 않는 것을 그리스인들은 정치적인 생활의 본질로 여겼다. '당국에 복종하라' 같은 문장은 그리스 정치생활의 처음에도 마지막에도 찾을 수 없으며, 언제나 개인의 자유가 정치적 구성의 기본요소이다."

"오늘날 우리는 권력의 관념을 무의식적으로 국가의 개념과 결부시킨다. 우리는 '국가'에서 군중과 물질적 권력수단의 집합을 생각한다. 그리스의 국가를 마주하려면 이러한 생각으로부터 벗어나야만 한다. 그것은 그리스인이 그들 국가의 건물을 건축하기에는 극도로 좁은 기반이었다. 그럼에도 불구하고 어떻게 이토록 대단한 업적을 달성하였는지 도저히 이해할 수 없도록 좁았다. 가장 강력한 정신적 노력을 통해서만 그리스 국가의 탄생은 가능했다. 그리스 최고의 정치인들의 높은 열망에는 물질에 대한 자랑스러운 경멸이 있다. 큰 국가를 원한 것이 아니라 살아있는 국가를 원했다.”

“지방자치단체와 같이 여러 의사주체가 있어서 명령과 복종으로 국가를 건설하는 것이 가능하지 않았다. 이러한 방법은 오리엔트의 국가형태가 취한 것으로, 거기에는 혈통과 업적을 통해서 국가의 정상에 오른 한 사람, 술탄이 있다 ⋯ 의사의 자유를 독립적이고 질투가 많다고 생각하여 그리스의 공동체는 자신의 권력의 일부를 박탈하여 다른 기관에 넘겼는데, 개인이 아니고 초개인적인 법률에, 규범(Nomos)에 넘겼다. 이 그리스의 ‘법률’은 권력의 산물이 아니라 자유의 표현이다.”

“하지만 이것은 그리스 국가의 한 측면일 분이다. 다른 면에서는 여론에 의해 개인에게 부과되는 강력한 압력이 있다. 그것은 너무나 강력해서 개인은 개인적인 생활을 위해 좁은 활동공간만 가진 것처럼 보인다. 여기서도 결정적인 것은 이러한 강제가 우월한 관청으로부터 나온 것이 아니라 시민 자체로부터 나온다는 점이다. 따라서 폴리스에서 개인은 엄격한 국가의 감독 하에 있었다고, 국가가 개인을 완전히 지배했다고 얘기하는 것은 잘못된 것이다. 그리스 국가에서는 언제나 사람 대 사람이 완전히 개인적인 가시성을 가지고 있었고, 사람에 대한 추상성이나 약한 개인에 대한 국가의 우월적 권력은 없었다. 하지만 법률은 공동체 위에 있는 것처럼 개인 위에 있었고, 양자는 공동의 정치적 생활의 활동규칙에 구속되었다."

"법률의 승인에 있어서 개인은 전체에 따른다. 인간의 이러한 자기 제한은 자유로운 통찰, 즉 자기 성찰과 더 높은 수준으로 이끄는 영적 활동에 기초한 더 높은 원칙에 찬성하는 자발적 포기를 통해 일어난다.

폴리스의 최고 지배자로서 노모스를 정함으로써 국가에게 하나의 윤리적인 의미를 부여하고 성과없는 권력추구로부터 벗어날 뿐만 아니라 개인에게도 전체에 순응하는 것을 의미있게 만든다. 그리스 시민이 민회의 참석자로서, 재판관으로서, 전사로서, 그의 의무를 이행함으로써 그는 노모스를 따르고 동시에 그 자신의 의사를 실행한다. 무조건적인 법률의 우위와 필요불가결한 개인의 행동자유는 공동으로 작용한다."

"인간의 내면적인 태도가 국가생활에서 결정적인 요소가 된다면, 어떻게 이 태도가 개선될 수 있는지에 관한 질문이 곧 제기된다. 이로써 인간의 교육문제가 제기된다. 지식의 집적이 아니라 인간형성이 목적이다. 그리스의 모든 시대를 통하여 절제하라는, 정의를 개인이나 국가를 위한 최고의 선으로서 존중하라는 경고는 헛된 것이 아니다. 그리스의 교육은 이웃사람에 대한 존중과 — 그가 동료시민인 한 — 자신에 대한 존중, 인간다

움에 대한 인식을 위한 교육이다. 이러한 교육의 목적은 언제나
사람의 전인격에 작용하고 표현하는 덕성, 아레테(Areté)이다."

"국가가 정치적 생활에서 완전히 그 시민 개인의 활동에 의존
할 때, 그에게 그렇게 많은 결정과 책임을 부과할 때, 그의 시민
들이 윤리적인 관점에서 어떻게 행동하는지가 그에게 가장 큰
의미를 가졌다. 그래서 모든 시민에게 좋은 것이 국가에도 좋고,
최고의 시민이 역시 최고의 국가를 이룬다는 결론은 정당화되
었다. 정치와 윤리의 결합은 그리스를 위하여 내부적으로 수미
일관했고 국가적으로 필요불가결했다.

최선의 국가에 대한 질문은 그리스에서는 최고합리적인 조
직, 가장 효율적인 국가장치와 나무랄 데 없이 작동하는 국가메
커니즘에 있는 것도 아니고, 최대한 권력집중을 달성하는 것도
아니며, 인간에게 최고의 가능성을 주는 것 ― 인간이 되는 것이
중요했다. 인간이 국가의 목적이었고, 출발점이었다."

크나우스(Knauss)가 여기서 발전시킨 생각이 암시하는 것은
현재의 관치국가로부터 고대 그리스의 국가이상을 인식하도록
이끌어 주는 가교가 없다는 것이다. 이와 관련해서 리하르트 슈
미트(Richard Schmidt)가 그의 "일반국가론"(Leipzig, 1901)에
서 밝힌 그리스 입장에 대한 비판을 언급하고자 한다.

"아리스토텔레스(Aristoteles)에게도 국가가 본질적으로 개
인의 도덕적 완성을 위한 시설이라는 것이 이론적인 전제였다.
플라톤의 이상국가 사상의 영향을 받아 그도 도시적인 소국가

(Kleinstaat) 사상에 끈질기게 집착했다. 그에게 헌법은 단지 시민을 위한 질서일 뿐 국가자체를 위한 것은 아니었다. 그는 민족국가나 더구나 세계제국의 가치에 대해서는 외면했다. 그래서 고대 국가론은 비유적인 고찰방식에 갇혀 있었다고 말할 수 있다." 아래로부터 구성된 "국가"와 위로부터 구성된 "국가"는 근본적으로 전혀 다른 종류의 공동체형태이고 따라서 완전히 다른 생활법칙이 적용된다는 것을 명확히 할 필요가 있다.

고대 그리스의 공동체윤리로부터 유래한 인간의 이상은 그자체로 강력한 한계를 지니고 있다. 그것은 국내정치에 대해서만 적용되었다. 외부에 대해서 폴리스는 원시유럽의 종족집단이 그랬던 것처럼, 전쟁을 채택하였다. 그리스 시민들은 가난한 자도 부자도 작업노동을 경시하고 이를 노예, 소작인과 하층민에게 떠넘겼다.

도시공화국이 민주화될수록(현재의 기독교적 민주주의와는 근본적으로 구별된다) 더욱더 그들은 삶의 이상을 전쟁수행에서 찾았다. 왜냐하면 공동체는 가능한 한 모든 시민들에게 노예와 전리품을 얻도록 해주어야 했기 때문이다.

이러한 대외정치적인 폭력신봉은 지방의 공동체생활에 심각한 결과를 가져왔다. 노예제도의 엄청난 확대, 강렬한 개인적 명예욕, 치유할 수 없는 정파 간의 대립격화를 초래했다. 그래도, 매우 이롭지 못한 요건에도 불구하고, 그리스 모국에서는 지방자유의 시스템이 로마시대까지 계속 존속했다. 지방주의에

수반된 높은 도덕적 공동체의식은 200년간의 헤게모니 전쟁기
간(451-271)에도 분열세력과 맞서게 했다. 그것은 처음으로 로
마의 군사지배하에서 모든 곳에서 회복할 수 없도록 공동화(空
洞化)과정에 굴복하였다.

10. 로마공화국

그리스의 폴리스처럼 그렇게, 다른 이탈리아 도시국가처럼
로마도 원시유럽의 지방자유의 토양으로부터 탄생했다. 현대의
연구가 언제나 정확하게 평가하는 것은 아니다. 알려진 것처럼
로마민족은 오랫동안 귀족(Patrizier)과 평민(Plebejer), 두 개
의 계급집단으로 엄격하게 갈라졌다. 심지어는 결혼을 금지할 정
도로 분열되었다. 이러한 사실로부터 예전의 주류 역사가들은 특
권을 가진 귀족을 이전의 주인으로, 그들에게 종속된 평민을 이
전의 노예로 파악하는 경향이 있었다. 예컨대, 몸젠(Mommsen)
은 원래 귀족만이 자유로운 민족구성원이었고, 이에 대해서 평
민은 외부로부터 들어온 부자유민이었다는 것을 인정했다. 다
른 학자들은 그 관계를 뒤집어서 귀족을 새로 도래한 정복자계
층으로 보았다.

두 가지 견해는 그동안, 특히 에드워드 마이어(Eduard Meyer)
에 의하여 반박되었다. 사실은, 그리고 로마관습에 관한 견해
에 일치하여, 평민들은 지속적으로 고대의 방어능력이 있는

일반자유로부터 직접 유래한 정치적인 권리를 향유했으며, 일치
하는 방법으로 귀족들은 결코 군사적인 지배귀족(Herrenadel)
을 의미하는 것이 아니며, 언제나 자유로운 국민신뢰를 가진 공
로귀족과 토지귀족이었다.

　로마에서도, 그리스에서 확인한 것처럼, 고대로부터 전해온
지방의 공동체윤리가 전체국민을 지속적으로 결속시켰다. 로마
에도 모든 지방자유와 모든 살아있는 자치행정이 불가분적으로
민중법적-보수적인 질서원칙의 일부를 이루었다. 그것은 나중
에 귀족적 헌법을 다시 민주적으로 전환시키는 것을 가능하게
했다. 다만, 로마에서 민주화과정은 실제적이고 지속적으로 상
대적으로 좁은 한계를 유지했다. 그리스의 해양도시와는 달리
로마공화국은 무엇보다도 토지에 결부되었고 고대 이탈리아의
다른 도시국가들과 마찬가지로 뚜렷하게 자유로운 농민국가로
서의 특징을 보여주었다.

　농민군은 밀집한 합숙이 부족했기 때문에, 그들의 주거지는
넓은 땅에 분산되어 있어서, 그들은 집중적인 정치 활동을 위한
노력을 하지 않았고, 국가운영을 신뢰하는, 오랜 전통에 따라,
귀족원인 원로원에게 맡겼다. 로마국민은 계속해서 그들의 전
통에 대한 강한 자부심으로 가득했고, 카토는 타당하게도 다음
과 같이 말할 수 있었다: "우리 헌법의 장점은 한 사람의 천재에
의해서 만들어진 것이 아니라 여러 사람에 의해 만들어졌으며,
그것도 한 세대에 만들어진 것이 아니라 수백 년 동안 많은 세대

를 거쳐서 만들어졌는데 그것이 장점이다."

　고대 로마의 헌법에는 내적 모순이 없는 것은 아니다. 예를 들어 평민이 선임되는 호민관을 생각할 수 있는데, 그는 마음에 들지 않는 정규 행정청의 모든 명령에 이의를 제기해서 무효로 만드는 권한을 가졌다.

　이러한 거부권으로 원시유럽의 저항권 사상이, 대체로 명예직 행정청시스템의 범위 안에서, 말하자면 공식적으로 승인되었다. 하지만 합리적으로 생각할 때, 헌법이 국민공직자에게 스스로 어떤 명령도 하지 않으면서, 모든 것을 금지시키도록 한다면, 헌법이 실패하지 않겠는가?

　알려진 것처럼 사실은 반대다. 고대 로마 헌법은 세계에서 가장 효과적인 것 중의 하나로 입증되었다. 마찰이 있는 경우에도 중단되지 않았다. 그럼에도 고대 로마에서는 지방의 공동체윤리가, 여론의 통일, 즉 같은 방향의 양심의 힘이, 그리고 전체주의적 강제가 아니라 언제나 필요한 집단적이고 개인적인 자기규율이 역할을 했다. 폴리비우스(Polibius)는 "국민 대중이 그들이 원하는 것을 할 수 있는 힘을 가지고 있다고 하더라도, 그것은 아직 민주주의가 아니다. 하지만 조상들이 신을 섬기고, 부모를 기리고, 노인을 존경하고, 법률에 복종해온 곳에서 그러한 공동체의 다수가 결정한 것이 적용된다면, 그것을 민주주의라고 할 수 있다."라고 말했다.

　로마의 농민국가와 지도적인 원로원 귀족이 달성한 위대한 업적은 이탈리아 통일이었다. 그것은 끊임없는 전쟁을 통해서 이루어졌는데, 패배한 공동체는 부분적으로 민감한 토지할양을 강제받기도 했다. 그럼에도 원로원은 패배자들이 비교적 짧은 기간에 그들의 운명을 받아들이도록 하는 보다 더 위대한 업적을 달성하였다. 그들은 원칙적으로 노예로 취급되지 않고, 진정으로 동맹의 구성원으로 대접받았다. 즉, 그들은 로마에게 외교정책의 단독적 수행권을 양도하는 대신에 그 외에는 완전한 조세자유를 포함하여 완전한 지방자치권을 부여받았다. 그들이 제공하는 도덕적인 힘의 원천에 힘입어 고대 로마의 농민공화국은 다른 이탈리아 지방의 자유권을 존중하고 그들의 삶의 이상에 대해 필요한 배려를 할 줄 알았다.

지방들이 무용한 내전으로 서로 괴로워하는 그리스와는 전혀 다르게 고대 이탈리아는 자유로운 농민공동체로 결속된, 아래로부터 구성된 국민국가를 형성하였다. 지방주의의 질서원칙과 "윤리적 집단주의"는 개별적인 부분으로 수축하는 위험에 노출되지 않고 전체 연방체제에 결정적인 기초가 되었다. 이렇게 해서 민족 양심의 힘에 의해 유지하며, 지방적 자유와 전국적인 통일성 사이의 유익한 균형을 정립하는 데 성공했다. 그리고 이러한 이탈리아의 "연방"은 찬란하게 입증하였다. 무엇보다도 연방구성원의 충성이 피루스를 상대로, 나중에는 한니발을 상대로 벌인 생존투쟁에서 로마가 승리하여 존속하도록 했다.

이러한 관점에서 기원전 200년부터 벌어진 그것은 세계역사가 아는 비극적인 과정의 하나라고 얘기할 수 있다. 왜냐하면 그렇게 건강한 로마-이탈리아 농민국가가 곧 무서운 붕괴에 빠지게 될 것이기 때문이다. 그 원인은 수십 년 내에 로마가 이룩한 세계제국의 형성에 있었다. 단지 지배하는 이탈리아가 너무 빨리 권력사상에 굴복한 것이다. 지중해 주변의 굴복한 국가들은 대부분 법의 보호를 받지 못하는, 납세의무가 있는 지방으로서 조직되고, 무자비하게 착취당했다. 이탈리아를 향해 흘러들어간 부는 거기에 구입한 노예의 숫자를 전례없이 증가시켰고, 가난한 사람이나 부자나 작업노동을 경시하는 데 익숙해졌다.

이와 관련해서 지배적인 시민계층에서 무제한적인 향락, 수많은 소농들의 수도로 이주, 파당성의 범람 등 이전에 알지 못했던 현상이 만연해졌다. 한 가지 중요한 것은 도덕적인 타락은 내부가 아니라 외부로부터 시작되었다는 점이다. 그리스에 대해 말한 것은 로마에도 적용된다. 대외정치적인 지배의사는 손을 쓸 수 없을 정도로 국내정치에도 역효과를 미쳐 지방의 공동체의식은 약화되기 시작했다.

마침내 군대헌법의 변경은 이러한 전개에 결정적인 것이 되었다. 알려진 것처럼, 정복한 지중해국가들을 장기간 민병대로 지배하는 것이 어렵게 되자, 기원전 100년경 상설용병을 창설했다. 이 직업군인들은 수십 년간 외국에 정착하면서, 그들은 자유보다 권력을 더 믿는 것에 익숙해졌다. 자연적으로 그들은 그들의 고유한 로마민족의 자유 전통에 대한 존경도 상실했고,

여러 차례 이탈리아의 정복과 약탈을 위해 군사적 중심으로 옮겨간 지방을 벗어났다(기원전 82년부터 42년).

장교들과 병사들은 국내의 토지소유권을 차지하였고, 이로써 이탈리아의 모든 도시국가에 지배귀족이 번창하였는데, 그들 대부분은 현지주민 출신이 아니고, 군복무를 마치고 제대 후 계속 명령과 복종의 정신을 신봉하였다. 광범위한 국민집단에 대한 자발적인 신뢰의지와 사회적인 책임의식은 이들 군인들에게는 거의 없었다. 이로써 선사시대로부터 물려받은, 빈자와 부자를 결합시키는 지방주의 윤리가 희생되었는데, 그것은 무엇보다도 도덕을 타락시키고 자유파괴적으로 작용하는 군사주의로부터 비롯되었다.

11. 기독교 교회

자신의 문화비관주의를 입증한 로마황제시대는 지방공동체 정신의 붕괴를 특징으로 한다. 1세기와 2세기의 평화시대에 제국은 아직 본래적인 군사독재는 아니었다. 약화된 형태로 도덕적인 힘이 작용하였고, 로마는 그의 자유로운-지방적인 전통덕분에, 그래도 아직 지속되었다. 이에 따라 황제는 수많은 정복지에서 초기에 그들의 전통적인 권리, 자치행정, 부분적으로는 그들의 민병대까지도 허용했다. 점차적으로 모든 이탈리아 밖의 국민공동체는 로마-그리스 도시국가 등급으로 올랐다.

그러나 바로 이러한 우선권이 유럽전체에 치명적인 영향을 미쳤다. 왜냐하면 그것은 실제에 있어서는 어디에서나 선사시대로부터 물려받은 민중적-지방적 공동체질서의 붕괴를 의미했기 때문이다. 예컨대, 헬베티아들은 68년/69년에 아직 자신의 민병대를 가지고 있었다. 그럼에도 다음 시대에 헬베티아국이 도시국가인 아벤티쿰(Aventicum)을 건설했을 때 더 이상 아무런 흔적도 찾을 수 없었다. 장교신분 출신인 도시귀족의 정치는 그들이 가졌던 지방자치행정권을 점차 국가의 명령행정시스템으로 편입하는 데 적극적으로 협력했다. 그들은 그것을 주어진 것으로 생각하여 황제의 관료주의 명령을 구속적인 것으로, 즉시 집행해야 하는 것으로 받아들였고, 그렇게 그들은 하급의 명령계층으로서 탈무장한 농민들을 지배하고, 경시받는 소작인들을 압박하였으며 대중경시의 정신에 고무되어서 비사회적인 위협적 존재가 되었다.

종합적으로 로마황제국은 가장 깊은 이유에서 처음부터 군사국가였다(그것은 전체에 대한 열쇠가 된다). 정복을 통해서 그것이 탄생했고, 이에 걸맞게 정복된 지방에서 일방적으로 좁은 지배계층의 이익을 지원하는 것이 목적이었다. 로마의 지배권은 점차 전래의 민중법으로부터 멀어졌다. 예컨대, 귀족(honestiores)의 가족들은 동일한 불법행위에 대해서 하층민(humiliores)의 가족들보다 가볍게 처벌받았다. 그러한 지배질서하에서는 어쩔 수가 없었다. 병사는 시민과 마찬가지로 모든 법의 뿌리를 강자의 권리로 간주하는 데 익숙해져야만 했다.

이러한 일반적인 권력신봉의 결과는 완전히 참담했다. 국가 적대적인 생각을 가진 시골출신의, 방자해진 용병단체가 모든 도시를 체계적으로 약탈하고 파괴하는 동안 3세기의 놀랄만한 군사적 무질서가 초래되었다. 그래서 고대문명의 완전한 붕괴에 영향을 미쳤다. 무서운 방식으로 보복하여, 지배적인 도시귀족은 농민들에게 사회적 참상과 문화적 야만을 남겼다. 위로부터 경멸과 아래로부터 증오를 일깨우는 곳, 단지 아주 부자와 아주 빈곤한 자만 있는 곳, 로마 군사국가에서 외견상 자치적인 도시국가는 더 이상 도덕적 고유한 힘을 가지고 있지 않았다. 그들은 동시에 정신을 잃고, 빈 몸뚱이만 남았다.

고대의 문화붕괴 와중에 기독교 교회는 사라진 공동체윤리를 종교적인 기초 위에서 새롭게 하고 심화하려는 대단한 시도를 하였다. 여기에 한 가지 중요한 것은 주교교회가 공간적으로 언제나 그리스-로마의 도시국가와 일치하였다는 점이다. 기독교 게마인데는 지배향유와 생활향락으로 타락한 도시귀족들이 소홀히하는 그런 업무들을 끌어안았다.

"국가 안의 국가로서 교회는 그 조직을 대중 속에서 국가가 나빠지는 만큼 꾸준히 개선하였다. 국가의 방법은 억압, 강제, 박해였다. 교회의 원칙은 사랑, 자비, 위로였다. 이런 점에서 종교적인 게마인데에서만 생겨난 교회는 신도의 영혼치유만이 아니라 현세의 고통 속에서 실질적인 도움도 약속하고 보

장하였다. 이에 대해서 국가는 그 돕는 사람을 억압하고 박해하
였다."(M.Rostovtzeff, ≪Gesellschaft und Wirtschaft in der
romischen Kaiserzeit(로마황제시대의 사회와 경제)≫, Leibzig,
1929)

고대 폴리스의 기반은, 기독교 게마인데에게 버팀목으로서,
사랑의 도덕이 로마제국 전체에 스며들게 하는 데 기여했다. 무
엇보다도 모든 기독교 게마인데는, 도시국가적인 공동체윤리를
부활시키고, 군사주의와 그 정신에 고무된 관료주의를 파괴할
목적을 가진, 일종의 "대체폴리스(Gegenpolis)"로 성장했다.
그것은 우리에게 신생의 세계교회의 존재는 역시 게마인데원칙
(Gemeindeprinzip)에 의지하고 있다는 것을 보여준다. 이러한
관점에서 그것은 아래에서 위로 성장한, 지방분권화된 전체조
직이었다. 오해하지 말아야 할 것은 국가로부터 나온 것이든 종
교로부터 나온 것이든, 살아있는 공동체윤리는, 넓은 공간에서
작용할 수 있기 이전에, 항상 작은 공간에서 실제적으로 입증되
어야만 한다.

카톨릭 위계질서가 실현된 것처럼, 확실히 교회는 중앙집권
화를 감당할 수 있다. 그럼에도 그것은 세속적인 권력의 족쇄에
얽혀서는 안 된다는 한 가지 조건하에서만 그렇다. 알려진 것처
럼 카톨릭주의와 루터주의는 이러한 위험으로부터 매우 자주
벗어날 수 없었고, 불미스러운 결과를 피할 수 없을 때도 있었
다. 항상 교회가 거대한 물질적인 권력수단을 얻는 곳에, 항상

지배적-관치적 국가질서 안에서 재정적으로 의존하는 국가교회가 되는 곳에서 사제단이 그 업무를 수행함에 있어서, 사심없는 실행과 모든 불공정에 대한 솔직한 비판을 통하여 민중의 신뢰를 얻는 데 매우 빈번하게 실패했다. 결과적으로 교회는 그들의 도덕적 권위를 약화시키면서 지방적인 생존원칙으로부터 그렇게 이탈하는 모든 것에 대가를 지불해야 했다.

　기독교의 사랑도덕은 1세기 전반에 걸쳐 정치적 생활형태에서 근본적인 변화를 가져올 수 없었다. 기독교가 국교로 채택된 정확하게 같은 시기에 즉, 4세기에 후기로마 제정은 오리엔트식의 군사독재로, "거대한 감옥"으로, 극단적-자유적대적인 국가연합으로 변질되었다. 그것은 일반적인 무지와 강제, 그리고 폭력, 노예화와 노예근성, 매수와 불명예 위에 구축되었다(M. Rostovtzeff). 무엇보다도 4세기 당시에는 농민들이 제국영토의 서부지방 도처에, 오리엔트식의 생활관습에 따라 농노제도의 구속을 받게 되었다. 이때부터 농민의 부자유가 로마의 국가들에게 있었고, 장차 지속되었으며, 나아가서 중부유럽으로 확산되었다. 몰락해가는 서로마제국, 그의 게르만 계승국가와 서구의 봉건군주는 모두 군사권력에 의해서 건설되었다. 그리고 지배하는 전사계층이 도처에서 비무장 민중을 깔보고 경멸하는 태도는 인간사랑의 계명과 항상 적대적으로 부딪혔다. 이에 따라 지나친 지배정신은 수세기를 넘어서 모든 지속적인 문화발전을 방해하였다.

이것은 결정적인 의미를 가진다. 지배적인, 위로부터 구성된 명령기구와 권력기구 안에서 모든 기독교적 국가교회형성은 불가피하게 그와 본질적으로 적대적인 정치적 하부구조에 의지하고 세속의 부정을 그의 권위로 은폐해야 한다는 비난을 받았다. 그러나 이로부터 교회가 관치국가와 어떠한 관계도 맺지 않고 보다 잘 할 수 있었으리라고 추론해서는 안 된다. 이런 국가의 본질을 교회가 바꿀 수 없었더라도 그 범위 안에서 많은 자선을 할 수 있었을 것이다. 첫 번째 천년 동안 기독교는 어쨌건 비인간적인 제도, 예컨대, 검투시합이나 아동유기를 폐지하도록 했고, 사유노예를 점진적으로 막는 데 기여했다. 따라서 기독교의 사랑도덕이 인간에게 영향을 미칠 수 없었다고 말하는 것은 아니다!

이를 넘어서 처음 천년의 국가교회는 기독교윤리를 공동체형성에 계승시키는 데 결정적으로 기여했으며, 그것을 위해 더 많은 발전가능성을 제공했다. 그것은 바로 아래로부터 구성된, 민중적-지방적인 국가형성이었다. 그렇게 본다면, 7세기와 8세기에 일반적으로 지방자유를 누렸던 아일랜드와 영국 두 나라가 기독교 선교에 선도적인 공로를 세운 것은 우연이 아닌 것으로 보인다. 운명결정적인 방법으로 지방의 윤리와 기독교윤리는 중세의 도시에서 처음으로 새로운 국가형성에 유기적인 결합을 하기에 이른다.

고대 그리스의 국가론이 보여주는 것처럼, 기독교는 인본사상의 유일한 원천이 될 수는 없다. 단지 이를 위하여 기독교적인 사랑정신은, 그것이 결정적인데, 폭력적인 것에 대한 고대의 지방적 공동체윤리를 능가했다. 그것은 모든 인간이 하나님의 자녀가 될 것이라고 선언했기 때문에 더 이상 노예와 외국인을 사랑의 도덕에서 배제하지 않고 마침내 인본사상의 의미 달성을 더 깊게 성취하는 길을 열었다. 그러나 인류에 봉사하는 지속적인 진보는 지방적 윤리와 기독교윤리가 불가분하게 서로 융합하는 경우에만 달성할 수 있다. 기독교에 의한 정화 없이 지방적인 공동체윤리는, 고대역사가 그것을 보여주듯이, 그때마다 외부를 향한 집단적인 지배의사를 막을 수 없고 따라서 붕괴위험에 빠졌다. 반대로 기독교 윤리는 자유로운 지방자치단체, 살아있는 자치행정이 결여된 곳에서는 지속적으로 믿을 만한 정신적·정치적인 하부기반이 결여되었다.

그래서 지방자유의 정신과 기독교정신은 서로 밀접하게 본질적인 관련이 있으며, 양자 상호 간의 도움 없이는 서구문명의 영역에서 인간형성의 이상은 취약한 기초에 의지하는 것이 된다는 것을 확인할 수 있다. 다시 말하면 오로지 아래로부터 구성된, 연방적인 조정원칙에 의하여 세워진 공동체만 기독교국가라고 불릴 확실한 권리가 있다. 언제나 진정한 기독교적 형제애는, 에밀 브루너(Emil Brunner)가 강조했듯이, "자유로운 사람의 자유로운 연방공동체"에서만 가능하다.

12. 중세의 시민

일반적인 견해에 의하면 노쇠한 고대세계는 기독교를 통해서 뿐만 아니라 게르만을 통해서도 도덕적으로 갱생하였다. 이는 어느 정도로 타당한가? 후기 로마제정은 오리엔트식의 군사전 재정이 되어 정치적-경제적 영역에 결코 자유공간을 허용하지 않았다. 개인적인 재량에 따라 지배자는 새로운 법률을 제정하여 새로운 공과금이나 부역을 요구하였다. "황제가 문서로 명령하거나 결정으로 정하거나 칙령으로 규정한 것, 그것이 알려진 것처럼 법률이다."라는 것이 최고의 국가원칙으로 적용되었다. 이렇게 정치적인 저항권을 폐지함으로써 오리엔트화한 제국은 유럽에 대한 원죄를 범하였다. 이러한 원죄는 서구의 토양에 결과적으로 그의 분열로 속죄해야만 했다.

그것은 시사점이 매우 많다. 민족이동시대에 밀고 들어온 게르만은 국가를 혐오하는 서로마의 민중집단에 의해 도처에서 자주 해방자로 환영을 받았다. 게르만 정복자는 서유럽 토지 위에 농부로서가 아니고 전사로서, 그리고 대토지 소유자로서 통상 귀족으로 정착했다. 지방적 공동체윤리에 근거해서, 그들이 이전에 그들의 원고향에서 고무되었듯이, 그들은 거기서 고도의 도덕적인 생활가치를 가져왔다. 그것은 자유적이고 민중적인 법적 견해였다.

원시 유럽의 종족단체에서처럼 중세의 국가형성에 있어서도 지속적으로 자의를 억제하는 법원(法源)으로 관습법이 적용되었다. 오래된 법은 좋은 법으로 간주되었고, 종종 완전한 법으로 인식되었다. 그 결과 신민은 이론적으로 일방적인 기득권의 침해에 대해서 저항할 권리가 있었고, 관헌의 지배권에 지속적으로 대립하는 신민의 등가치적 자유권이 있었다. 즉 민족이동시의 게르만에게 원시유럽의 저항권사상을 새롭게 서구 전체에 전파한 도덕적인 공로가 있다.

하지만 이러한 자유사상의 갱생은 일정한 한계가 있었다. 새로 부상하는 왕국과 공국도 군사국가로 남았는데, 그러한 지배형태에서는 게르만의 자유정신이, 마치 기독교 사랑정신처럼, 언제나 진정한 번영을 방해하는 것으로 보았다. 지방의 지배귀족만 실제적으로 군주의 권력에 대항하여 싸울 수 있었다. 이에 비하여 비무장 농민은 새로운 상황에서 간접적으로만 이용할 수 있었다. 그리고 그것은 민족이동시대로부터 마침내 다시 지속적인 문화번창이 밀려올 때까지 또 다른 반천년 동안 지속되었다.

이러한 문화적 재도약의 담당자는 중세도시였다. 새 천년이 시작할 때부터 방어능력이 있는 지방자치단체에서, 살아있는 자치행정단체에서 원시유럽의 질서원칙인 지방의 공동체윤리가 한꺼번에 새로운 강력한 생명으로 깨어났다. 자유적-연방적 국가이상의 재생은 특이하게도 대체로 지배적-위계적으로 조직된 세계에서 발생했다. 그리고 그런 범위에서 새로운 전개는 바로 기적으로 보인다.

기적은 봉건시대에 이루어진 유일무이한 권력분열로 설명된다. 군주의 권력에 대항한 자유를 위한 투쟁에서 지방의 지배귀족이 엄청난 성과를 쟁취했다. 모든 마을은 전체적으로 보아서 고립된 기사국가(Ritterstaat)로 되었다. 이러한 권력원자화의 결과로 고위귀족의 봉건영주는 군주나 왕까지 차지해서 더 강한 지위가 더 이상 없었다. 그들이 그들의 군사적이고 재정적인 힘을 강화하기 위해 담으로 둘러친 도시를 건설한다면 그들에게 그들의 시민적 신민이 나중에 성공적으로 맞설 수 있었다. 저항권사상에서 키워진 작은 귀족, 지방기사의 자유를 위한 노력은 지방자유의 새로운 세상으로 인도하는 것을 도왔다는 것을 알 수 있다. 과도한 권력집중이 모든 자유로운 공동체정신, 모든 "윤리적 집단주의"를 파괴한 것과 마찬가지로, 반대로 권력원자화는 진정으로 공동체를 형성하고 도덕을 소생시키도록 작용했다.

고대의 시민자유와 같이, 중세의 그것도 정신적으로, 경제적으로 변혁적으로 인류발전에 영향을 미친다. 그 토양 위에서 서구의 현대문명이 성장했다. 도시자유의 승리, 지방자치사상의 승리는 로마-게르만 국가들의 생활영역을 먼저 장악했다. 이탈리아는 11세기, 프랑스·스페인·영국은 12세기, 독일은 13세기부터였다. 전체 로마-게르만 서구에서 방어능력이 있는 시민들은, 고대세계의 그것과 비교하여, 세련된 공동체윤리를 쟁취하였다. 기독교의 영양하에 그들은 도시 담벼락 안에서 노예를 허용하지 않았다.

오히려 그들은 처음부터 작업노동을 긍정하는 것에 초점을 맞추었고, 그래서 그들은 새로운 세계관을 선포했는데, 그것은 일하는 사람의 인간존엄성과 직업활동의 고귀함을 찬미했다. 그에 맞추어 중세의 시민들은 통상 그들의 군사력을 정복을 위해서가 아니라 방어를 위해서만 투입했다. 이때부터 국내정치적인 자유의지는 대외정치적인 지배의지에 의해 더 이상 위험해지지 않았다. 이로써 지방적 윤리와 기독교윤리는 원칙에 있어서 융합되었다.

일반적으로 유럽대륙의 중세도시(고대의 도시게마인데와 통한다)에서 귀족적인 헌법형태는 민주적인 헌법형태로 진척된 것을 확인할 수 있다. 초기에 최고 도시행정청은 의회로서 모든 곳에서 귀족정치적인 특징을 가졌다. 봉건적인 도시지배자가 스스로 의회를 설치하였다. 왜냐하면 그가 경제, 무역 그리고 자영업의 질서를 위하여 영향력 있고 전문가인 시민의 조언을 들을 수 없었기 때문이었다. 곧바로 의회는 더 이상 봉건적인 군주나 왕의 기관이 아니라 도시지방자치단체의 기관으로 느꼈다. 즉, 그에게는 시민의 신뢰가 지배자에 대한 복종보다 더 우선했다.

시민은 병역의무가 있었기 때문에, 기존의 도시권은 하급의 국민에게도 속했고, 도시자치단체에서 귀족정치는 일반적으로 단순한 토지귀족과 공로귀족만 인정하였고, 군사적 지배귀족은

인정하지 않았다. 그리고 민중법적-보수적 질서원칙은 도시의
대부분에게 예전의 귀족정치적 헌법을 점차적으로 민주정치적
헌법으로 전환하는 것을 가능하게 했다. 개별적인 수공업길드
의 대표자들이 의회로 진입함으로써 도시는 유기적으로 대의민
주주의로 변형되었다.

　중세도시가 비교적 조용한 헌법발전을 겪었음에도 불구하고,
반대현상이 지나치게 많았다. 그것은 쉽게 파악할 수 있다. 도
시의 담장 밖에서, 평지에서 봉건귀족이 그들의 권력위상을 주
장하였고, 그에게 살아있는 권력신봉과 대중경멸이 언제나 다
시 시민들에게도 스며들 수 있었다.

　그것이 가장 강력하게 나타난 곳은 북부와 중부 이탈리아의
도시공화국이었다. 거기로 가장 많은 봉건귀족들이 12세기에
이주하였고 곧 그들의 전쟁열정의 중심지가 되었다. 귀족정당
들(황제파(기벨린)와 교황파(구엘프))의 경쟁을 막기 위하여 대
부분의 도시에서는 1200년부터 지금까지 의회가 행사하던 권
한을 외지에서 임명된 한 사람의 행정관(Podesta)에게 이양하
였는데, 그는 외지인 시장으로 정당보다 상위에 있었다. 그러나
그것은 기본적으로 집단적인 신뢰기반이 어떻게 흔들렸는지에
관한 기록을 남겼을 뿐이다. 그러한 상황하에서 무엇보다도 지
배에 의한 질서원칙과, 적나라한 명령행정만 내부적 평화를 보
장할 수 있었다. 1250년부터 이탈리아 대부분의 도시는 역시 세
습적인 용병독재의 길로 갔다. 군주적인 "참주정(Signori)"이 롬

바르디에서는 1300년경, 토스카나에서는 1500년경에 결정적
인 국가형태로 되면서 이탈리아에서는 도시의 지방자유는 일찍
이 종말을 맞이하였다.

이탈리아에서 도시에 거주하는 봉건영주가 도시자치에 불행
을 초래한 것처럼, 야심찬 군주국가는 알프스 북쪽에 있었는데,
시민은 점차 그에게 굴복하였다. 중세의 도시자치단체는 소국
가형태로 남았는데, 즉 그것은 부자유의 바다 가운데 있는 작은
섬에 불과했다. 무엇보다도 도시에는 자유롭고 무장능력이 있
는 농민의 뒷받침이 결여되어 있었다는 것이 결정적으로 작용
하였다. 평지에는 군주적-봉건적 지배권력이 압도적인 지위를
유지하였고, 무엇인가 변경하려는 전망없는 시도를 하는 대신
에, 시민들은 농민을 경멸하면서 귀족들과 경쟁하였다.

이렇게 하여 지방의 공동체윤리는 전국적인 넓은 공간으로
유기적으로 확산하는 데 실패하였다. 이탈리아에서도, 프랑스·
스페인·독일에서도 서구문명의 배아세포(Keimzelle)인 지방
자유는 전국적인 국가형성의 배아세포가 되지 못하였다. 유럽
대륙의 거의 대부분에서 미래는 넓은 공간의 군주국가, 군주적
절대주의에 속하게 되었는데, 상비군과 관료적 명령기구에 의
해 한번 장악된 곳에서는 도시의 민병체제와 자치행정이 곧 소
멸되었다. 선사시대와 고대의 게마인데가 한때 그러했던 것처
럼, 외국의 군사지배체제가 다시 일반화되어 도시는 지방주의
의 무덤이 되었다.

13. 영연방

유럽대륙의 민족적 대국들과는 달리 섬으로 보호되는 영국은 지속적으로 자치행정원칙과 지방적 공동체윤리의 정착지로 남아있다. 거기서 자유주의적-연방적 질서사상은 유기적으로 선사시대의 방어능력이 있는 민족공동체로부터 발전되었다(고대 그리스나 이탈리아와 마찬가지로). 로마의 군사통치가, 섬의 대부분에서 거의 400년간 지속되었지만 여파는 없었다. 왜냐하면 민족이동 동안에 승리한 앵글족과 색슨족은 게르만선사시대의 전통을 견지하고 자유롭고 방어능력이 있는 민족공동체로 정착하였기 때문이다.

고대 앵글로색슨시대에 대해서는 윙필드-스트라트포드(E. Wingfield-Stratford)가 다음과 같이 기술하고 있다(≪Geist und Werden Englands≫, Zürich, 1944).

"국왕은 토론에서 좌장을 맡았는데, 예컨대, 기독교의 수용에 대해서, 통치자로서 성격보다는 좌장으로서 진행했고, 그들의 영향은 그들 인격의 힘에 상응했다. 아래로 지방업무의 규율을 위해서도 무엇이 일어나고 혹은 일어나지 말아야 하는지에 대해서, 우선 국민에 의해서 토론되어야 했다. 그리고 호의적으로 투표하는 것이 가장 중요했다. 어느 곳에서도 능숙한 행정기구에 의해 위로부터의 명령에 의해 사무가 수행된다는 인상은 받지 못했다.

10세기부터 통일적인 군주권력이 전체 앵글로색슨족을 통합하였다. 하지만 사실상으로는 전국적인 통일은 매우 지방적으로 이루어졌다. 전국적인 전체군주는 원시시대의 민족왕의 특징을 광범위하게 유지하였고, 개별적인 국토의 부분에는 민족공동체와 그로부터 신임을 받는 귀족가문들이 지방의 특수이익을 전체의 국가이익을 넘어 매우 분명하게 세웠다. 바로 이러한 지방분파주의는 위험한 것으로 입증되었다. 왜냐하면 외국의 정복자에게 길을 여는 것을 도왔기 때문이다.

1066년의 노르만의 정복은 영국에서 유럽대륙의 봉건체제를 수립하였고 영국농민들 대부분을 농노로 억압하였다. 그럼에도 이러한 재앙이 예전의 지방자유를 소멸시키지는 않았다. 수입된 노르만 군사귀족이 많지 않았고, 그래서 정복당한 앵글로색슨인이 그를 점진적으로 정신적·정치적으로 동화시켰다. 더구나 한 번의 추락이 영국농민들에게, 예를 들어 독일농민들이 7세기에서 11세기에 걸쳐 지속적인 몰락으로 겪은 것과 같은, 그렇게 깊은 상처를 주지는 않았다. 정복자 윌리엄왕은 1066년 이후 모든 왕국의 농민들에게 무기권을 허용했다. 카운티군대의 도움을 받아 반항적인 봉건귀족들을 억누르기 위해서였다. 이러한 민중적인 군사질서에 의해 섬나라는 봉건적인 지배정신을 극복할 수 있는 힘을 얻었다.

이미 1242년에 농노화된 농촌사람들이, 스스로 무장할 능력이 있는 한 모두, 카운티군대로 재편입되었다. "그렇게 많은 남자들이 무장을 했다는 것이 정치적이고 사회적인 자유의 입김이 섬으로 불어온 중요한 원인이었다(G. M. Trevelyan, ≪Geschichte Englands≫, München, 1935)."

예전의 앵글로색슨족의 지방헌법이 이 모든 것을 정해서, 그들에게 흐르는 윤리적 힘을 전체 국민에게 스며들 수 있도록 했다. 나아가서 작은 귀족은 상황의 힘을 통해서 보았기 때문에 방어능력이 있는 국민을 배려하고 그와 긴밀하게 협력하는 계기가 되었다. 이미 12세기에 그는 협동적으로 카운티 게마인데에 편입되었고 그들의 지도부에 참여하여 그들의 조세부담의 대부분을 스스로 부담하는 데 익숙해졌다.

이에 따라 영국에서는, 유럽대륙 국가들의 봉건왕국에서와 같은, 엄격한 계급적 제한은 없었다. 귀족영지와 귀족칭호는 항상 장남에게만 상속되고, 기사, 귀족이 아닌 차남이하의 아들들, 부유한 시민, 부유한 농민은 서로 인척관계를 맺었는데, 그들을 통틀어 "신사(Gentleman)"로 간주하였고, 이렇게 해서 지도층은 금권정치적인 특징의 "젠트리(Gentry)"로 융합되었다.

단순한 토지귀족과 공로귀족으로서 "금권정치"는 지배관계가 아니라, 원시유럽의 종족집단과 유사하게, 신뢰관계를 통해서 하급국민과 결합되었다. 그것은 국가구성을 위하여 결정적인 중요성을 가진다. 왜냐하면 왕은 상비군이 없어서 지역관료들의 급여를 위해 필요한 재원을 조달할 수 없었고, 그래서 그는 모든 카운티에 거주하는 명예직공무원을 젠트리의 서열에 따라

투입해야만 했다. 다시 말하면 영국의 민족공동체는 모든 시대
에 신뢰할 수 있는 현지의 중개인에 의해, 즉, 비관료적으로 지
배를 받는 것에 익숙했다.

이러한 행정적 지방분권, 지방자유, "자치정부"의 시스템과
관련하여 영국의 국가는 언제나 민중적인 법질서를 유지했다.
12세기에 통일된 국법은 본질적으로 고대 앵글로색슨의 법을
기초로 하고 있다. 이에 상응하여 처음부터 일반적으로 구속력
이 있는 법이 민중법으로서 적용되었다(Common law). 노르만
에 의해서 도입된 봉토조차도 "일반적인 민중법에 자리잡았고,
독일과 같은, 특별한 법계는 아니다."(Heinrich Mitteis, ≪Der
Staat des hohen Mittelalters≫, Weimar, 1940)

이에 관해서 윙필드-스트라트포드(Wingfield-Stratford)는
다음과 같이 말했다. "코먼로의 생명수는 국민의 의식 아래에
깊이 놓여있는 뿌리로부터 올라온다. 그것은 자라나온 무엇이
지, 만들어낸 무엇은 아니다 … 영국법에 따르면 원고가 그의 권
리에 대해 설득할 수만 있다면, 왕도, 유력자, 국가이성도 가장
단순한 원고의 청구라도 대항하지 못한다. 배심법원의 원칙은
국민을 그 자신의 권리에 대해 파수꾼으로 만들고, 가장 많은 사
람에 관계된 안건에 동의할 뿐만 아니라 적극적인 참여를 얻는
데 있다. 아래에서 위로 형성하는 절차."

짧게 말하면 법 발전이 비민중적으로 벗어나지 않기 때문에,
국민을 향하기 때문에, 그렇게 큰 사회적 대립에도, 기존의 것

에 대한 집단적 자부, 보수적-적법한 질서원칙을 잃지 않는다.
강자의 권리, 명령원칙의 힘을 믿는 대신에 국민은 지속적으로
젠트리의 엄격한 법의식과 그로부터 나온 명예직공무원을 신
뢰하였다.

가장 중요한 이 자치기관, 14세기에 등장한 치안판사(법률가
가 아니다!)에 대해 트레벨얀(Trevelyan)은 말한다.

"영국인에게 대단히 두드러진 법에 대한 존경은 이러한 명예
판사에 대한 교육의 결과이다. 왜냐하면 동료 국민에게 법을 해
석하고 판결을 말하는 공권력의 담당자는 학문적인 법을 아주
철저하게 알지는 못했다. 하지만 그들은 그들의 사람을 알았고,
후자는 그들을 알았다."

영국의 카운티는, 도시자치단체처럼, 수백 년 동안 지방의 윤
리로 채워진 자유로운 인간들의 신뢰공동체로 남았다. 집단적
인 법률준수의, 연방적 자치행정의, 행정적 조정의 정신이 작은
지역에서 살아 있었고, 그것이 점차적으로 유기적 발전으로 아
래에서 위로, 전체 민족국가로 확대되었다.

이러한 전국적 확대의 상징이 된 단체는 국회-정확하게는 하
원이었다. 하원에는 13세기부터, 지방자치행정과 마찬가지로,
민족공동체의 중개인이나 경우에 따라서는 민족공동체를 이끄
는 젠트리가 앉아 있었다. 그래서 "하원"은 매우 운이 좋게도 "전국
지방자치행정기구의 집중"으로 불렸다(Heinrich von Treitschke,
≪Die Grundlagen der englischen Freiheit≫, 1858).

"하원은 법인과 그에 유사한 단체의 대표이다. 그러나 이들 단체에는, 이익대표의 이상을 요구하는 유럽대륙처럼, 계급, 직업계층, 재산계층은 포함되지 않았으며, 모두 사회적 대립을 포함하고 백년간의 공동생활을 통해서 조정해온 지방자치단체, 카운티가 포함되었다."

다른 말로 하면: 영국의 의회주의는 오래전에 물려받은 지방적인 신뢰의 기반으로부터 성장하였고, 그래서 이전의 일방적인 귀족정치적 특징에도 불구하고 언제나 민중적인 시설이었다.

트레벨얀(Trevelyan)이 말한 것처럼, 그것은 "건강한 인간이 해와 독재자보다는 위원회, 길거리투쟁보다는 선거, 혁명재판소보다는 회의실을 더 좋아하는 영국국민의 온순함의 표현"으로서 출현한 것이다. 아주 자연스럽게 의회주의 헌법은 언제나, 본래 지방적인 공동체윤리가 신뢰를 주는 힘을 펼치는 곳에서만, 국민국가가 자유로운 지방자치단체의 연합일 때에만, 영어로 'Commonwealth'일 때에만, 민중적이 된다.

근대에 들어서 영국은 중세로부터 이어받은 지방분권적 국가구조를 더욱 유기적으로 발전시킬 수 있었다. 17세기의 혁명적 진동이 유기적인 관련성을 파괴하지는 않았다. 왜냐하면 그것은 언제나 이전의 정상상태로 돌아가도록 끝이 났기 때문이다. 크롬웰 당시에 청교도들이 옹호한 종교적 지방자유의 사상이 보다 강한 호응을 받았다면, 무엇보다도 정치적인 지방자유의 세계가 하나의 자연스러운 뒷받침을 해주었기 때문이다.

당시의 소요는 예전의 자치행정체제를 국왕의 침해로부터 보호하려는 의지도 작용하였다. 왕실이 요구한 지방행정청에 대한 명령권은 결과적으로 사실상 모두 포기되어야만 했다. 명시적으로 확정한 것처럼 치안판사의 지방행정은 중앙정부가 아니라 오로지 법률에만 복종해야 하고, 법률위반으로 인한 소송에 대해서는 정규법원만 결정해야 했다.

영국국민에게 깊이 뿌리내린 지방적, 즉, 보수적-합법적 질서원칙은 원래의 승리자보다는 혁명으로부터 유래한다. "전체 공공행정질서는 법률적으로 제한되고 이를 통해서 처음으로 공법이 보장되었다. 여기에서도 국민의 활동적인 참여를 기대하면서 준비되었다. 누구나, 불참자도 마찬가지로, 행정의 결정에 대해서 사법적으로 주장할 수 있었다. 또한 행정청도 그의 명령을 관계된 사인의 의사에 반하여 집행할 수 없었다. 저항은 법원을 통해서만 극복할 수 있었다 … 헌법에 따른 복종은 수백 년 전부터 사실이다. 타당하게도 매클래이(Macaulay)는 그것을 영국자유의 마지막 보루로서 칭찬했다."(Treitschke 1858)

지방자유의 정신과 "윤리적 집단주의"로 형성된 국가로서 영국은 19세기에, 혁명적인 동요 없이, 헌법생활과 행정생활을 유기적인 교육으로 민주화시킬 수 있었다. 집단적인 법률준수의지가 예전부터 국가를 확고하게 결속시켜왔기 때문에, 하층국민들에게는 언제나 선도적인 귀족에 대한 높은 신뢰와 도덕적인 공동책임감이 활발하게 유지되었다.

이러한 정신적·정치적인 기초 위에, 문맹퇴치의 결과로 국민 대중의 정치적 관심이 높아지자, 선거권의 확대가 저절로 추진되었다. 1832년에 유권자 수는 5%에서 20%의 성인남자로, 1867년에는 40%로, 1885년에는 75%로, 1918년에는 100%로 확대되었고, 1928년에는 여성투표권이 100%로 실현되었다. 게다가 유사한 유기적 방법으로, 도시의 자치행정과 관련해서는 1835년에, 카운티는 1888년에, 마을에는 1894년에 귀족적인 선거제도를 민주적인 것으로 전환하는 데 성공했다.

중요한 것은 오늘날도 여전히 영국에서는 완전한 행정지방분권화의 원칙이 원칙적으로 엄격하게 인정되고, 현대적인 시대적 필요를 이유로 이로부터 벗어나는 곳에서는 불가피한 필요를 넘어가지 않는다. 법률은 정부에게 오늘날 지방행정을 통제하고, 제한된 범위 안에서 명령까지도 제정하고, 결정을 승인하고, 분쟁을 결정할 권리를 인정한다.

그래도 국가의 구역관료제가 결여되어 있어서 모든 통제는 도시지방자치단체와 카운티지방자치단체를 방문하는 국가의 장관실 공무원에 의해 직접 행사되고, 이 감독관들은 논란되고 있는 개별적인 규율과 관련하여 그들의 입장을 명령에 의하지 않고 설득에 의해서 간접적으로만 실행할 수 있다. 오늘날도 중앙부처는 지방행정과 그 공무원에 대하여 직무권력을 직접 행사하지는 않는다. 만약 그의 입장에서 지방자치단체가 위법한 행위를 했다면 거의 대부분의 경우 정규법원에 판결을 구하는 소송을 제기한다. 대체로 영국인들은 행정에서 지배기능을 상하질서시스템으로 보는 대신에 단순한 업무수행이라고 보고, 이에 따라 중앙권력은 원칙적으로 단지 가장 필요한 조정과 병렬적 개입을 하도록 하는 데 그친다. 이렇게 해서 지방의 재량자유와 자기책임성은 자동적으로 광범위한 활동여지를 유지한다.

한 가지 생각해볼 것은 18세기의 귀족지배가 야기한 끔직한 사회적 재난(대지주의 횡포, 산업노동자의 곤궁)도, 지방의 공동체윤리를 파괴할 수 없었다. 오히려 자치행정원칙에서 자라난 집단적인 법률준수정신과 집단적인 신뢰는 폭력신봉의 출현을 막을 만큼 충분히 강력했다. 그래서 19세기에 기존의 재난을 점차 엄격히 합법적인 방법으로 극복하는 데 성공했다. 같은 경험이 최근의 경제위기 시기에도 일어났다. 엄청난 실업시기에도 모스크바의 혁명적 선동이 영국노동자에게 먹혀들지 않았다. 재산의 심각한 격차에도 불구하고 모든 국민은 물려받은 자유법질서에 대한 자부심으로 충만했고, 서로 반감과 두려움은 매우 적어서 그들은 사회개혁만을 요구했고, 사회적인 혁명을 요구하지는 않았다.

일반적으로 영국 "금권정치"의 사회적 권력남용은, 언제나 여론이 참을 수 있는 데까지만 나갔다. 이전 시대에 집단적 양심은 사회생활의 곤경보다도 자유와 합법성의 위험에 대해서 더 민감하게 반응하였다. 1820년부터 사회적 책임감이 깨어나자 알려진 것처럼 영국의 대자본은 그때마다 모범적으로 필요한

희생을 무조건 자기규율로 바쳤다. 대체적으로 자치정부정신
덕분에 모든 측면에서, 당시 아직 프로이센의 권력이상에 굴복
하지 않았을 때, 1858년에 트라이츠케가 말한 것처럼 "유전된
지혜가 엄청나다는 것은 영국에서 빈말이 아니었다. 그 전체 역
사를 통하여, 엄격한 법률정신 및 대담한 독립성과 더불어 공동
의 국가의무 앞에서 매우 겸손한 절제가 행하여졌다."

그러나 기독교에 의해서 순화된 지방의 공동체윤리는 현대
자본주의적인 발전뿐만 아니라 현대적인 제국주의적 발전에도
맞서서 승리할 수 있었다. 고대 로마와는 달리 영국은 세계제
국형성으로 자유적대적인 군사국가가 되는 것을 피할 줄 알았
다. 기본적으로 영국제국은 전혀 군사적인 형태가 아니며 자본
주의적인 형태로 출현하였고, 일반적으로 언제나 최소경비로
거주하고, 정복하며, 주장할 수 있는 토지만 소유했다. 비록 때
에 따라서는 나쁜 압제가, 특히 아일랜드에서, 없지 않았지만,
그럼에도 모국의 공동체정신은 그것으로 인하여 영향을 받지
않았다.

여기에 자유는 예로부터 전수되고 유기적으로 성장한 힘으로
서, 공동체생활에서 반드시 필요한 규율적인 질서묶음으로서
작용하였다. 예전의 지방자유로부터, 본연의 자치의지로부터
성장한 여론(법적이고 도덕적인 집단적 감정)의 통일성은 해외의
영토로까지도 확대되었다.

이 모든 것 때문에 전 세계의 영국인들은 자신들의 세계제국

을 오늘날 그 어느 때보다 권력과 통치의 조직이 아니라 영연방
으로 파악한다. 자유로운 국민들의 가족공동체로, 모국(母國)
이나 자국(子國)이나 같은 정도로 자유로운-연방적 국가이상,
지방주의의 정신을 구현한 것이다. 네빌 체임벌린(1940) 추모
식을 계기로 노동당 대표인 애틀리는 "우리가 유지하기 위하여
투쟁하는 생활방식의 특징은 정치적 대립으로 인해 서로 존경
과 우정을 행사하는 것이 방해받지 않도록 하는 것이다."라고
말했다.

14. 미국연방

　영국자치령과 마찬가지로 미국도 고대 영국의 지방자유의 정
신에 의해서 국민국가가 형성되었다. 영국의 제해권 덕분에 지
방적-민중적 질서원칙, 행정적 지방분권과 조정은 17세기부터
해외 거주지역에 이식되었고 로마 이후 처음으로 광범위한 효
력을 갖게 되었다. 세계역사에서 가장 중대한 결과를 낳은 발전
과정의 하나에 속한다. 앵글로색슨민족이 국가를 건설하는 곳
에서는 언제나 "좋은 통치를 받는 것보다 자치가 더 낫다."는 그
들의 최고 국가원칙이 승리하였다.
　북아메리카에서 영국정착민들은 처음부터 관치적인 명령행
정이나 관료적 후견에 노출되지 않았다. 오히려 모든 식민지는
곧바로 광범위한 지방자치행정을 획득하였고, 그로부터 생기는

보수적-합법적 공동체의식을 활발하게 유지하기 위하여, 새로운 법률과 새로운 세금을 스스로 결정할 수 있고, 이러한 목적을 위하여 자신의 의회를 선거할 수 있었다.

식민지하의 북아메리카에서는 사회구성이 당시 아직 귀족적이었던 모국에 비하여 훨씬 더 민주적으로 구성되었다. 이러한 대립이 오해를 불러일으켰고 1776년에 분리를 가져왔다. 독립한 공화국은 1789년에 연방국가적인 전체헌법을 제정하였고 상반된 생활필수품들이 유기적으로 결합하게 되었다. 그것은 강력한 전국적인 통일의 필요와 팽창된 지역적 자유의 필요이다.

극단적으로 분권화된 연방국가의 구조에 구현된 타협의 산물은 그의 생존을 위해 윤리적인 힘의 원천을 필요로 한다. 이 힘의 원천은 미국에서도 마찬가지로 자유로운 지방자치단체의, 자치행정원칙에서 발견할 수 있다. 프랑스인인 알렉시스 드 토크빌(Alexis de Tocqueville)은 100여 년 전에 이것을 그의 유명한 "미국의 민주주의"(Brüssel, 1835)에서 입증하였다. 토크빌은 무엇보다도 청교도적인 "뉴잉글랜드국가"에 주목을 하였는데, 그곳에서는 정치적인 지방자유와 종교적인 지방자유의 결합이 이미 건국 당시부터 강하게 민주화하도록 영향을 미쳤다. 그럼에도 그가 말한 것의 대부분은 예전의 "직할식민지"의 원래 귀족적인, 모국의 모델에 따라 형성된 자치시스템에도 적용된다. 토크빌의 책에서 중요한 문장을 요약하면 다음과 같다.

"지방자치단체는 모든 국민에게 존재하며, 그것은 그들의 관습이고 법률이다. 왕국이나 대규모 공화국이 인간의 작품인 반면에, 지방자치단체는 직접 신의 손에 의해 생겨난 것이다. 하지만 인간이 있은 이후로 지방자치단체가 존재하지만, 그럼에도 지방자유는 드물고 깨어지기 쉬운 것이다. 한 국민은 언제나 거대한 정치기구를 세울 수 있다. 왜냐하면 그의 품속에는 교육이 어느 정도까지 부족한 업무경험을 메울 수 있는 일정 수의 사람이 있기 때문이다. 그에 반하여 지방자치단체는 단순한 사람들로 구성되어 있는데 그들은 때때로 입법자의 의지에 반발하기도 한다. 고도로 문명화된 사회에서는 광범위한 지방자유의 모험을 허용하는 것이 쉽지 않다. 그들은 지방의 많은 실수를 두려워해야 하고, 실험의 최종결과를 확인하기 전에, 성과를 의심한다."

"뉴잉글랜드의 지방자유권은 완결되고 정돈된 전체를 이룬다. 그것은 오래 보존되고, 법률에 확고하게 뿌리를 내리며, 더욱 확고하게 관습 속에 그리고 전체 사회생활에 유익한 영향을 행사한다 … 미국에서 어디나 마찬가지로 국민이 지방자치단체에서도 모든 사회적 권력의 원천이 된다. 그러나 어느 곳에서도 권력을 직접 사용하지는 않는다. 선거인단이 지방행정청을 선출한 다음에, 국가법률의 단순한 집행에 관한 것이 아니면, 행정청에게 그의 의사를 강제한다. 이러한 상황은 프랑스의 견해와 관습과는 매우 다르다."

"지방자치단체에게 맡겨진 모든 권한에 있어서, 지방행정청은 국민의사를 집행하는 기관으로 등장한다. 형식적으로 그들은 자신의 책임하에 활동하지만 실제로는 주민다수가 사전에 확정한 원칙에 따라야 한다. 기존의 질서를 변경하고자 하면, 무엇인가 새로운 것에 착수하려 하면, 주민에게 물어보아야 한다, 즉 그들 권력의 원천으로 내려가야 한다."

"미국에는 지방의 고유한 권리가 있을 뿐만 아니라 무엇보다도 지방정신이 있는데, 그것이 전자를 뒷받침하고 활기를 불어넣는다. 뉴잉글랜드의 지방자치단체는 자유와 권력이라는 두 가지 장점을 결합하여 인간적인 관심을 생생하게 주장한다. 뉴잉글랜드의 주민들은 그들의 지방자치단체와 연결되어 있다고 느낀다. 그것은 단순히 그곳에서 태어났기 때문이 아니라, 그가 속해 있고 공동으로 지배하려고 노력할 가치가 있는 자유롭고 강한 단체를 보기 때문이다."

"공공의 사무에 가능한 한 많은 사람들의 관심을 일깨우기 위하여, 미국의 지방자치단체가 얼마나 능숙하게 다양한 방법으로 권력을 확대하려고 노력하는지가 주목을 끈다. 미국의 시스템은 지방자치단체의 권력을 많은 숫자의 시민에게 분배하여, 지방적인 의무를 몇 배로 늘리는 것을 망설이지 않는다. 그렇게 해서 지방자치단체의 고유한 삶을 어떤 면에서는 매순간 새롭게 파악할 수 있다. 의무를 이행하거나 권리를 행사함으로써 그것을 일상적으로 표현한다. 이러한 정치적 상황에서 사회는 앞으로 움직이지만 동시에 혼란을 초래하지 않고 고무시키는 조용한 움직임을 지속한다.”

“미국인들은, 산골사람들이 그들의 골짜기를 사랑하도록 되는 것과 유사한 이유로, 지방자치단체와 결합되어 있는 것을 느낀다 … 뉴잉글랜드의 지방자치단체들은 일반적으로 행복한 존재이다. 그들은 그들의 취향에 따른, 그들의 선택에 따른 법률을 가지고 있다. 미국인들이 누리고 있는 깊은 평화와 물질적인 복리의 관점에서 지방공동체 내부에 드물게만 격한 소동이 있다. 지방사무의 행정은 단순하다. 그것을 넘어 국민의 정치교육은 예전부터 확고하게 정착되었다. 행정청이 잘못을 범하였더라도, 그것이 중요하지 않으면, 그것을 입증하면, 큰 소란은 없었다. 왜냐하면 정부가 사실상 피지배인에서 비롯되고, 관직을 제대로 수행하기만 하면 아버지와 같은 배려로 감싸주기 때문이다.”

“미국인은 지방자치단체에서 야심을 펼치고 그 속에 그의 미래에 대한 신념을 심는다. 그는 지방생활의 모든 일에 참여한다. 그의 통찰력이 닿을 수 있는 좁은 지역에서 그는 사회를 이끌려고 한다. 그는 유대관계에 익숙해지는데, 그것 없이는 자유가 혁명으로 치닫게 된다. 그는 그 정신에 스며들어 질서에서 기쁨을 얻고, 권력과의 협력에 익숙해지며, 마침내 그의 의무의 본질과 그의 권리의 범위에 대해서 명확하고 실제적인 견해를 갖게 된다.”

"세계 어디서도 공익을 촉진하기 위하여 전체적인 결과에 있어 더 많은 노력을 하는 곳은 거의 없다. 그렇게 많이, 그렇게 좋은 학교나 마을사람들의 종교적인 수요를 보다 더 잘 충족할 수 있도록 교회를 설립하는 국민을 본 적이 없다. 지방도로를 더 잘 관리하는 것도 … 미국에서는 애국심이 항상 존재한다. 그것은 마을에서부터 전체 연방에 이르기까지 일반적인 관심의 대상이다. 주민들은 그들의 좁은 고향의 모든 이익과, 마치 그 자신의 것처럼, 밀접하게 관련되어 있음을 느끼고, 조국을 위하여, 그들이 가족을 위하여 하는 것과 유사한 애착을 품는다."

"뉴잉글랜드의 지방자치단체는 국가로부터 그 권력을 이전받은 것이 아니다. 오히려 지방자치단체가 그들의 독립성 중에서 일부를 국가에게 양도한 것으로 보인다. 매우 중요한 차이점으로 지속적으로 생각해야 한다. 영국은 당시에 식민지 전체를 지배했지만, 이미 당시에 주민들의 지방사무는 완전히 자율적이었다. 이에 따라 지방자치단체의 주민주권은 단순히 오래되었을 뿐만 아니라 원래의 상태이고 … 전체적으로 지방자치단체 그 자체로는 독립된 사단이 되고, 뉴잉글랜드 주민들 사이에는 순수한 지방사무의 수행에 대해서 국가가 개입할 국가의 권한을 인정하는 사람은 아무도 찾아볼 수 없다."

"미국을 여행하는 유럽인에게 가장 눈에 띄는 것은 우리가 정부나 행정이라고 부르는 것이 없다는 것이다. 미국에서 성문법을 접하게 되고, 그것이 날마다 적용되고 있는 것을 발견하며,

모든 것이 움직이는 것을 본다. 하지만 어디에서도 기관을 찾을 수 없다. 사회적인 기구를 움직이는 손은 언제나 볼 수가 없다 … 이러한 정치적인 습속, 이러한 사회적 관습은 의심의 여지없이 프랑스의 그것과는 근본적으로 다르다."

"유럽인은 배후에 지속적으로 가까이서 모든 것에 개입하는 행정청을 볼 수 있으며, 그는 지방행정의 다양한 부서와 마지못하여 관계를 맺는다. 미국에서는 국가를 이끄는 권력이 훨씬 덜 조직화되어 있고, 덜 이성적이고 덜 분명하게 구성되어 있지만 유럽에서 보다 백배나 더 강하다. … 미국에서 자유는 무질서의 열정 위에 세워진 것이 아니라 정반대로 질서와 합법성에 대한 사랑과 병행한다. 미국보다도 더 법률이 절대적인 구속력을 가진 나라는 세계에서 찾기 어렵고, 또한 법률적용권이 그렇게 많은 기관에게 분산되어 있는 곳도 없다. … 유럽인은 종종 공무원에게서 권력의 상징만을 본다. 미국인은 그를 통해 법의 가치를 인정한다. 미국에서 사람들은 결코 사람에 복종하는 것이 아니라 법이념과 법률에 복종한다고 볼 수 있다."

의미심장한 토크빌의 책에서 뽑은 이 약간의 발췌는, 결정적인 맥락을 설명하기에 충분하다. 한 가지만 더 추가하면 토크빌은 미국에서 모든 "정신적 자유"를 구속하는 여론의 우세를 비판했다.

특히 그는 이러한 "다수의 횡포"를 언급했다. "다수가 의심스러워하는 한 토론은 하지만, 그것을 철회할 수 없도록 말하는 순간부터 모든 찬성자나 반대자나 침묵하고 명령된 것에 공히 복종하는 것으로 보인다. 미국처럼 정신적 독립성이 더 작고, 진정한 토론의 자유가 덜 존재하는 나라는 그렇게 많지 않다. 그렇게 설정된 한계 내에서 작가들은 자유롭다. 하지만 그가 그 한계를 넘으려고 하면 고통을 받는다. 지배자(즉, 다수)는 거기서 다음과 같이 말하지 않는다. 너는 나처럼 생각해야 한다. 그렇지 않으면 너는 죽는다. 그는 말한다. 너는 나와 다르게 생각할 자유가 있다. 너는 생명과 재산, 그리고 모든 것을 유지하지만, 너는 이 순간부터 우리들 사이에 추방자이다."

사실에 있어서는 토크빌이 "다수의 횡포"라고 느낀 것은 같은 방향으로 양심에서 나오는 자유로운 순응의 의지, 집단적인 자기규율의 윤리적 원칙에 관한 것인데, 그것은 자유로운 지방자치단체로 구성된 국가에 적합한 것이고(적어도 원칙에 있어서는), 그것 없이는 질서 속의 자유는 존재하지 않게 된다.

미국은 토크빌이 그의 책을 집필했을 때, 질풍 같은 발전을 경험했으며, 이를 통해 물려받은 지방의 공동체윤리는 심각한 부담을 지게 되었다. 그래서 오랜 문화적 전통의 결여는 물질적 생활가치의 일반적인 과잉평가를 낳았다. 또한 서부정착은 매우 거친 형태로 진행되었고, 개인주의를 의심스럽게 만드는 정신이 국가를 물들게 했다. 게다가 1870년부터 찾아온 온실 같은 경제도약의 결과로 엄청난 재산격차가 벌어졌다. 이때부터 쇄도한 유럽 국가들로부터 온 수백만의 이민자들은 지방자유의 전통을 알지 못하였다.

오늘날도 매우 민감하고 깊은 국민 간의 흑백의 대립은 이런 맥락에서 부차적으로만 언급되었다. 언급한 모든 유해한 힘을 합치면, 그중에서 많은 것은 존재하는 것 중에서 가장 해로운 것으로 보이는데, 필연적으로 나쁘고 공동체파괴적인 현상이 엄청나게 나타날 수밖에 없다.

그럼에도 지방자유와 연방적 국가이상의 도덕적 건강의 원천은 오랫동안 이 모든 병원균의 나쁜 영향을 극복하지는 못한다고 하더라도 강력하게 저지할 수는 있다. 왜냐하면 다른 모든 병을 치료할 수 없도록 만드는 위계적인 명령원칙으로부터 나오는 군사적이고 관료적인 사고의 본원적인 질병은 미국에서 배양의 온상을 찾을 수 없기 때문이다. 모든 불리한 영향에도 불구하고 모든 민중적-자유로운 공동체질서, 모든 "윤리적 집단주의"로부터 나오는 이상은 오늘날까지 원칙적으로 확실하게 남아있다.

"선량한 이웃"이 되도록 의무를 지우는 공동체정신, 1789년 연방헌법에 대한 일반적인 존경, 그리고 모든 정당과 계층이 가장 심각한 경제위기와 실업의 시기에도 신중하게 준수하는 그 기초가 되는 법이념, 이 모든 것이 현재에 지방주의의 승리를 가져오는 국민교육적인 힘을 가장 인상적으로 증언한다.

막스 질베르쉬미트(Max Silberschmidt)의 표현을 빌리면(≪Der Aufstieg der Vereinigten Staaten von Amerika zur Weltmacht≫,

Aarau, 1941): "뚜렷한 공동체정신은 미국사회의 특징이고, 남성적인 자신감은 미국인을 특징짓는다. 자유로운 사람의 자발적으로 형성된 협동의 정신은 이 세계에 살아있다."

15. 스칸디나비아와 네덜란드의 국민군주국

영국 외에도 유럽에는 지방공동체윤리와 활발한 자치의지가 선사시대부터 오늘날까지 파괴되지 않고 보존되어온 광범위한 지역이 또 있다. 이 지역에는 스칸디나비아 국가들이 있다. 스칸디나비아는 매우 운이 좋았고, 몇 세대에 걸쳐 강력한 외국의 군사지배를 받지 않은 특별한 발전을 하였다. 영국이 북해를 통해서 보호받은 것과 유사하게, 발트해의 도움으로 외국의 정복자로부터 보호를 받은 것으로 보인다.

이미 덴마크, 스웨덴, 노르웨이의 3개 북게르만 왕국의 탄생은 민중적인 기초에 의해서 이루어졌다. 10세기까지 각각 자유롭고 방어능력이 있는 다수의 민족공동체들이 동일한 왕의 지휘 아래에서 이루어졌다. 합병은 저항이 없지 않았다. 그럼에도 지방자치는 그것에 의하여 거의 침해를 받지 않았기 때문에 그 결과에 대해서 금방 타협할 수 있었다. 개별적인 민족공동체들은 그들이 속한 왕국 안에서 오랫동안 고유한 지역권을 가졌으며 이웃지역의 구성원을 "외국인"으로 간주하였다. 13·14세기

가 되어서야 덴마크와 노르웨이, 스웨덴은 각각 민족국가를 형
성하였고, 또한 이러한 법적 통일은 예전의 지역전통을 지향하
는 명백히 민중법적인 성격을 보여주었다.

　스웨덴왕국에서는 농민들의 대다수는 언제나 자유로운 토지
소유자였고 봉건귀족의 자의에 굽힐 필요가 없었다. 1280년
부터 세금이 면제되는 기병전사, 즉 소귀족이 있었다. 그럼에
도 그 구성원들은 준농민적인 생활을 하였고, 자유로운 국민
신뢰를 얻어, 부유한 농민과 함께 민족공동체의 지도부에 참
여하였다.

　보수적-합법적인 법적 이상과 국가이상에 이끌려서 소귀족
과 국민은 1434년부터 함께 덴마크왕의 통치권 요구에 대항해
서 투쟁하였고, 마침내 1523년에 국민왕권의 재수립을 관철하
였다. 군주제 절대주의는, 1680년부터 1718년과 1772년부터
1809년에 존속했던 것처럼, 농민의 의사에 합치하였고 지방자
치와 민중적이고 지방분권적인 국가구조를 파괴하지 않도록 작
용하였다. 1435년부터 존재하는 제국의회에는 처음부터 귀족
과 성직자뿐만 아니라 모든 시민게마인데와 농민게마인데도 대
표되었다. 오랫동안 국민의 사랑을 받는 국왕의 손에 있던 우호
적인 도구인 제국의회는 1718년, 경우에 따라서는 1809년에
그 의미가 결정적으로 상승했고, 1865년에는 유기적인 방법으
로 현대적 의회로 전환되었다. 이러한 전체적인 발전에 맞추어
오늘날의 스웨덴도 지방자치단체와 지역은 자기책임하에 광범

위한 자치를 하고 있는데, 이들은 법률을 집행하고 그 특수이익
에 합치하도록 보장하는 데 익숙하며, 특히 광범위하고 법적으
로 확실하게 보장된 재량자유를 가지고 있다.

　스웨덴왕국의 민중법적-협동적 전통으로부터 오늘날 핀란
드왕국이 성장했다. 오랫동안(1249년부터 1809년까지) 스웨덴
에 소속되었던 것이 핀란드민족에게 경제적으로나 문화적으로
전성기를 의미하는 것은 아니다. 그러나 농민들, 대부분이 단
순한 소작농에 불과했지만, 스웨덴시대에 지방자유와 개인자
유의 값진 모든 자산을 주장했다. 그들은 그들 민족공동체의
대표로 스톡홀름의 제국의회에 참여했고, 18세기까지 전혀 다
른 언어에도 불구하고 대체로 스웨덴의 구성부분으로 느꼈다.
1809년 러시아에 복속되면서 처음으로 핀란드인들은 언어적-
문화적인 관점에서 그들 독자적인 길을 가야 한다고 서서히 의
식하기 시작했다. 초기에 차르는 핀란드의 자치전통을 존중하
였다.

　그러나 마침내 1899년에서 1905년과 1910년에서 1917년
사이에 그들은 군사적-관료적 독재정치를 수립했다. 해방연도
인 1918년 시민과 노동자 사이에 증오로 점철되고 피비린내 나
는 시민전쟁이 벌어졌을 때, 외국지배의 탈도덕적 영향과 중앙
집권적인 명령행정방식이 나타났다. 하지만 그 후에 새롭고 독
립적인 국민국가에서 전통적인 지방적-연방적 신뢰기반은 곧
다시 거침없이 전개되었고, 지방자치행정에서 국가의 정치적

훈련 덕분에 의회주의 정부시스템도 대중성을 유지하였다. 1939년부터 1945년까지 국가적 불행의 기간에도.

노르웨이왕국에서는 바이킹시대(9/10세기)에 해적으로 부자가 된 귀족가문이 그들의 토지소유를 크게 확장하고 농민의 2/3를 소작농으로 전락시키는 데 성공하였다. 다만, 이러한 소작인들도 지속적으로 자유로운 남자로 남았고 그렇게 무장을 하고 민족공동체에 참여하였다. 예전의 해전귀족의 가족들이 12세기에, 피비린내 나는 왕위전쟁을 계기로, 서로 절멸했기 때문에, 부유한 농민들이 지방의 자치행정청을 차지하였다. 노르웨이의 왕관이 1380년에 덴마크의 국왕에게 넘어간 이후에도 이러한 상황은 기본적으로 변함이 없었다. 덴마크정부는 일반적으로 현명하게, 아주 민감하게 자유주의적 정신을 가진 노르웨이인들의 생활관습을 침해하지 않도록 경계를 하였고, 그래서 그들의 고향은 1814년까지 비관료주의적으로 관리되고 적당히 과세되는 지역의 느슨한 묶음으로 남았다. 이러한 상황하에서 1814년 탄생한 국민국회도 전적으로 유기적인 구조였다. 왜냐하면 그 속에 지속적인 협력과 행정적인 조정을 위한 초당적인 지방적 신뢰공동체의 자유로운 의지가 상징화되어 있기 때문이다. 추가적으로 1814년부터 존재했던 스웨덴과의 동맹은 1905년에 해체되었고 국민투표에 의해서 고유한 국민왕정이 창설되었다. 이로써 노르웨이 국민도 선사시대부터 논쟁의 여지가 없는 연방적-지방분권적 질서원칙을 주장할 수 있게 되었다. 1940년부터 1945년까지 그들 역사에서 처음으로 진정한 자유를 위한 전쟁을 했다.

　현대적 민주주의와 유사한 유기적 발전을 외딴섬 아이슬란드가 보여주었다. 860년부터 노르웨이 이민자들이 거주했고, 930년에 수십 명의 소군주들은 부유한(말을 가진) 농부들과 매년 의회에서 만나기로 결정했다. 거기서 심의 결과 섬 전체를 포괄하는 토지법이 제정되었다. 많은 상호 간의 불화 후에도 아직 남아있는 소군주들이 그들의 통치권을 1262년 노르웨이 국왕에게 양도하였고, 그곳에서 1380년부터 덴마크 국왕에게 넘어갔을 때에도, 민중적-자유를 위한 국가기구들은 지속되었다. 덴마크의 무역독점은(1786년에 비로소 폐지되었다) 이 섬나라들에게 심각한 결과를 가져왔다. 하지만 이로 인하여 개별 지방자치단체의 자치는 영향을 받지 않았다. 왜냐하면 덴마크는 섬에 군대나 외지의 지역공무원을 유지하지 않았기 때문이다. 고대의 지방적-연방적 신뢰의지에 힘입어 아이슬란드는 19세기에 (오랫동안 의미없었던) 의회(Allthing)를 현대적인 국민대표로 전환하였다. 그래서 외딴섬은 가장 오랫동안 오늘날 의회의 모든 것을 갖춘 것을 자랑할 수 있다.

　스칸디나비아의 다른 나라들과는 달리 덴마크왕국에서는 자유-민중적인 헌법발전이 중단되었다. 1319년부터 1354년까지 독일의 유급기사는 국가의 지배자에 오르고, 그때부터 그와 인척이 된 귀족들은 종속된 농민을 군대권력으로 억누르는 것에 익숙해졌다. 1660년에 국왕이 귀족의 권력을 박탈하고 절대적인 정부권력을 설립했을 때, 그것이 시민과 성직자들의 도움으로 이루어졌기 때문에 무장해제된 농민은 적극적으로 참여할 수가 없었다. 이에 맞추어 절대군주는 뚜렷한 관료적, 중앙집권적인 명령행정시스템 위에 국가조직을 설치했다. 유럽의 관치국가 중에서 유일하게 덴마크는 자유주의 시대에(1834년부터) 국가구조를 점진적으로 탈위계화할 수 있었다. 점차 소왕국은 ― 스웨덴과 노르웨이의 국가 이상의 영향하에 ― 광범위한 지방자치시스템을 만들었고 이러한 기초 위에서 자유로운 국민신뢰에 뿌리를 둔 의회민주주의로 성장하였다. 현대 덴마크는 위로부터 구성된 명령기구와 권력기구를 아래로부터 구성된 연방적 공동체로 전환하는 것이 결코 불가능한 것이 아니라는 것을 입증하였다.

네덜란드왕국의 경우에 거의 전적으로 중세 도시자유와 같은 그들의 활발한 자치행정전통에 신세를 지고 있다(Friesland와 Groningen 지역에서만 자유 농민지방자치단체들이 국가형성에 적극적으로 협력했다). 1579년부터 스페인에 대한 자유투쟁을 통해서 탄생한 "네덜란드 연방공화국"은 본질적으로 거의 주권을 가진 도시자치단체의 느슨한 결집이었다. 인구와 재력이 월등한 도시들 외에, 특히 홀란드지역, 평지지역은 영향력이 없었고, 그래서 그곳에 영지를 가진 봉건귀족들은 곧 급진적인 시민화과정에 굴복하였다. 세월이 흐름에 따라 아주 느슨하게 조직

된 공화국은 자유국민군주(1747년 세습태수, 1815년 왕국)로 전
환되었다. 그들의 민중법적-연방적인 유래에 일치하여 현대의
홀란드도 명백히 지방분권화된 행정구조를 가지게 되었다. 비
록 시장이 정부에 의해서 임명되고, 종종 외지인이 임명되기도
하지만, 시장들은 그들이 의장을 맡는 지방의회에서 투표권이
없고, 우선 자문적 기능을 수행했다.

　그리고 그들 뒤에는 명령권을 가진 구역관료주의가 없었다.
전체적으로 홀란드의 지방생활도 역시 강력한 초당적인 신뢰원
천에 의해 지탱되며, 여기서도 지방자치의지의 유기적 산물로
서 대중적인 의회민주주의가 발전했다.

　끝으로 1830년에 출현한 벨기에왕국에 대해 언급하면, 그것
은 중앙집권적 질서원칙과 지방분권적 질서원칙 사이에, 명령
행정시스템과 자치행정시스템의 중간위치를 차지한다. 벨기에
지역에는 16세기에서 18세기 사이에, 당시 스페인과 오스트리
아 지배시기에, 적어도 도시들은 매우 큰 범위의 민중법적인 자
치를 주장하였다. 그러한 전통으로부터 1830년에 국가권력은
불가침의 "지방권력(pouvoir communal)"과 대립한다고 결정
하였다. 마찬가지로 도의 행정청을 아래로부터 선출하기로 했
다. 도지사는 도의회가 선출했다.

　다른 한편으로 1794년부터 1814년까지 프랑스지배의 전통
에 이어서 지방자치단체는 "국가권력(pouvoir national)"으로
부터 나오는 모든 사무에 있어서 도와 중앙정부의 행정청에게

복종해야 할 의무를 졌다. 단순한 재량사항에서도 말이다. 확실히 다음과 같이 예견할 수 있다. 벨기에 국가가 중앙집권적인 명령-복종의 원칙을 유지하는 한, 진정으로 자유를 위한 행정시스템의 도입을 포기하는 한, 그들의 새로운 지역에서 실질적으로 강력한 지역의 고유의식이 결코 부활할 수는 없을 것이다. 그리고 그동안 플랑드르와 왈롱 간의 위험한 언어분쟁을 극복하고, 최고의 애국자들이 원하는 것처럼 벨기에를 "제2의 스위스"로 전환하려는 모든 노력들이 실패할 것이다.

　　마지막으로 유럽의 모든 나라 민족 중에서 스칸디나비아민족들이 공동체도덕에 관하여 진정으로 모범민족들로 간주되는 것은 우연이 아니다. 바로 이 민족들은 선사시대부터 대대로 외국군대의 탈도덕적인 영향을 겪어본 적이 없고, 그곳의 사람들이 다른 어떤 곳보다도 높은 수준으로 서로 간의 성실을 믿는 데 익숙하기 때문이다. 이 높은 신뢰의지는 또한 그 안에 위험성도 있는데, 외교정책 분야가 그렇다. 핀란드를 제외한 모든 북유럽민족은 지난 수십년간 광범위한 군사적 무장해제 가능성을 믿는 경향이 있었다. 이러한 평화적 견해는 의심의 여지없이 신뢰가 넘치는 이상주의의 산물이지만, 상당한 정도로 편리성과 관계가 있다. 가장 잘못된 경우로 아이슬란드를 들 수 있다. 그들은 과거나 현재나 항상 무기소지에 대한 개인적 권리를 가지고 있지만 군사적 조직에 대해서는 전혀 알지 못하였다. 이러한 행동 (오늘날 세계에서는 매우 시대에 맞지 않는다)으로 아이슬란드는 좌우 간 매우 중요한 증거를 제공했다. 지방적이고 동시에 기독교윤리가 충만한 민족국가는, 내부질서를 유지하기 위하여, 병사를 필요로 하지 않는다고 보았다.

16. 스위스연방

영국과 스칸디나비아가 그들의 지방적-연방적 국가원칙을 선사시대로부터 물려받았던 반면에, 스위스는 홀란드와 마찬가지로 격렬한 자유투쟁의 과정에서 일반적인 지방자치국가 중의 하나에 오르게 되었다. 이러한 민족국가적인 발전의 출발점은 중앙알프스에 위치한 "발트슈테테(Waldstätte)"였다. 고트하르트에 있는 농민지방자치단체는 봉건시대의 권력파편화를 통하여 당시에 자치를 위해 노력하는 도시자치단체와 유사한 유리한 위치로 바뀐 것을 알았다. 특히 알프스계곡은, 도시의 성벽 대신에, 자연적인 군사적 방어벽인 산, 호수를 가졌는데, 그것은 외부 기사단의 침입으로부터 효과적으로 보호해 주었다.

계곡공동체 안에서 자연의 위력에 대한 투쟁과 공유지의 관리는 모든 주민들에게 집중적인 협동적 협력을 필요로 했다. 이에 따라 봉건적인 지배정신은 산악지역에서는 정착하지 못하였다. 마침 계곡에 사는 소귀족들도 드물지 않게 농민들의 민족자치단체에게 외부적인 계곡지배자로서 긴밀하게 의무를 지고 있음을 느꼈다. 1291년의 영원한 3국연맹은 지방적인 연대성의 이러한 정신을 가장 뚜렷하게 표현하였다. 당시에 3개의 산악 지역인 우리, 슈비츠, 운터발텐은 자기 나라 주민이 아닌 재판 관을 받아들이지 않을 의무를 부담했다. 다시 말해 그들은 원칙 적으로, 외국의 관료가 아니라, 국내의 수임자만 지배하도록 허 용했다.

스위스연방의 요람에는 초당적인 공동체원칙이 있었다. 실제 로, 지방의 자치의지는 그로부터 흘러나온 도덕적 힘으로 중세 시대의 계급 장벽을 극복할 수 있다는 것을 곧 보여주었다.

산악주민의 자유가 승리한 덕분에 도시자치단체(Luzern, Zurich, Bern, Basel)도 연방에 가입하였다. 시민과 농민, 즉 모든 국민 은 자유로운 지방자치단체의 동맹의 범위 안에서 평등한 사람 으로서 손을 잡았다. 이로써 스위스 안에서는, 오직 여기서만, 사회적 멸시를 극복하였는데, 유럽대륙의 시민은 그 밖의 모든 곳에서 농촌사람을 경멸하는 경향이 있었다.

국가법적인 형태와 관련해서 스위스연방은 극도로 긴밀한 군 사동맹시스템을 구체화하였다. 오늘날로 말하면 집단적 안전보 장시스템에 해당한다. 영원한 동맹계약의 연결망을 통해서 스 위스의 시민공동체와 농민공동체는 거의 유보없이 군사적으로 원조하고 모든 상호 간의 분쟁에 대해 무조건 중재재판으로 해 결할 의무를 졌다. 결정적인 것은 동맹구성원은 약속한 동맹충 성을 서로 변화된 상황에서도 한번 약속한 말을 계속적으로 유지함으로써 지키고 실천했다. 이것은 세계역사에서 유래를 거의 찾아볼 수 없다. 결합된 모든 개별적인 공동체는 자유로운 사람들의 신뢰공동체였기 때문에, 그들은 신의성실에 기반해서 지속적인 연방국가를 결성할 수 있었다.

지방의 공동체윤리는 선도적인 지역(13개의 옛 칸톤: Ort)에 의하여 피지배지역에도 확대되었다. 이 피지배지역은 그들이 구입이나 정복을 통해서 얻은 지역이다(이 피지배지역에 1798년까지 스위스 전체 인구의 3/4이 살았다). 또한 구스위스동맹국에게 "피지배"는 그들의 스위스 가입이 해방행위를 의미했다(이점을 너무 유의하지 않는다). 왜냐하면 스위스인으로서 그들도 장차 무기소지와 지방자유를 기뻐했기 때문이다. 13개의 선도지역은 그들의 피지배지역을 태수를 통해서 다스리도록 했다. 그러나 태수는 유급의 관료기구가 없었기 때문에, 그에게 소속된 수많은 마을에 각각 거주하는 주민으로 하여금 명예직 "부태수"로서 관리하도록 했다. 이러한 비관료적인 행정시스템 때문에 피지배지역의 구성원들은 서로 확고한 공동체정신을 갖도록 교육받았다. 예컨대, 논란의 여지가 있는 당국의 명령이 위반된 경우에, 태수에게 신고를 하지 않는 것이 매우 빈번하게 지역주민 전체의 명예문제로 간주되었다. 그래서 피점령지방의 지배적인 행정은 형식에 관한 문제였다. 실제에 있어서는 그들도 역시 자기책임적인 자유영역에서 살았다. 왜냐하면 지역외부의 관료나 경찰에 의해 감시당하지 않았기 때문이다.

일반적인 농민자유와 농민무장의 나라로서 스위스는 14세기
부터 유럽대륙의 한가운데에서 정신적·정치적으로 이질적인
존재가 되었다. 당시 유럽대륙은 (도시의 성벽 밖에서는) 봉건적
이고 관료적인 지배사상을 숭배하였다. 스위스에서는 군주나
기사 대신에 모든 법의 형성과 국가의 형성이 시민과 농민에 의
해서 이루어졌다. 관치적인 명령행정의 세계 대신에 스위스동
맹은 연방적인 자치행정의 세계를 형성하였다. 스위스의 경계
밖에서는 관치적인 명령행정이 점점 더 강화되었던 상황에서
말이다.

점차 더 일방적으로 군주에 의해 지배되는 로마-독일 제국의
연합 안에서 그러한 공화국 형태를 유지하는 것이 장기적으로
가능하지 않았다. 그래서 1499년에 본질적으로 다른 두 개의
국가기관 사이에서 완전한 정치적 분리가 초래되었다. 이러한
이념적인 대립이 특히 분명해진 것은 종교개혁가인 루터가
1529년 마르부르크에서 츠빙글리와 그의 스위스 동행자로부터
말을 들었을 때 정신적인 차이를 "당신들은 우리와는 다른 정신
을 가지고 있다."고 말했다.

먼저 지방의 공동체윤리가 전체국민을 서로 결합시켰는데,
그것은 스위스연방의 구성원에게, 주권을 가졌거나 피지배민이
거나 마찬가지로, 통일적인 국가의식이 스며들게 했다. 또한 스
위스의 국가정신은 곧 프랑스어와 이탈리아어 지역으로 확대되
었다. 이 다른 언어지역은 확실히 대부분 피지배지역으로 구성

되어 있었다. 하지만 무장권과 지방자유를 함께 하기 위하여, 그들은 부분적으로 독일어 지역인 스위스의 옛 칸톤에 자발적으로 복속했고, 곧 그들은 그것을 스위스연방의 구성부분이 되기 위한 하나의 조건으로 간주했다. 여기서 주목해야 할 것은 모든 언어지역의 구스위스 "피지배자"는 수백년간 자치행정에 잘 훈련되었기 때문에, 마침내 그들은 19세기에 그들이 과반수를 차지한 모든 칸톤에서 정치적 권력을 잡을 수 있었고 자기지배의 능력을 입증하였다는 점이다.

17/18세기에 수도의 "관대한 지배자"가 농촌의 "피지배자"에게 행사했던 것과 같은 "절대주의적인" 정부권력도 대체로 민중적-자유주의적인 것에 기초를 두고 있다. 이 시대에 대해 비판적인 평론자인 웩슬리(Wilhelm Oechsli)조차도 1903년에 강조하였다: "정치적인 관점에서 귀족의 지배하에서도 자유의 중요한 요소인 지방자치를 얻었다. 절대주의의 관료적 위계질서는 통용될 수 없었다."

실제상황은 상비군과 유급관료의 결여로 관헌들도 당시에 진정한 지배귀족이 되지 못하였다. 오히려 그들은 그들의 지배를 지속적으로 국민의 신뢰와 협력에 기초해야 했다. 그들은 대부분 나쁘지 않게 성공했다. 펠러(Richard Feller, ≪Schweizer Beitragen zur Allgemeinen Geschichte≫, 1. Band, Aarau, 1943)에 의하면 당시 스위스를 방문한 외국인들은 스위스에서 무장하지 않은 정부가 무장한 국민과 어떻게 마주하고 있는지, 피지배인이 얼마나 만족하고 믿을 만한지, 이웃국가들과 비교하여 어떤 복지가 나라를 지배하는지(테신에서도!), 일반인에게 세금부담이 얼마나 적은지, 얼마나 안전하게 어디든지 여행할 수 있는지, 국민들이 얼마나 법률을 존중하는지에 대해 모두 놀랐다.

무엇보다도 당시에 스위스에서는 전제적인 통치방식의 특징적인 요소들이 특이하게도 발전되지 않았다. 그것은 압도적으로 관습법과 특권법에 사로잡힌 국가개념 때문이었다. 국민에게 세금부담과 군사부담을 새로 부과하는 것으로부터 거의 완전히 거리를 두었던 것처럼, 개별 칸톤은 언제나 진정한 국가통일이라기보다는 지역 법률공동체들의 느슨한 결합이었다.

진실은, 그것은 너무 적게 알려져 있는데, 이른바 "절대주의"가 스위스에서는 강자보다는 약자의 지배체제였다. 극단적으로 보수적인 법의식은 당시 당국과 피지배자를 결속시켰고 전체 스위스연방을 위험한 마비 상태에, 국가병에 빠지게 했다. 그 원인 중에 특히 한 가지가 치명적으로 영향을 미쳤다. 자유주의적인 행정체제에 독재적인 헌법체제를 터무니없이 이식하는 것이었다.

그렇게 깊이 뿌리내린 자치행정의 전통으로부터, 오래된 스위스동맹의 지방적-민중법적인 신뢰기반으로부터 현대 스위스의 두 가지 주요 업적이 유기적인 발전 속에서 형성되었다. 그것은 연방국가와 순수민주주의이다.

우선 1798년에서 1802년까지 지금까지 그렇게 분열되고 경

직된 국가구조를 중앙집권적인 단일국가를 설립함으로써 강화
하려는 잘못된 시도를 했다. 그러나 새로운 국민국가를 관료주
의적인 복종원칙 위에 건설하려는 실험은 완전히 실패하였다.
왜냐하면 그것은 스위스국민의 보수적인 법감정과 지역적 자기
책임을 완전히 무시한 반스위스적인 노력으로부터 나왔기 때문
이다. 결정적인 단계는 대부분의 칸톤국민들이 자신의 견해에
따라 강력한 연방권력이 불가결하다고 보았을 때 처음으로 취
할 수 있었다. 그것이 되자마자 행정의 중앙집권화 없이 아래에
서 위로 계층화된 전체질서의 범위 안에서 목적을 달성했다.
1848년의 새로운 연방국가는 칸톤의 전통적인 법질서를 가능
한 한도 내에서 존속하도록 했고, 그 안에서 연방의 모든 기본원
칙은 가장 잘 발전되었다. 자유로운 협력의 도덕적 원칙이다.
동일한 국가적 조정이상에 기초하여 오늘날 지방자치단체, 칸
톤, 연방, 어디에나 존재하는 순수-민주적 제도, 특히 직접적 국
민투표는 가장 성공적인 것으로 입증되고 있다.

    현재의 스위스 지방자유에 대해서 기아코메티(Z. Giacometti)
는 다음과 같이 말했다(≪Das Staatsrecht der schweizerischen
Kantone≫, Zurich, 1941). "칸톤은 지방자치단체의 유기적 결
합이다. 이는 연방이 칸톤의 유기적인 결합으로 형성되는 것과
같다. … 또한 지방자치는 특정한 국가기능을 칸톤을 대신하여
자율적으로 수행하기 위한 지방자치단체의 권한을 의미한다.
지방자치단체의 공공사무를 자율적으로 처리하기 위한 그 권한

은 고유한 기관권한이다. 그것은 지방자치단체의 재량자유에
있다. 이것의 의미는 지방자치단체는 자유로운 재량의 공간을
가진다는 것이다. 지방자치단체가 이 재량을 법률의 한계 안에
서 자유롭게 행사할 수 있다는 것이 핵심이다. 지방자치단체에
의한 자유로운 재량의 행사는 칸톤에 의한 재량통제의 배제를
의미한다."

이러한 규정에 의하여 스위스의 상황은 그 주변을 둘러싸고
있는 관치국가들과는 반대이다. 관치국가들에서는 예로부터 언
제나 중앙정부의 행정청이 국가사무를 수행하는 지방에게 자유
로운 재량으로 세세한 명령을 내렸다. 기아코메티는 적절하게
도 "그러한 경우에 지방권한을 지방자치로 표기할 여지도 없
다."라고 했다.

물론 스위스의 정치지도부는 언어적으로 가깝지만 본질적으
로 다른 환경의 입장을 자국으로부터 멀리하기 위한, 충분한 정
신적 확고함을 항상 보여주지는 않았다. 스위스 자유주의는 예
컨대 1830/1831년에 어느 정도 관치적인 국가사상을 받아들
였고, 권위적 행정법으로 가는 단초를 만들었다. 지방자치단체
와 국가 사이의 재량충돌에 대해서 앵글로색슨계국가들은 통상
적으로 정규법관이 결정하도록 하고 있으나, 스위스의 칸톤들
은 거의 대부분 정부를 최고심급으로 끌어올려 정부에게 자신
의 일에 재판관이 될 수 있는 권한을 부여했다.

이러한 상황하에서 새로 도입된 대의민주주의는 모든 행정적

자유를 점점 약화시킬 염려가 있었다—그때까지 국민들은 1867년부터 1874년까지 민주화운동에서 강력하게 대응했고 법률국민투표제도를 도입해서 지방적-연방적 국가구조를 불필요한 침해로부터 효과적으로 보호하였다. 그때부터 새로 도입된 칸톤정부와 관구행정청 대부분의 직접선거는 동일한 방향의 효과가 있었다. 실질적으로 그때부터 이런 관직에 그전에 지방자치행정의 학교에서 두각을 나타내고, 자신의 재선에 필요한 존경을 유지하는 남자만 올라갈 수 있었다. 스위스국민이 순수한 민주주의의 발상에 그렇게 급진적으로 헌신하도록 강요한 것은 많은 부분 정치가들의 정치적 실패에 기인한다.

1798년 이전처럼 우리(스위스)의 헌법사상과 이에 기초한 행정사상, 마지막으로 경제사상도 여러 가지 관점에서 잘못된 길을 걸었다. 여기서도 지도자들은 너무 쉽게 외국의 사상을 수용했다. 우선은 많은 기업인들이 그랬고, 이어서 부분적으로는 이에 대한 반작용으로 스위스사회주의가 등장했는데, 이는 지배사상에 맞춘 마르크스주의 이론체계를 신봉하는 것이었다.

다행스럽게도 스위스국민, 즉 일반국민의 대부분은 지방자치의지를 열정적으로 고수한 덕분에, 그리고 이로부터 자라난 통일적인 공동체도덕 덕분에 정치적·경제적 지도자와 유감스럽게도 그렇게 많은 학자들이 근본적으로 다른 입장을 채택해서 망쳐버린 그것을 언제나 회복시켰다. 국민으로부터 유리된 아주 많은 합리주의자들은 예컨대, 1918년, 1933년, 1940년에 스위스도 "변혁의 지역"이 되어야 한다고 믿었다. 그들은 우리 국내정치의 고유한 법칙의 본질을 잘못 알았다. 그런 범위에서 옛말이 정말로 타당하다: "하나님의 섭리와 인간의 혼동이 스위스를 지배한다."

스위스연방의 생존능력은 무엇보다도 절제와 신뢰의 정신, "윤리적 집단주의" 덕분인데, 그것은 예로부터 그들의 국민을 고무하고 결합시켰다. 큰 틀에서 보면 틀림없이 스위스 역사에서 기본추세는 합리적인 조정과, 건강한 타협의지를 향해서 가고 있다. 오로지 예로부터 물려받은 지방의 공동체윤리 덕분에 스위스연방은 자유의 기반 위에서 극심한 대립을 평화롭게 극복하는 데 성공할 수 있었다. 시민과 농민 간, 카톨릭과 개신교 간, 게르만인과 로만인 간, 국가와 개인 간, 연방과 칸톤 간, 자본가와 노동자 간의 대립을 말이다.

스위스에서도 자주 증오에 찬, 예외적으로 유혈의 다툼이 있었으나, 언제나 물려받은 집단적인 화합의 정신이 바로잡도록 개입하였다. (다음 사건들을) 기억할 것이다. 1450년에 이탈했던 취리히에게 어떻게 다시 형제애를 보였는지, 1481년에 도시와 농촌이 슈탄에서 어떻게 통합할 수 있었는지, 1531년, 1656년, 1712년에 어떻게 종교전쟁이 항상 짧게 끝나고 승자가 언제나 큰 관용을 베풀었는지, 1798년부터 1802년까지의 헬베티아 혁명과 1847년 분리동맹전쟁이 어떻게 피를 흘리지 않고 진행되었는지, 어떻게 스위스가 언어분쟁을 한 번도 겪지 않았는

지. 우리들이 플뤼에(Niklaus von Flüe), 벤기(Niklaus Wengi),
페스탈로치(Heinrich Pestalozzi), 뒤푸르(Dufour) 장군, 앙리
뒤낭(Henri Dunant)과 같은 동료시민을 특히 자랑스럽게 생각
한다면 그것도 똑같이 깊은 의미가 있다. 그들을 통해서 드물고
순수한 형태의 인류애 정신이 구현되었다.

우리의 오래된 지방자유를 나오게 하는 집단적 화합에 대한
의지는 그 밖에도 중립의지를 위한 확고한 뒷받침이 된다. 중립
의지는 백년부터 스위스 외교정책의 원칙이 되었다. "스위스인
들의 생각이 인도주의적인 것과 상당히 근접되어 있다는 것을
스위스인들은 다행스러운 운명이라고 생각한다. … 이러한 방
식으로 스위스는 운명에 의해서 다가온 중립성을 창조적이고 생
동적인 것으로 만들 수 있었고, 그것에 높은 의미를 부여하였다.
중립성은 더 이상 외국에 대한 방어적인 차가운 거부가 아니라
신봉자의 용기와 지원의사에 대한 따뜻한 동의를 의미한다."
(Edgar Bonjour, ≪Geschichte der schweizerischen Neutralitat≫,
Basel, 1946)

중립성원칙이 스위스연방의 가장 내면적인 본질에 합치하듯
이, 이미 15세기에 브루더 클라우스(Bruder Klaus)는, 그가 (다
음과 같이) 스위스국민에게 경고했을 때, 예측했다: "외국의 분
쟁에 끼어들지 말고, 외국의 지배와 결합하지 말라." 역시 같은
경고자로부터 다음 말도 나왔다: "너희들을 억압하려고 하면,
너희들의 자유와 너희들의 조국을 위해 용감하게 싸워라."

위대한 그리스인과 기독교인은 독립적이고, 방어능력이 있으며, 강한 중립적인 스위스만이 그들의 존재의미를 달성하고 작은 국가로서 본질적으로 다른 주변의 한가운데서, 성공적으로 인도주의 이념의 실현을 계속 수행할 수 있다는 것을 정확하게 알았다.

17. 오래된 지방자유와 현대적 민주주의

고대 그리스의 폴리스와 로마공화국처럼, 또한 일련의 현대적 국민국가들도 본질적으로 지방적-연방적 공동체형태이다. 이러한 "옛날부터 자유국민국가"에 속하는 국가로는 영국, 미국, 스칸디나비아제국과 네덜란드, 스위스를 들 수 있다. 이들 국가공동체는 개별적으로 대단히 다양하게 구성되어 있지만, 그럼에도 이들 속에는 한 가지 공통된, 근원적인 질서원칙이 계속 살아있다. 그것은 지방자유의, 활발한 지방자치행정의 질서원칙이다. 그것은 일찍이 유럽선사시대의 종족단체와 고대와 중세의 도시국가에 일반적으로 특유한 것이었다. 지방주의로부터 나오는 도덕적인 힘은 옛날부터 자유국가들의 내부적인 관계에서 운명결정적인 것이 되었고, 이에 대하여 권력정치적인 수단들은 그들에게 부차적인 역할을 했다.

이러한 국민국가는 자유로운 지방자치단체의 연합으로서, 즉, 자기책임적인 집단으로서 국가적 통일로 결합되었으며, 군

사적-관료주의적인 명령기구와 권력기구가 아니다. 따라서 그
것은 가장 내면적인 본질에서 "집단국가"와 같은 것이고, "명령
국가"가 아니다. 법률준수에 대한, 신뢰에 대한, 화합에 대한 집
단적 의지는 어디서나 자유로운 지방자치단체에서 나와서 국민
적인 국가로 성장했다—지방적 공동체윤리의 유기적인 성장
덕분에, 이러한 초당적인 양심의 힘은 작은 것에서 큰 것으로 옛
날부터 자유국민국가는 자유로운 인간의 총합적-국민국가적
신뢰공동체로 발전하였다.

　지방자유의 원칙은 항상 근원적으로 국가방위력의 원칙과 불
가분적으로 결합되어 있었는데, 정확히 말하자면 군사시스템의
형태, 즉 모든 자유로운 남성의 자기무장의무의 형태였다. 스위
스에는 오늘날까지도 군대조직은 본질적으로 민병대의 추세를
유지하고 있다. 영국에서도 중세시대에 농민의 대부분은 상시
적으로 군사의무를 졌다. 1485년 장미전쟁이 끝난 후 고위귀족
이 사병(私兵)을 모집할 수 있는 그들의 권리를 상실하였을 때,
이 나라에 남아있는 유일한 군사력은 신사 장교가 지휘하는 민
병대만 남았다.

　1689년부터 대외적 전쟁을 수행하기 위하여 상설적인 용병
이 존재하게 되었을 때, 민병대는 쇠퇴하게 되었다. 그것을 통
해 국민들을 불필요하게 된 의무로부터 해방한다는 생각에서
그렇게 되었다. 그러나 구 민병대시스템의 잔재로서 영국에서
는 개인적인 무기소지권이 지속적으로 유지되었다. 그것은 자

유로운 남자의 고유한 특징이었다. 1689년의 "권리장전"은 명시적으로 규정했다. "모든 청교도인 신민은 방어를 위해서 무기를 소지할 수 있다." 비슷한 방식으로 미국에서도 연방헌법에서 다음과 같은 규정을 채택하였다: "잘 정비된 주(州) 방위는 자유로운 국가를 보장하기 위하여 불가결하므로, 무기를 소유하고 소지할 국민의 권리는 축소되어서는 안 된다." 1940년에 영국에서 구 민병대시스템은 향토방위의 형태로 부활했는데, 무기와 탄약은 집에 보관하게 되었다.

지방자유와 자치행정원칙에서 성장한 국가의 헌법은 항상 민주적이었던 것은 아니었다. 거의 모든 지방적-지방분권적 공동체는 시대에 따라 귀족적이거나 군주제로 발전했고, 드물지 않게 준독재적 의미를 갖기도 했다. 그것은 특히 국가가 국민대중으로부터 재정적으로, 군사적 영역에서 상대적으로 적은 의무를 요구하고 극단적-보수적 정치를 통하여 국민들의 법의식을 만족시켜주는 경우에 항상 그러했다. 달리 말하면 귀족이 국가행정사무와 자치행정사무를 명예직으로 처리하고, 국민들은 조세면제의 확대에 만족했기 때문에, 형식적인 민주주의보다 이것을 약간 더 높게 평가했다. 그것은 고대나 중세는 물론 현재에도 통용된다.

대단히 중요한 것은 그러한 귀족적, 군주적 헌법 아래에서도, 심지어는 심각한 사회적 결함에도 사회적 국가에 수반되는 자유적-민중적 본질요소가 상실되지 않았다는 점이다. 전통에 대한 자부심, 법률의 존중, 법의 지속성에 대한 존중, 이러한 정신적인 틀은 국민의 집단신뢰에 지속적인 영향을 미친다. 이로써 원시유럽의 저항권사상은 그 자유적-보수적인 형태로 전체 국민을 통일적·지속적으로 결속시켰다. 달리 말하면 방어능력이 있는 지방자유의 기반 위에서, 민중법적-지방분권화된 질서원칙의 기반 위에서 모든 군주정과 귀족정은 지속적으로 민주주의에 대한 어느 정도의 경향을 보전하였고, 그것은 항상 "민주적인 생활기반"에 의존하였다(Werner Näf).

　아래에서 위로 건설된, 연방적인 자치행정과 조정에 기반을 두고 건설된 근대의 국민국가는 일반적으로 평온하게 국내정치적인 발전을 하였다. 그들은 법치국가에서 복지국가로 현대적인 국가이념을 수용한 시기에만 모두 장기간의 내부적인 국가위기에 빠지게 되었다. 그 이전 시기에는 일반적인 견해에 따라 법은 일방적으로 관습법에 뿌리를 두었으며, 그렇게 약하게 형성되고, 극단적-보수적인 국가개념의 특징 속에 준독재적인 지배방식도 자유적인 공동체윤리에 손상을 입힐 수는 없었다. 그러나 지금은 국방과 국민복지를 촉진하기 위하여 강력한 국가운영으로 전환할 필요가 있다고 생각하게 되었다. 즉, 앞으로 끊임없이, 그것도 가능한 계획적인 관점에서 새로운 법률을 제정하도록, 말하자면 법을 만들도록, 결심해야만 했다. 이를 통해 필요하게 된 헌법변경은 일정한 실험을 강제했고 보수적인 공동체의식을 잠정적으로 약화시켰다. 그것은 그 당시

의 관점에서 본질적인 혼란을 보여주었는데, 영국에서는 1625
년부터 1689년까지, 스웨덴에서는 1718년부터 1809년까지, 홀
란드에서는 1764년부터 1790년, 스위스에서는 1798년부터
1848년까지가 이에 해당한다.

특기할 만한 것은 이러한 장기적인 신뢰위기 이후에도 어디
에서나 오랜 전통의 타협정신이 승자로 남았다는 점이다. 실제
로는 그것의 고무적인 결과는 일반적으로 동일하다. 국가권력
이 법률을 만들어내는 중심이 되는 것을 피할 수 없었다면, 그것
을 넘어서 전지전능한 기관이 되는 것은 무조건 막아야 했다. 그
것은 자치행정과 조정의 정신을 새로운 국가기구에서 활발하게
유지하고 명령행정과 복종의 정신이 창궐하지 못하도록 하는
데 성공해야만 가능했다. 그래서 그것은 지방의 공동체윤리를
요구했다. 왜냐하면 집단적 법률준수와 집단적인 신뢰는 또한
민중법적-지방분권적 질서원칙의 테두리 내에서만 변함없이
생명력을 유지할 수 있기 때문이다,

지방적-연방적 국민의 도덕적 틀은 언제나 가장 강력한 국가
형성적이고 국가유지적인 힘으로 작용하였다는 것을 우리는 보
았다. 그것은 자유로운 공동체의지에 대한 신뢰이다. 과거에는
이러한 집단적 신뢰의지가 극단적-보수적으로 지향하고 있어
서, 그것은 완전히 스스로 지방자치단체를 국가의 침해로부터
방어하고 전통적인 특권을 보전하는 데 기여해왔다. 그렇게 매
우 강력한 보수주의를 고려하여, 그렇게 엄청난 단체적-특권적

인 자유개념을 고려하여, 당시에는 행정청의 조치가 자유로운 비판과 여론에 의한 통제를 받는 것이 필요하다고 생각하지는 않았다. 그러나 지금, 새로운 강력한 국가운영의 시대에, 국민은 끊임없이 쏟아지는 새로운 법률에 대해서 스스로 공동책임을 느껴야 했다. 왜냐하면 달리 활발한 지방자유의 시스템을, 오랜 민중법적-보수적인 신뢰기반을, 법의 지속성에 대한 의식을 계속 유지하는 것이 불가능하게 되었기 때문이다.

무엇보다도 먼저 국가사상의 새로운 형성은 자유사상의 새로운 형태를 필요로 한다. 복지시설로서의 새로운 국가는 본질적으로 그의 업무를 수행하기 위하여 무엇보다도 개인의 힘에 개입하는 것, 즉 모든 시민에게 직접 새로운 의무를 부과하는 것에 의존하고 있다. 이러한 "개인의 동원"은 본질적으로 지방특권의 견고한 구조를 파괴하는 것을 의미한다. 결과적으로 이전의 단체적-특권적인 자유개념은 논리적으로 개인주의적-평등적인 것으로 대치된다. 각 개인은 모든 일반적인 국가업무에 자유롭고 책임 있게 함께 관여할 수 있어야 한다. 왜냐하면 그렇게 해야만 현대의 국가전능시대에 그는 기존질서에 대한 자부심을 유지할 수 있기 때문이다. 또한 그렇게 해야만 그는 계속해서 동일한 그의 동료의 보수적-합법적인 신념을 믿을 수 있기 때문이다. 동시에 개인은 이러한 발전 덕분에 지금까지 협소한 공동체전통과 개별적인 이익에 의해 드리워진 많은 질곡으로부터 해방된 것으로 보았다.

이러한 자유화는 항상 조만간 민주화를 수반했다. 국민대중의 읽기능력과 쓰기능력이 광범위할수록, 그것이 국민의 의무로 강화될수록, 국민들에게 더 높은 수준의 직접적인 공동책임이 맡겨졌다. 대의민주주의를 통해서든, (스위스처럼) 순수민주주의를 통해서든 말이다.

이전에 관습법에 구속을 받는 약한 국가에서는 "정부절대주의"를 견딜만 했지만, 지금 불가결하게 된 "국가절대주의"는 최대한의 대중적 정부형태를 요구한다. 간단히 말하면 자유민주주의만 강하고 새로운 법을 만드는 국가권력을 수립할 수 있었으며, 그럼에도 동시에 모든 국민계층을 도덕적 질서를 ― 기존 법률과 법이념에 대한 자유로운 신조 ― 을 통해서 결속할 수 있었다.

아래로부터 구성된 국민국가가 현대에 자유화되고 민주화되었다면, 그것은 그의 고유한 생활필요에 의하여 그렇게 했던 것이고, 그의 오랜 전통에 의한 공동체이상 때문이었으며, 그의 활발한 자치행정의 전통 때문이었다. 새로 도입된 개인의 자유를 일방적으로 "1789년의 사상"에 의한 계몽의 작품이라고 하는 것이 얼마나 잘못되었는지는 영국의 인신보호법이 입증한다. 왜냐하면 모든 국민을 자의적인 구속으로부터 보호하는 이 법률은 알려진 것처럼 1678년(1679년: 역자)으로부터 유래하기 때문이다. 실제로 외국으로부터 도입한 것, 국가의 자기주장을 위해 도입해야 했던 것은 일차적으로 국가권력의 엄청난 강

화였다. 그렇게 강력해진 국가장치에 대한 방어때문에 지방적 -
연방적 국민은 앞으로 법치국가적 헌법보장 없이는 더 이상 감
당할 수가 없었다. 집단적 양심의 통일, 달리 표현하면 자유로
운 공동책임에 대한 초당적인 의지는, 더 이상 명령이 아니라 모
든 진보에 이르는 정상적인 경로에 대한 확신이 있을 때에만 새
로운 상황에서도 여전히 존속할 수 있다. 행정적 조정의 원칙 위
에 세워진 지방분권화된 국가형태 속에서 오늘날 민주주의는
모든 국민에게 살아있는 원초적인 저항권과 자유롭고 보수적인
특성의 유기적 산출물로 나타난다.

　순전히 표면적으로 살펴보면, 중앙의 국가권력의 강화는 언
제나 지방자유의 강력한 제한과 결부되었다. 그러나 실제로는
자치단체로부터 현대의 시대상황의 기준에 따라 맞지 않는 권
한만 줄어들었다. 그것의 자기책임성은 대체로 계속 존속한다.
지방행정청을 상급의 정부감독관의 직접적인 명령권에 복속시
키는 것을 본능적으로 기피했기 때문이다. 위계적 명령기구의
부재로 지방과 지역의 권력은 자동적으로 광범위한 재량자유
와 처분자유를 얻게 된다. 즉, 법률규정과 부속된 법률을 개별
적이고 구체적인 경우에 적용하고 그것을 지방적인 특성에 부
합하도록 하는 고유한 사무는 통상적으로 지방자치단체에게
남았다.

　행정시스템이 협동적 - 연방적 정신으로 구성된 곳에서는 정
부에 의해서 행사되는 모든 통제는 지방행정청을 가능한 광범

위한 자기책임으로 교육하고, 현행법을 아래로부터 활기 있게 집행하고, 이 과정에서 고유한 관점에서 편협한 이익보다는 보다 중요한 맥락을 고려하도록 하는 주된 목적을 추구한다. 권력적인 수단으로 국가가 개입하는 것은 지방권력이 명백하게 실패한 경우에 한정되어야 한다(모든 교육실험에서 개별적인 차질이 불가피한 경우처럼).

대체로 위계적인 명령행정이 없는 곳에서는, 항상 제한된 국가통제가 거론된다. 재량문제에 대해 명령방식으로 즉시 집행해야 하는 지시를 내리는 대신에 국가행정청은 위법하거나 부당한 지방결정에 대해 거부권을 행사하거나, 원만한 합의에 이르지 못하면 사후적인 결정권으로 만족한다.

그러한 질서에서 지방행정청은 국가행정구조에서 원래 핵심적인 지위를 가지고 있다. 그것의 중요업무는 최선의 지식과 양심에 따라 지속적으로 일반적 국가이익뿐만 아니라 지방적 국민견해에도 신중하게 적합하도록 하는 데 있다. 즉, 국가와 국민을 서로 결합시키는 데 있다. 그러면 이러한 공화국의 행정구조는 법률을 개별적인 경우에 적용함에 있어서 위로부터보다는 훨씬 더 아래로부터, 즉 주민에 의한, 지방의 여론에 의한 통제를 받도록 한다. 이로써 보다 약한 공동체가 보다 강한 공동체의 불필요한 침해에 대해서 스스로 가장 효과적으로 보호된다고 느끼게 되고, 공동의 일상적인 법률준수, 초당적인 책임의지와 신뢰의지 및 법이념의 효력에 대한 믿음으로 그들의 주민을 계속해서 교육할 수 있게 된다. 짧게 말하면 이렇게 보장된 지방의 재량자유와 처분자유는, 자치행정으로부터 흘러나오는 도덕적인, 진정한 공동체형성적인 힘을 활기 있게 보전하고, 그것을 국가전체에게 효과적으로 기여하도록 만드는 것을 가능하게 한다.

   일반적으로 아래로부터 구성된 "집단국가"에서는 전시에 조차도, 위에서 아래로 구성된 "명령국가"의 평화시와도 비교할 수 없을 만큼 "중앙집권주의"가 작게 존재한다. 이에 관하여 스위스의 두 가지 사례를 들 수 있다. 1940년부터 필요하게 된 우리의 경작장치의 발명가인 발렌(F.T. Wahlen)은 말했다: "생산제어요구에서 설정된 업무를 연방이나 칸톤이 개별기업에 위에서 아래로 지시한 것인지, 아니면 지방자치단체에 공동으로 처리해야 할 업무로 부과하여, 농민인 지방자치단체의 구성원이 그들의 대표자의 지도하에 자치적으로 풀어야 하는지에 따라 근본적인 차이가 있다. 지방자치단체의 영역 안에서 모든 생산자는 다른 사람들에게 알려져 있고, 개인기업에 집행이 배정된 업무는 여론에 의한 감시를 받는다. 지방자치단체를 책임 있는 공동작업에 동원한 것이 배정된 업무를 협동적으로 처리하도록 길을 열었다."

   우리의 배급분야의 수장인 아놀드 무글리(Anold Muggli)는 확인했다. "한 외국의 대표단장은 우리에게 그의 나라에서는 지방자치단체의 집행기관이 물적으로나 인적으로나 그러한 업무를 감당할 능력이 없기 때문에 배급에 있어서 그렇게 심한 차이는 완전히 배제될 것이라고 말했다. 우리는 우리의 성과를 무엇보다도 모든 스위스의 지방자치단체에서 활발한 책임의식과 공동체의식 덕분이라고 생각한다."

확실히 앵글로색슨계의 국가들과 스칸디나비아, 홀란드, 스위스에도 한 세기 전부터 마찬가지로 강력한 관료화과정이 스며들었고 여기서도 공무원관계가 어디서나, 그 내면적 본질에 일치하여, 복종원칙에 의해 규율되었다. 이러한 복종원칙이 우세하고, 그것이 결정적으로 작용했지만, 어디에도 국가구조 전체를 위계적으로 지배했던 것은 아니다. 즉, 중앙과 지역, 지방의 공무원들은 서로 결합되어 있지 않았다. "하위" 단계는 각각 "상위"단계의 직접적인 직무권이나 징계권에 복종하지 않았기 때문이다.

무엇보다도, 국가권력이 자신의 업무를 수행하기 위하여 자치행정기관의 도움을 필요로 하여 그에게 특정한 의무를 위임하는 경우에, 지방공무원은 여기서 국가기관이 아니라 통상 지방자치단체의 책임 있는 기관으로, 즉 조정의 정신으로 활동한다. 그것은 바닥까지 미치는 행정중앙집권주의에 익숙한 국가에서는 거의 "무정부적"으로 느꼈을 상황이었다!(Ernst Utzinger, ≪Die freie politische Gemeinde in der Schweiz und im Ausland≫, Zürich, 1946)

토크빌은 당시에 미국연방의 구성국가에는 강력하게 중앙집권화된 정부권력(centralisation gouvernementale)이 있었지만 중앙집권화된 행정권력(centralisation administrative)은 없었다고 강조하였다. 즉, 그것은 지방적-연방적으로 아래로부터 구성된 유럽의 국가구조에도 적용된다는 것을 의미한다. "중앙집권주의"는 여기서 그 존재와 작용가능성을 종속된 단위에 편입된 명령기구와 권력기구 대신에 국민의 자유로운 도덕적 의지 자체에 의지한다. 강력한 중앙의 국가권력을 세우고 잔존하는 지방분파주의를 극복하도록 촉진하는 것은 우선 그들의 통찰이었다. 기존의 법률에 흔쾌히 복종하도록 하는 것은 우선 그들의 양심이다. 바로 강력한 집단양심의 존재로부터 ─여론─ 그때마다 그렇게 강력한 집단신뢰, 창조적 힘이 흘러나오는데, 그것은 현대 세계에서 외관상 그렇게 모순되지만 실제로 그렇게 생생하고 유익한 요구를 실현할 수 있도록 했다. 자유롭고 강력한 국가에서 자유롭고 강력한 지방자치단체!

이로부터 언제나 "윤리적 집단주의", "양심의 동화"가 국가를 결속시키는 곳에서는 모든 행정의 획일화와 모든 위계적 명령원칙의 도입, 그리하여 전체주의국가를 향한 발전은 불필요하고 불합리하다고 말할 수 있다. 그것이 바로 초당적인 신뢰의지를 교육하는 지방분권의 학교이고, 지방자치행정의 시민학교이다. 이로써 민주적 다수결원칙의 무조건적인 승인을 위한 교육이 된다. 왜냐하면 깊이 뿌리내린 지방주의에 대한 신뢰로부터만, 즉 자유로운 공동체의지로, 다수가 소수의 자유로운 의사를 가능한 한 배려한다는 것을 일반적으로 자명한 것으로 느끼게 되기 때문이다. 그리고 소수는 그들대로 자유로운 의지로부터 국민다수와 의회다수의 자유로운 의지에 굽힐 도덕적 의무를 지게 된다.

"작고 낮은 공동체가 성취하고 완료할 수 있는 것을 보다 큰 상위 단체에 이양하는 것은 올바른 질서를 훼손하고 전복하는 것이다." ― 교황 Pius XI(1931)

"모든 관료주의는 조직형태로만이 아니고 그를 지배하는 정신에 있어서도 비민주적이다. 그것은 그의 관점에 따라 그가 지배하는 국민의 비전문적인 개입을 막는다." ― Fritz Fleiner(1923)

III. 지방부자유의 세계
(위로부터 구성된, 위계적인 명령행정과 복종에 기초한 국가기구)

18. 봉건주의와 절대주의

대부분의 유럽국가들은 중세 초기 이후 다시는 일반적인 지방자유와 자치행정의 영역으로 올라가지 못하였다. 로마의 국가들(이탈리아, 스페인-포르투갈, 프랑스)에서 일반화된 관치국가적인 전통은 로마황제시대까지도 거슬러 올라간다. 카이사르 제국의 처음 2세기 동안 군사 정신에 의해 주도된 제국 관료주의는 명령행정시스템의 형성을 가져왔다. 이런 방식으로 초기에 광범위했던 자치는 점차적으로 효율적인 종속관계로

강제되었다. 3세기부터 존재했던 전체주의적인 군사독재하에
서 명령복종의 위계적 원칙이 자유파괴적인 자의적 지배로 끝
났다.

로스토프트체프(Rostovtzeff)는 완전히 권리를 박탈당한 후
기로마제국의 신민에 대해서 말했다. "실질적으로는 다른 사람
의 노예였고, 모두가 비밀경찰의 노예였다. 실로 일반노예는
시대적 징표였다. … 이러한 기대할 것이 없는 상황의 압박하
에서, 사람들은 그들의 주거지로부터 도망쳐서 도시와 마을에
서 비참한 삶을 살았고, 숲과 늪에서 모험생활이나 강도생활을
했다." 자유에 익숙했던 로마제국의 서부지방들은 오리엔트식
의 군사전제주의를 참지 못하였고, 점점 일종의 거대한 "마키
단(Maquis)"이 되어 이동하였다. 고대문명은 일반적인 지방자
유의 토대 위에서 성장하였고, 군사주의와 그에 본질적으로 근
접한 관료주의가 예전의 지방윤리를 파괴한 다음에 필연적으
로 멸망할 수밖에 없었다. 우리의 현재에 대한 무시무시한 경
고이다!

게르만의 민족이동은 서구를 두 번째로 생명력 있는 자유추
구의 정착지로 만들었다. 하지만 새롭게 효력을 갖게 된 저항권
은 중세 전체에서 거의 대부분 특권계급(귀족, 교회, 11세기부터
는 도시의 시민에게도)에만 도움이 되었다. 수적으로 훨씬 압도
적인 생업에 종사하는 국민(특히 농민)의 대표들은 거기에 거의
포함되지 않았다. 로마국가들에서 농민지방의 부자유는 중세

전체를 통틀어 계속되었으며 그곳을 넘어서 독일과 동유럽으로 확산되었다.

독일지역에 선사시대부터 존재했던 자유로운 민족공동체에 관해서는, 지배적으로 조직된 프랑크왕국에 편입되면서 그들에게 불행이 초래되었다.

프랑스왕국은 본질적으로 게르만국가뿐만 아니라 로마국가이기도 했고, 로마 서부에서 군사권력의 힘으로 지배했던 게르만 귀족은 그곳으로부터 점차 그들의 독일의 원래고향에서도 권력신봉의 정신과 대중경멸에 빠지게 되었다. 마침내 자유로운 민족공동체 대신에 거의 모든 유럽대륙에서 지배권적인 질서가 들어섰다. 두 개의 출신계급, 즉 기사계급의 직업전사와 무장능력이 없는 농민 간의 엄격한 분리가 생겼다.

봉건주의 시대(10세기에서 12세기)에, 거의 모든 마을이 지배적인 축소판국가로 되었기 때문에, 농민들은 방어무능력에도 불구하고 모든 자치행정권이 없어진 것은 아니었다. 한편으로는 귀족영주나 성직자 봉건영주가 있었고, 다른 한편으로는 그에게 종속된 농민게마인데가 관습법의 기준에 따라 고유한 권한을 관리했다. 즉, 영주의 권력적 요구에 대해서 법적으로 등가치의 지방자치단체의 자유의 요구가 있었다. 수많은 마을에서 최소한 농업사무에 대한 규율은 농민들 자신에게 맡겨져 있었다. 어느 정도의 농민적인 "지방자치행정"이 존재하였지만 "지방자유"는 없었다.

실제로 봉건시대의 농민계마인데는 언제나 영주가 그들에게 그때마다 맡기는 것이 좋다고 한 권리만 가졌다. 이미 그들의 비무장 때문에 이론적으로는 저항권을 가지고 있었지만, 실제적으로는 행사할 수 없었다. 그것은 후기중세 동안에(13세기에서 15세기) 명백하게 드러났다. 화폐경제의 재생과 관련하여 당시 봉건영주들은 언제든지 종속된 농민들의 공과금을 마음대로 올리려고 했으며 이 목적을 위해 특히 그들의 예전 자치행정권을 축소하려고 했다. 여기에다 귀족과 시민은 함께 농민들을 멸시했다. 그러한 정신적·정치적인 기초에서 자연적으로 자유로운 공동체윤리는 성장할 수 없었다.

봉건시대를 특징짓는 위계적 지배자정신은 결과적으로 새로 나타나는 대군주로 이어졌다. 화폐경제가 12세기부터 지속적으로 번창했기 때문에, 도시를 지배하는 왕이나 군주는 점점 강한 권력을 획득하였고 작은 봉건영주들을 점차 그의 국가권력 아래로 다시 강제할 수 있었다. 엄청난 권력이완기였던 중세전성기 때와는 완전히 반대로, 중세 후기와 근대는 꾸준히 진전되는 권력집중의 시대가 되었다.

상비군 외에 새로운 대군주제를 통솔하기 위한 두 번째 중요수단으로 다시금(한때 로마황제시대처럼) 관료주의적 행정기구가 나타났다. 그에게 소속된 공무원들은 유급이었고, 자유롭게 전임될 수 있었으며, 즉시 효력을 발생하는 권위적 명령권을 갖추었으며, 관청관할구역 출신자뿐만 아니라 국가 어느 지역 출신이나 채용이 가능했다. 외지인 담당자로서 그는 전적으로 중앙정부에 종속되었으며, 주민들과는 어떠한 배경도 갖지 않았으며, 따라서 그들의 신뢰나 공동책임의식에도 의존하지 않았다. 결과적으로 강대국의 관료위계질서는 이전의 봉건위계질서가 이전에 했던 것과 유사하게 예속된 국민대중을 지배권적-권위적, 기본적으로 군사적 방법으로 지배했다. 그래서 다음과 같이 말할 수 있다. 새로 출현한 유럽의 군사군주의 맹아는 봉건지배이고 자유로운 지방자치단체는 아니다.

그 결정적인 형태를 17/18세기 절대주의 시대의 관료주의적 국가중앙집중화에서 찾을 수 있다. 그것은 스페인과 프랑스에서는 국왕, 이탈리아와 독일에서는 영토군주였는데, 그들의 손에 이론적으로는 무제한적인 권력이 집중되었다. 예컨대 귀족, 교회, 도시의 저항권이 구현되어 있었던 대부분의 등족회의는 당시에 사라졌다. 공익이나 국가권력의 진작을 위하여 새로운 법률을 제정할 것인지 여부는 앞으로 하나의 의지에 의해서 결정되게 되었다. 그것은 모든 국가의사형성이 더 이상 아래로부터의 양심에 따르는 것이 아니라, 위로부터의 명령에 따라서만 이루어졌다는 것을 의미한다.

그럼에도 새로운 군주에 의한 "전제주의"는 한때 후기로마 카이사르의 전제주의만큼 그렇게 자유적대적인 성격은 아니었다. 무엇보다도 강대국들은 상호 간의 경쟁으로 인하여 지배권적인 국가질서와 위계적인 명령행정도 대중적으로 형성할 필요가 있다고 느꼈다. 드물지 않게 가장 자유주의적으로 조직된 국가들이 아주 특별히 큰 성과를 거두었기 때문에 그래서 그것이 권고할 만한 것으로 보였다. 아주 작은 국가형태인 홀란드의 자유도시들이 경제적인 우월성 때문에 세계를 지배하는 스페인에 대해서 거둔 승리보다도 강대국들이 더 강하게 감동을 받은 사건은 드물었다. 이때부터 모든 면에서 국가는 무역과 산업을 지원하기 시작하였다. 의회주의에 의해 지배되는 영국이 세계를 장악했을 때, 대륙의 강대국들은 1789년부터 "자유화"를 통해서 효과적으로 권력위상을 강화시키려고 했다.

하지만 절대주의는 건강한 자유화가 구성될 수 있는 중요기반을 파괴하였다. 그것은 이전의 도시의 지방자유이다. 유럽대륙의 군주국가에서 도시의 자유가 붕괴되었지만 그 시기는 차이가 있다. 그것은 이탈리아에서는 이미 1300년 전에 시작되었고, 독일의 제국도시들에 대해서는 1800년경에 끝났다. 그러나 적어도 프랑스나 독일 군주국에서는 절대주의가 미리 최종결정을 내려서 거의 모든 도시와 농촌에 동일하게 지방부자유를 구현하였다.

17세기와 18세기에는 유럽대륙의 군주국에서 도시의 자치행정이 더 이상 없었던 것처럼 그렇게 이해되어서는 안 된다. 그러나 지방은 모두 국가의 관료기구에 종속되었고, 그들의 광범위한 명령권과 엄격한 통제, 그리고 그들의 자의적인 침해에 노출되었고 정부가 잠시 맡겨두는 것이 합목적적이라고 본 권한만 가졌다. 확실히 절대적인 군주국가는 지속적인 개입으로 지방생활에 많은 곤경을 극복하기도 했다. 그러나 바로 그것을 통하여 도시거주자들이 지금까지처럼 동료시민의 선한 의지와 점차 성숙하는 통찰에 의하는 대신에, 모든 구제를 일방적으로 국가당국에만 기대하는 데 익숙해지도록 했다. 자유로운 공동체 의지에 대한 신뢰 대신에 시민들은 추진력 있고 효과적인 관헌의 자유로운 재량을 몇 배 더 신뢰하게 되었다.

유럽대륙의 강대국들은 로마시대, 경우에 따라서는, 프랑크 시대부터 중단 없이 강력하게 행정적인 명령-복종원칙과 지배정신에 빠져들었다. 농민대중은 진정한 지방자유를 전혀 갖지 못하였고, 14세기에서 17세기에 시민들도 그것을 거의 대부분 다시 잃었다. 이에 따라 현대국가의 형성도 이탈리아, 스페인-포르투갈, 독일, 오스트리아에서 위로부터 일방적으로 이루어졌다. 이로써 개별적인 국민계층은 순전히 기계적으로 행정적인 명령기구와 권력기구를 통하여 국가적 통일에 결합되었으며, 한눈에 알 수 있는 지방적 공간에서 국가의 번영을 위하여 공동으로 그리고 자기책임으로 돌보고 서로 정치적으로 신뢰할 기회를 갖지 못하였다.

토크빌은 그의 후기작품인 "구체제와 혁명"(Paris, 1855)에서 절대주의와 그의 관료위계체제에 의해 형성된 사람들에 대해서 얘기했는데, 그들은 "그들의 자신의 일만 챙기는 경향이 강하고, 자기 혼자만 고려하며, 모든 공적 덕성을 질식시키는 둔감한 개인주의에 갇히게 된다. 전제주의는 이러한 경향에 맞서 싸우기보다는, 오히려 훨씬 더 저항할 수 없게 만든다. 왜냐하면 그것은 시민들의 모든 노력, 모든 상호적인 관계, 공동심의의 모든 필요성, 공동체적으로 행위하는 모든 기회를 시민으로부터 박탈하기 때문이다. 그들은 고립되는 경향이 있다. 그것은 그들을 고립시키고 그들을 사생활 안으로 장벽을 친다. 그들은 서로 냉담했다. 그것은 모든 상호관계를 경직시킨다."

　그러한 전개는 미래에 대해서도 숙명적으로 영향을 미쳤다. 왜냐하면 사회가 도덕적인 틀에 의해서 집단적인 신뢰로 결속되지 못하는 곳은 내부적으로 분열하는 것이 불가피하기 때문이다. 거기서 어떻게 개별 민족집단을 예전부터 분열시키는 경멸감과 적대감을 막을 수 있겠는가? 찢어진 공동체유대를 다시 연결하기 위하여, 정치적 협력과 공동책임을 위한 집단적 의지를 만들어내기 위하여, 그것을 통하여 초당적인 동조를 위한 양심을 교육하기 위하여, 중대한 결론을 내렸어야 했다. 이를 하지 않았기 때문에 일찍이 봉건시대를 상징하는 귀족, 시민, 농민 간의 계급대립이 변형되고 증가되는 형태로 계속 작용하였으며, 유럽의 대륙강대국을 아직도, 지금까지도 극도로 긴장이 넘치는 세계로 만들었다.

19. 자유주의의 대실수

유럽대륙의 강대국은 자유주의시대에도 봉건시대와 절대주의시대로부터 물려받은 지배적-권위주의적 국가구조를 끊임없이 고수하였다(나중에 언급할 프랑스의 1789-1793의 단기간 실험을 제외하고). 헌법생활과 경제생활에서는 자유의 이상을 가능한 한 순수하게 실현하려고 노력하는 반면에, 전통적인 행정적 권위주의에 대해서는 진지하게 개혁하려고 하지 않았다. 모든 국가행정의 기초는 지속적으로 관료주의적 중앙집권주의였고, 그것은 모든 행정기관을 지방행정청까지 획일적인 종속 시스템에 끌어들였다.

이러한 종속관계는 엄격하게 위계적으로 조직되었다. 다시 말하면 명령과 복종관계로 형성되었다. 중앙집권적인 행정원칙의 본질에 대해서 프리츠 플라이너(Fritz Fleiner)는 다음과 같이 기술하였다(≪Beamtenstaat und Volksstaat≫, 1916): "그것의 가장 중요한 표현은 상관에 대한 특별한 충성의무와 복종의무, 종속관계에 있는 공무원관계에서 찾을 수 있다. 종속관계로부터 하급의 공무원은 상관의 직무명령을 형식적인 합법성만 심사할 수 있고, 그의 복종의무가 미치는 한 그에게 명령하는 행위에 대한 법적인 책임은 지지 않는다." 독일의 상황에 대해서 플라이너는 자세하게 다루었는데, 그는 다음과 같이 추가하였다: "제국과 개별국가에서 관료제는 하나의 폐쇄적이고, 상급자에 의해서 지휘되는 조직이고, 피지배자에 대한 지배자의 세속적인 성직이 되었다."

그것의 본질에 따라 모든 것은 명령행정과 종속에 맞추어져 있었고, 즉 특히 관료주의적 종속시스템은 기본적으로 군사적 요소이다. 이전의 군사국가는 그 시대에 명령과 복종의 원칙에 따라 형성된 민간행정도 가지고 있었다. 자유주의시대에도 그것에 대해서는 결정적으로 변화된 것이 없다. 이러한 권위주의적 행정시스템으로부터 나오는 정신적·정치적인 효과는 모든 국가생활에 깊숙이 영향을 미쳤음에 틀림이 없다. 그것의 본질은 하급행정기관이 준군사적인 명령기구에 얽매이고 위로부터 하달되는 모든 지시를 반론 없이 즉시 집행해야 하고, 그것은 아주 특정한 정신자세를 낳게 된다. 특히 나중에 있을 수 있는 반대명령에 의해 거부당하지 않도록, 처음부터 모든 결정을 상급기관에 떠넘기는 것에 익숙하게 된다. 그러한 책임기피는 너무 쉽게 상시적으로 자기의견, 심지어는 자신의 양심까지도 배제시키는 습관을 가져온다!

직접 중앙정부에게, 특히 내무부장관에게 개인적으로, 방금 얘기한 의미에서 종속되어 있다. 모든 프랑스 부처에서, 모든 이탈리아 프로빈츠의 지사에서, 모든 스페인의 프로빈츠의 지사에서, 모든 프로이센 프로빈츠의 지사에서(그 아래에는 다시금 모든 정부관구의 관구장에, 그 아래에 있는 모든 군의 군수에), 모든 남독일과 오스트리아의 행정구역의 지사, 군수, 관구장 등에서.

이러한 모든 담당자들은 중앙정부에 의해서 언제든지 자유재량으로 소환되거나 전보될 수 있었고, 그래서 관치적인 명령과 원하는 것을 가장 엄격하게 따르도록 강제되었다.

　지사, 주지사, 관구장 등이 행사했던 가장 중요한 업무 중의 하나로 "자치단체", 우선 게마인데에 대한 감독이 있었다. 이러한 목적으로 정부는 지역과 무관한 타지의 공무원을 그 지역 지사로 배치하였는데, 이들은 통상 얼마 후 다시 다른 지방으로 전보되었고, 그들의 숫자는 구역에 따라, 그 크기에 따라 수십 명 또는 수백 명에 달했다. 지역관료는 그들 쪽에서 아래를 향해 광범위하고 즉시 효력을 갖는 명령권을 갖춤으로써 게마인데는 "국가행정청"에 의해 지나치게 면밀하게 운영되는 통제에 내맡겨졌다. 국가의 위임사무와 감독행정은 모든 중요한 세부사항에까지 개입하여 지방자치단체는 자기주도와 자기책임을 위한 공간을 거의 갖지 못하였다.

　확실히, 자유주의시대에 자치행정의 영역은 지방자치단체에게 법률적으로는 인정되었다. 그러나 압도적인 국가의 명령행정 때문에 활기 있는 내용을 수행할 수는 없었다. 무엇보다도 "자치행정"에는 언제나 지방자치단체가 수행해야 하는 업무 중에서 일부에만 인정되었다. 중요한 업무범주, 전체 경찰사무와 학교사무의 대부분은 지속적으로 국가의 "위임사무"에 속하는 것으로 보았다. 이런 "위임된" 사무에서는 지방자치단체는 여전히 전면적인 종속관계에 있었다. 이러한 상황하에서 지방의

"자치행정"은 본질적으로 (국가)관료들의 덜 중요한 업무처리 부담을 경감시켜 실제로 그들이 중요한 (국가의) 업무의 처리에 집중할 수 있도록 하는 기능을 수행하였다.

이로부터 이전과 마찬가지로 자유화된 관치국가에서도 명령행정이 지배적이고 창조적인 요소로 남았고, "자치행정"이라고 불리는 것은 기본적으로 보충적인 역할만 했고 정신적이고 도덕적인, 공동체형성적인 원칙보다는 형식적-법률적 원칙이었다는 것을 알 수 있다. 왜냐하면 그것이 지방자유의 세계가 아니라 전혀 다른 뿌리에서 나타난 것이었기 때문이다.

한 가지 추가하면 살아있는 실무에서 보듯이 국가이익과 지방이익이 공동으로 관련된 업무들이 엄청나게 많다. 법률로 자세하게 규정한다고 하더라도 지방자치단체의 사무를 "위임된 사무"와 "자율적인 사무"로 "위임행정" 분야와 "자치행정" 분야로 정확하고 분명하게 구분하여 보장하기에 충분하지 않다. 삶은 언제나 법률보다도 복잡하다. 따라서 구체적인 개별사안을 살펴보아야 하며 실제에 있어서는 이 구분에 있어서 재량문제가 중요하다. 영국과 미국, 스위스 등에서는 지방자치단체가 모든 사무에 대해서, 즉, "위임사무"에 대해서도 광범위한 재량자유와 처분자유를 가지고 있었던 반면에, 자유화된 관치국가에서는 항상 그 반대였다. 거기서는 행정적인 종속원칙에 의해 모든 논쟁의 여지가 있는 경우에 원칙적으로 (국가기구인) 관구관료의 재량이 결정적이었다. 다시 말해서 그것(관구관료)은 지방자치단체에 대해서 국가이익을 명령방식으로 지키고 모든 세부적인 사항을 "합목적성"의 이유로 결정하도록 명시적으로 권한을 부여받았다.

관료주의적 명령권은 엄청나게 많은 법률적으로 의심스러운 경우와 보다 중요한 재량문제에 대해서 특별히 높은 수준에서 모든 "자치행정"을 순전히 형식적인 원칙으로 축소하는 데 한몫 했다. 왜냐하면 재량자유는 모든 행정적인 자기책임의 핵심이기 때문이다. 구체적인 개별사안에서 이 법률규정에 의해서 결정할지, 아니면 저 법률규정에 의하여 결정할 것인지를 상급행정기관에서 결정하는지, 아니면 하급행정기관에서 결정하는지에 따라 모든 재량자유와 따라서 모든 자기책임은 권위적인 근원에서 나오기도 하고 또는 자치적인 근원에서 나오기도 한다.

자유화된 관치국가에서 권위적인 행정시스템이 얼마나 압도적이었는지는, 예컨대, 독일의 바이마르 공화국에서, 당시 적용되었던 프로이센의 농촌지방자치법(Landgemeindeordnung)을 보면 알 수 있다. 그에 의하면 지방자치단체는 "내려진 지시가 현행의 법률에 위반되거나" 또는 국가감독권의 "자의적인 행사"가 있다고 판단되는 경우에, 상급행정기관에 소송을 제기할 수도 있지만, "제소는 집행정지의 효력이 없다." 즉, 전체 행정위계질서에서 명령은 명령이라는 군사적인 원칙이 통용되었다. 다시 말해 모든 명령된 지시는 그것이 위법한 경우에도, 순전히 자의에 의한 것이어도, 즉시 집행되어야 하고 사후에 비로소 취소될 수 있다는 것을 의미한다.

준군사적인 명령기구에 얽매여 있기 때문이고, 광범위한 재량자유와 처분자유가 없었고 지방행정청은 필연적으로 활발한 자기의사가 결여되었기 때문이다. 행정위계질서의 최하위계층으로서 지방자치단체는 자기책임을 회피하고 자기견해, 자기양심을 미심쩍을 정도로 배제하도록 길들여졌다. 그렇게 광범위한 "위임사무"에서 전면적인 종속성을 감안해보면 지방자치단체가 "자치행정사무"를 수행함에 있어서 자기책임으로 행동하도록 태도를 바꾸는 것이 정신적으로 쉽지 않았다. 법률적으로 지방자치단체가 그렇게 하도록 권한을 가졌음에도 불구하고 쉽지 않았다. 오히려 지방자치단체는 통상적으로 모든 중요한 업무에서, 예산을 세울 때조차도, 관구관료의 상세한 지시를 얻어내고 단순한 "조언"도 처음부터 스스로 구속력을 인정하는 경향이 있었다. 다른 한편으로 국가행정청은 엄청나게 많은 법률적인 의심사례와 보다 중요한 재량문제에서 그들이 가진 명령권을 지방의 자기책임을 헛된 것으로 만드는 데 악용하는 기회가 결코 없지 않았다.

이러한 상황하에서 (국가)관료들의 침해에 대해서 지방행정청이 국가행정법원에 항소할 권리를 가진 것이 그리 큰 의미를 가지는 것은 아니었다. 법원의 결정이 있을 때까지 명령된 조치는 군사적 기본원칙에 따라 명령은 명령이고, 아무튼 효력을 갖는다. 즉, 프랑스, 이탈리아, 스페인, 프로이센, 남독일, 오스트리아 어디에서도 제소에 집행정지적 효력은 인정되지 않았다.

이로부터 사실상 행하여진 행정행위는, 이미 집행되었기 때문에, 대부분의 경우 사후적으로 되돌릴 수 없게 되는 결과가 된다. 지방자치단체에게는 감독관청의 지시에는 모든 일에 순종하고, 감독관청의 "조언"없이는 어떠한 중요한 것도 하지 말라고 충고할 만했다. 간단히 요약하면 거의 모든 조치에서 지방행정청은 "관료주의적 관치국가의 우월적인 힘에 부딪히게 되는데, 그것은 승인해야 하고, 인가해야 하고, 결정해야 하고, 진실로는 지휘해야 한다."(Hugo Preuss, 아래 S. 150) 그래서 지방자치단체는 사실상 권위주의적 행정기구의 최하급기관이었으며, 오직 외견지방자치단체(Scheingemeinde)였으며, 그의 주민들에게는 고유한 시민의 것이라기보다는 언제나 국가의사를 위한 도구로 보였다.

이러한 상태를 아래로부터 구성된 국민국가의 상태와 비교해 보면, 근본적인 차이가 명백해진다. 영국이나 미국, 스위스 등에서 중앙집권적인 기구가 늘어나는 것은, 가장 강화되는 전시경제시기에, 아주 특정한 기능에만 국한되고, 그 형태도 단순한 지붕조직(최상급의 조직)이다. 여기에도 많은 국가적 위임행정이 있다. 그러나 그 행사는 법률과 명령의 규정에 맞추어서 지역과 지방행정청이 자기책임과 재량자유로 처리한다. 더구나 통제는 최소한 첫 번째 단계는, 자치적이며 아래로부터 선출된 감독기관이고, 국가의 목적감독은 일반적으로 거부권이나 사후적인 결정권의 행사에 한정된다.

영국의 카운티 행정청이나 미국의 구성국가의 그것도, 스위스 칸톤의 그것도 국가의 정부에 직접 종속되지 않는다(혹은 마음대로 파면시킬 수 있는 것은 전혀 아니다!). 이들과 지방자치단체의 전체에 대한 편입은 자신의 판단과 자신의 신뢰, 즉 자유로운 자기규율에 의해서 집행된다. 그것이 아래에서 위로 구성된 진정한 자치행정이다.

이 모든 것으로부터 어려운 용어상의 인식문제가 도출된다. 그것은 첫째로 "중앙집권주의"의 개념에 관한 것이다. 우리는 지금 알고 있다. "중앙집권주의"와 "중앙집권주의"는 두 가지 근본적으로 다른 것이다. 하나의 국가제도에서 자치행정의 원칙이 지배적인지 또는 명령행정이 지배적인지에 따라, 다시 말하면 "자치행정체"가 광범위한 재량자유를 갖는지 또는 갖지 않는지에 따라 근본적으로 다르다는 것을 의미한다. 토크빌의 표현에 따르면 단지 "정부의 중앙집권화(centralisation gouvernementale)"만 있는 곳, 즉 지방행정청이, 관직상의 상관으로서 정부의 지시가 아니라, 오직 법률에 대한 직접적인 복종의무만 있는 곳에서는 모든 중앙집권주의가 가장 깊은 곳으로부터 직접 조정의 원칙에서 나온다.

모든 자유로운 지방자치단체 내에서 개개의 개인과 이익집단은 자발적으로, 그들의 양심결정에 따라, 전체에 편입되는 것처럼, 그렇게 다시금 수많은 지방자치단체도 국민국가로 통일되고, 작은 영역에서는 만족스럽게 해결할 수가 없는 생활에 중요한 과제들을 그것에게(국민국가에게) 맡긴다. 중앙집권주의는 여기서, 적어도 원칙에 있어서는, 언제나 지방분권의 조력자이고, 그것의 약점을 조정한다. 실질적인 "행정의 중앙집권화 (centralisation administrative)"가 존재하는 곳에서는 완전히 다른 것이 있다. 왜냐하면 언제나 정부와 관구관료주의가 지방행정청을 지배하는 곳, 그것이 언제나 법률적으로 의문이 있는 경우와 단순한 재량문제에서 구속적인, 즉시 집행하는 명령을 내릴 수 있는 곳에서는, 아래로부터의 책임의식이 국가를 결속시키는 것이 아니라 단지 위로부터의 권력의지가 그것을 결속시킨다.

"중앙집권주의" 개념과 같은 이중의미(Doppelsinn)는 결과적으로 타당하게도 "지방분권"과 "자치행정"의 개념에도 내재한다. 관료위계질서, 명령행정과 종속원칙의 주도하에서는 언제나 제한된 종류의 자치행정만 있으며, 이를 "행정적 지방분권" 또는 "분산(Dekonzentration)"이라고 부른다. 지방자유의 세계에 존재하는 "독립적인 지방분권"과는 구분된다(Hans Peters의 저술 참조. 예컨대, ≪Grenzen der kommunalen Selbst-verwaltung in Preussen≫, Berlin, 1926; ≪Zentralisation und Dezentralisation≫, Berlin, 1928). 단순한 "행정적 분권"을 가진 지배적-관치적인 국가구조는 언제나 형태에 있어서만 제한을 받지만, 결코 정신에 따른 제한은 아니다. 왜냐하면 언제나

"지방분권화"된 행정청이 수많은 법률적 의심사례와 중요한 재량문제에서 관료주의적 명령권력에 굴복하는 곳에서는 다음과 같은 결과가 되기 때문이다. "하급행정청의 활동에 상급행정청의 개입과 거꾸로 아래에서 위로의 재질문이 다반사가 된다. 이로부터 모든 독립적인 지방분권화를 보장하는 제도의 문제상황이 설명된다."(Peters)

그래서 "자치행정"의 개념은 권위주의적, 위로부터 구성된 국가기구 안에서는 아주 특별한 내용을 가지고 있다. 원칙적으로 여기서는 모든 "지방분권"이 단순히 중앙집권주의를 강화하기 위한 도구로서 기여한다. 사소한 것으로부터 국가의 부담을 경감할 목적으로. 이에 맞추어서 행정시스템의 최말단에 존경받는 주민이 공동으로 지배하도록 하고, 그를 주민이 선출하거나 단순히 "명예직 공무원"인 경우에도 마찬가지로, 그에게 관료주의적 권위맹신, 종속정신, 책임기피가 스며들도록 하는 기능을 한다.

그러한 지배에 의한 행정관행을 따라 프랑스, 독일, 오스트리아, 이탈리아, 스페인 등 "자유주의적인" 통치도 지속적으로 자기책임과 집단 신뢰 대신에 명령과 복종으로 국민을 교육하였다. 베르느 내프(Werner Näf), ≪Staat und Staatsgedanke≫, Bern 1935)가 프랑스에 대해서 얘기한 것은 이들 모든 나라에도 적용된다. "오늘날에도 이 의회적인 공화국의 대중성은 명백한 관료주의적 중앙집권과 함께하고, 절대주의시대의 유산을

받아들임으로써 제한된 것으로 보여진다. 이런 전형적인 서유
럽민주주의는 형식적인 것에 대해서 더 말하고, 행정과 정치적
인 일상은 권위적으로 남아 있다.”

확실히 예전의 절대주의와 비교하면, 유럽대륙의 자유주의는
국가기구의 권력과 국민의 국가신념을 엄청나게 확대하는 데
기여했다. 그것은 벌써 국가업무의 엄청난 증가, 사회입법의 꾸
준한 확장으로부터 나오고 또한 국민으로부터 선출된 지방정치
인들이 그렇게 많이 행정적인 명령위계질서에 얽매이는 것을
통해서도 그렇게 된다. 타지 출신의 명령권력이 강력하게 지배
하고 광범위한 재량자유가 없기 때문에, 지방자치단체에게는
자유로운 인간들의 진정한 신뢰공동체를 발전시키는 것이 금지
된다. 그래서 자유주의적-민주주의적 제도에는 도덕적인 기반
이 없다. 법률적으로 의심스러운 수많은 경우와 보다 중요한 재
량문제에 강한 공동체의 법이 약한 공동체의 법에 우선하게 되
면, 어떻게 국민이 법이념보다 권력이념을 더 믿는 습관을 버리
도록 할 수 있겠는가? 간단히 말해서 그렇게 많은 찬미를 받은
모든 자유권 중에서 다른 권리를 완전히 활기차게 만드는 가장
결정적인 지방자유가 잊혔다.

자유주의적 민주주의가 그렇게 치명적으로 발전하도록 한 것
에는 여러 가지 상황들이 함께 작용하였다. 습관의 힘, 너무나
형식적인 사고, 권위적 질서들의 요구, 명령능력에 대한 도취,
국민대중에 대한 불신, 그 모든 것이 본래의 문제를 인식하는 데

에 방해가 되었다. 특히 오로지 위계적으로 구성된 행정기구만이 서로 대립하는 정당정치적이고 지역적인 특수이익을 제한할 수 있다고 생각했다. 정당 간의 격렬한 투쟁은 중앙집권적인 국가구조에서 늘 그렇듯이, 그러한 견해를 너무 옳다고 여겼고, 진실하고 근본적인 지방분권이 정당 간 대립을 완화하는 데 도움이 된다는 것을 희망할 수 없는 것으로 보였다. 더구나 지배에 기초한 국가관, 중앙집권적인 명령행정을 유지하는 것이 바로 "민주적" 원칙의 이름으로도 정당화할 수 있다는 것에 너무나도 근접하였다!

이러한 맥락에서 선도적인 국법학자인 한스 켈젠(Hans Kelsen)의 숙고를 참조할 수 있다(≪Vom Wesen und Wert der Demokratie≫, Tübingen, 1929): "집행의 합법성은 민주적 입법에 있어서 국민의사 그래서 민주주의 자체를 의미한다. 중간단계와 하급단계에서 자치행정체에 의하기보다는 중앙에 의해서 임명되고 그에 책임을 지는 개별기관에 의하는 것이 의심의 여지없이 더 낫다. 즉, 이 부분의 독재적인 조직을 통해서 국가의사형성을 발견할 수 있다."

다른 위대한 법률가인 모리스 오리우(Maurice Hauriou)는 그의 저서(≪Precis de droit administratif et de droit public≫, Paris, 1933)에서 비록 그 속에 정치적 자유에 대한 위험도 있다고 고백하긴 했지만 프랑스 행정법의 명쾌하고, 논리적인 구성에 감탄하였다. 그리고 베네데토 크로체(Benedetto Croce)도

1927년에 그의 이탈리아 역사에서 중앙집권주의와 관료주의를
비판에 대응해서 원칙적으로 옹호하였고, 그 밖에 그는 여러 차
례에 걸쳐서 "도시주의자(Munizipalisten)"를 혹평하는 발언을
하는 경향이 있었다.

　강력한 관치국가적인 전통의 결과로 프로이센-독일에서도
항상 지방자치단체를 정부권력의 도구로 간주하는 것에 초점을
맞춘 것은 아주 자연스러운 것이었다. "경험에 따르면, 어떠한
국가도 지방자치단체와 기관들이 없으면 존재할 수 없고 그 기
능을 수행할 수 없다. … 지방자치단체와 지방자치단체연합의
활동은 국가가 직접 맡은 업무를 유기적으로 보충한다."(K. Th.
von Eheberg, ≪Handwörterbuch der Staatswissenschaften≫,
1927)

　"프로이센 법에서는 이른바 독립적인 유기체를 기반으로 하는
지방자치단체의 고유한 성질은 도시권(pouvoir municipal)과 마
찬가지로 인정되지 않는다. … 지방자치능력은 그 자체로, 지방자
치단체의 고유한 사무에서 행정의 자유로, 국가의 선물이
다."(Stier-Somlo, ≪Handbuch des kommunalen Verfassungs-
und Verwaltungsrechts in Preussen≫, 1919) 그러한 관점에서
프란츠 슈타인바흐(Franz Steinbach, ≪Geschichtliche Grund-
lagen der kommunalen Selbstverwaltung in Deutschland≫,
Bonn, 1932)가 중세의 도시자유를 "무절제한 특권부여로" "도
를 넘는 비약"을 겪은 것이며 기본적으로 하나의 변질현상이었

다고 한 것도 더 이상 전혀 놀랄 만한 일은 아니다.

20. 자유화된 관치국가로서 프랑스(1789-1940)

프랑스 근대사에는 하나의 깊은 비극이 존재한다. 특히 제3
공화국도 이에 속한다. 세계의 어떤 국민도 프랑스인처럼 자유
주의 헌법을 위해 그렇게 열정적으로 투쟁한 국민은 없다. 다른
어떤 민족도 그들의 자유투쟁에서 그렇게 불멸의 사상을 세상
에 전해주지 못하였다.

이러한 강력한 자유를 위한 투쟁의 성과로 무엇보다도 개인
적인 기본권의 보장을 들 수 있는데, 그것은 1875년부터 1940
년까지 모범적으로 보장되었다. 특히, 관청의 침해로부터도 보
호되었다. 그럼에도 불구하고 권위신봉적이고 종속적인 책임회
피정신을 근절하는 데는 성공하지 못하였다. 왜냐하면 프랑스
의 자유국가사상은 언제나 오직 헌법사상에만 관련되어 있었
고, 비교할 수 없이 더 중요한 행정사상에는 미치지 못하였기 때
문이다.

알려진 것처럼 프랑스에서는 17/18세기의 군주제 절대주의
가 모든 국가행정의 매우 강력한 중앙집권제를 세웠고, 특히 당
시 국왕의 가신들은 그들의 하급관료들을 통해서 전체의 지방
생활을 엄격한 통제하에 두었다. 이러한 지배적인 구체제의 질
서와는 정반대로 1789년의 대혁명은 진정한 자치행정시스템을

건설하려고 했다. 루소의 작은 국가의 이상에 의지하여 혁명 첫
해에 국가권력은 그것과 본질적으로 다르고, 그래서 독립적인
지방자치단체권력과 맞서도록 해야 한다는 견해가 승리를 거두
었다. 이에 따라 40,000개의 지방자치단체에서 모든 공무원을
주민들이 직접 선출하도록 하고 중앙행정청의 명령에 의한 통
제권한을 모두 폐지하였다. 마찬가지로 상급행정단위에, 특히
데파르트망에, 명령권을 가진 중앙정부의 기관을 두지 않고 여
기서도 자치행정의 사상을 실현하였다. 그것은 프랑스를 아래
로부터 구성된 공동체로 전환하려는 대단한 시도였다. 전통적
인 공무원 위계질서를 폐지하고, 지방부자유의 나라를 지방자
유의 나라로 변경하려는 것이었다. 그 시도가 성공했더라면 동
시에 도입된 개인적인 자유도, "인권"도, 시간에 따라 공고해지
고 완전히 증명될 수 있었을 것이다.

　그러나 1789년 지방분권화의 실험은 완전히 실패하였다. 사
회주의 역사가인 알베러 마티에즈(Albert Mathiez)는 그의 저서
인 프랑스 혁명(1921)에서 말했다. "미국에서는 같은 제도가 최
고의 결과를 보여주고 있다. 왜냐하면 오래전부터 자치행정에
경험이 많은 주민들이 자유의 정신으로 이끌었기 때문이다. 그
러나 프랑스는 오래된 군주국가였고, 수백 년 전부터 그것에 길
들었고, 모든 것을 관헌으로부터 기대하고, 그리고 갑자기 새로
운 형태로 뒤집어졌다. 미국에서 민주주의는 도전받지 않았다.
거기서 국민은 자신을 신뢰하고, 자신의 운명을 자신의 손에 맡

길만 했다. 프랑스에서는 대부분의 주민이 새로운 제도에 대해
서 알지 못하였거나 이해하려고 하지도 않았다. 그들은 그들에
게 속하게 된 자유를 그것이 효과가 없도록 하기 위해서만 사용
했다. 그들은 그들의 예전 사슬을 다시 원했다. 그래서 도입된
지방분권은 새로운 질서를 흔들었고 그것을 공고하게 한 것이
아니라 무너지게 했다. 바로 주민주권이 어디서나 법률의 권위
를 무너뜨려서 구체제의 귀환을 불러일으킬 위협을 했다.”

물론 1789년에 그 자체로는 올바른 길이었다. 다만 불행하게
작용하였고, 지방분권은 너무 성급하고 너무 도식적으로 수행
되었다. 무엇보다도 프로빈츠의 고유의식과 그것의 특별자유를
연계하고 유기적으로 확장하는 대신에 근본적으로 말살시켰다.
실제로 영국의 국가사상가인 에드먼드 버커(Edmund Burke)가
이미 1790년에 예언한 것처럼 모든 지역적인 특별권리를 단순
히 평준화함으로써 국가의 지배사상과 권력사상을 전례없을 정
도로 과장했다. 게다가 새로운 제도가 당장 새로운 정신을 낳을
것이라는 합리주의적이고 세상과 동떨어진 희망으로 나라를 무
정부상태에 빠뜨렸다.

곧 사람들은 혁명이 프랑스를 40,000개의 공화국으로 해체
시켰다고 일반적으로 불평하였다. 이러한 내부적 혼란을 극복
하려는 의지가 1792년에, 알려진 것처럼 오스트리아에 선전포
고를 하는 데 결정적으로 기여한다. 무엇보다도 지롱드파인 이
즈나르(Isnard)가 선전포고를 요구하는 말이 그것을 입증한다.

"국민이 승리의 깃발을 위하여 불타오르는 순간은 또한 사람들이 모든 특별이익을 잊는 순간이기도 하다." 바로 전쟁시기에 어떻게 내부적으로 분열되었고, 집단적 신뢰로 교육받지 못한 국민이 너무나도 급격하게 일어난 지방분권으로 손해를 초래했는지가 곧바로 드러났다. 수많은 자치행정청이 중앙정부에게 복종을 되풀이하여 거절하거나 심지어는 외국의 적과도 접촉을 했다. 이때부터 진정한 자치행정을 말하는 "연방주의"는 프랑스에서 국가적 위험으로 간주되었다. 이러한 견해는 오늘날까지도 우세하게 남아있다.

중앙집권주의의 부활에는 우선 1793/1794년의 공포시대가 결정적이 되었다. 당시에 혁명정부는 이 "첫 번째 형태의 전체주의적 일당독재"를, 모든 데파르트망의 정부위원(Kommissare)에게 보냈다. 그들은 전권을 가졌고, 이것을 집권 "산악당"의 반대자로부터 자치행정청을 "정화하기" 위해 사용할 수 있었다. 오라드(A. Aulard)가 증언한 것처럼 정부위원은 종종 구원자로서 환영받았다. 국민의 대부분은 "이들 중앙권력의 종사자들을 혁명위원회와 다양한 지역의 폭정의 침해에 대한 파수꾼으로 보았다. … 중앙집권화는 사무실과 행정에서 일어나기 전에 영혼에서 일어났다."

공포시대가 끝난 후 후속 정부도 역시 한번 시작한 정화작업을 1799년 제1공화국이 몰락할 때까지 고수하였다. 군사독재자 나폴레옹 보나파르트 지배하에서 프랑스는 엄격하게 조직된 관료위계질서, 첨예한 중앙집권적-관료주의적 행정질서를 유지하였는데, 그것은 오늘날에도 남아있다. 1800년부터 모든 프랑스 데파르트망에서는 중앙정부의 신하로서 광범위한 개인적인 명령권을 가진 지사가 직무를 수행하였다. 모든 마을에서 시장(Maire)이 다시 그에게 예속되었다. 19세기에도 많은 국가전복이 발생했다. 단순한 외견지방자치단체를 가진 나폴레옹 행정질서의 기본구조에 더 이상 결정적인 변경이 없도록 했다.

지사의 권한에 대해서 가스통 제제(Gaston Jèze)가 몇 년 전에 설명했다(《Das Verwaltungsrecht der Französischen Republik》, Leipzig, 1913). "지사는 데파르트망에서 정부명령의 집행을 위해, 법률과 명령의 공포와 집행을 위해 노력하였다. 그는 징세대장에 집행력을 부여했고, 그는 공익목적의 수용을 관리했으며, 그는 국가의 이름으로 계약을 체결했고, 그는 사법절차에서, 특히 데파르트망 법원에서 국가를 대표했다. 그는 많은 국가공무원을 임명했다(공립초등학교 교사, 우편배달부 등). 그는 권한분쟁을 일으키는 권한이의를 제기했고, 그는 행정감독을, 특히 지방자치단체와 공공시설에 대한 감독을 행사했고, 그는 데파르트망의 경찰을 임명했다(그는 경찰법규명령을 제정하고 개별적인 경찰명령을 내렸다). 이것이 가장 중요한 그의 법률상 권한이었다. 그 밖에도 그는 법률이 언급하지 않았지만 실제로는 가장 중요한 의미가 있는 두 가지 권한을 가졌다. 지사는 공무원을 정치적인 관점에서 감시하였고, 또한 유권자들이 정부의 추종자인 후보자를 위하여 투표하도록 모두 배려했다.”

　제3공화국은 확실히, 형식적으로 볼 때, 데파르트망과 게마인데에 선출된 주민대표기관을 만들었다. 그러나 행정적인 명령원칙과 종속원칙을 고수함으로써 실제로는 그렇게 큰 의미가 없었다. 1871년부터 모든 데파르트망에 주민선거를 통해서 평의회가 구성되었다. 그의 권한이 매우 좁게 포함되었을 뿐만 아니라, 결의한 결정의 집행을 전적으로 지사의 판단에 맡겨야 했다. 게마인데에 관련해서는 1884년부터 시의회를 선출할 권한이 있었고, 이를 통해서 시장을 임명할 수 있었다. 하지만 여기서도 역시 어느 정도 의미를 갖는 모든 결정을, 특히 모든 재정업무를 명시적으로 승인하는 것은 여전히 지사사무실의 일이었다. 지사가 모든 재량문제에 대해서 명시적으로 “합목적성에 따라”(그에게 속하는 “재량권(pouvoir discretionnaire)”에 의하여) 결정할 수 있었고, 그렇게 게마인데의회는 단지 그의 집행기관으로 간주되었으며, 특히 예산도 지사와 그의 사무실 공무원이 작성하도록 하는 것을 선호했다.

　그래서 제제(Jéze)는 다음과 같이 말했다: “프랑스에 지사가 존재한 이후로 이미 110년이 되었고, 아직도 나폴레옹의 창조물은 사소한 것도 변경되지 않았다. 사실 민주공화국이 독재정치로 만든 장치를 유지하고 있다는 것이 놀랄 만하다. … 그래서 많은 사람들이 지사가 현재의 지위에 있는 한 프랑스에서 진정한 자치행정은 말할 수 없다는 견해를 가지고 있다.”

물려받은 관료위계제도의 질서기구와 중앙집권적인 명령행
정의 시스템에 의지하여 제3공화국은 기본적으로 항상 저항이
가장 적은 길을 걸어갔다. 그것은 국민들에게, 동시에 그들에게
자발적으로 부담하는 집단의무를 부과함이 없이, 가장 넓은 범
위의 자유영역을 보장하였다.

그것은 모든 중요한 재량문제에 대해서 아래를 향해 관료주
의의 광범위한 명령권을 존속시켜(그들의 "재량권"과 함께) 권위
적인 질서원칙을 윤리적인 것으로 대치하는 것을 포기하였다.
즉, 그것은 게마인데주민을 집단적인(초당적인!) 책임의식으로,
신뢰하는 협동으로 길러내는 것을 단념했다는 것을 뜻한다. 다
른 말로 중세나 절대주의시대에 그랬던 것처럼 사회는 원자화
되어 있었다.

그러한 상황하에서 모든 자유추구는 언제나 개인주의적이고
집단에 따른 특별이익을 지나치게 강조하는 결과가 되었다. 자
유주의 국가질서하에서 권위주의적 과거로부터 유래하는 습관
을 그렇게 집요하게 고수한다면 그렇지 않을 수 없었을 것이다.
프랑스의 한 중앙집권주의 옹호자가 얘기한 적이 있는 다음 말
은 타당하다. "자치행정시스템을 위한 기본조건인 게마인데에
대한 애착이 프랑스에는 결여되어 있다. 프랑스인은 조직과 결
정적인 모든 것에 대한 강제를 꺼렸기 때문에, 스위스의 게마인
데정치는 그들에게 비현실적인 것으로 보였다."

제3공화국에서 사람들은 끊임없는 악순환에 빠졌다. 권위주

의적 관료계층제의, 중앙집권적인 명령기구의 질서체계를 가지고 있었기 때문에, 자유의 개념을 개인적인 열망과 동일시하는 것이 습관에 따라 허용될 수 있는 것으로 믿었다. 자유와 개인주의를 서로 동일시하였기 때문에, 다시금 필연적으로 권위적 행정시스템을 필요로 하였다. 그 결과는 자유와 질서는 유기적인 결합을 하는 대신에, 두 가지 분리된 영역에 속했다. 이로써 개인주의와 집단주의도 동일한 차원에서 통합으로 서로 노력하는 대신에 서로 중복되고 상호 간에 적대적인 반대의 힘으로 남게 된다.

달리 말하면 정치적 자유에 대한 의지는 자유로운 공동체에 대한 진정한 신뢰와 일치하지 않는다. 왜냐하면 모든 질서는 행정적인 명령권으로부터 나오기 때문이다. 즉, 권위적인 원천에서 흘러나오기 때문이다. 국민의 정치적 영향을 의도적으로 매 4년마다 의회의원을 선출하는 권리에 한정시켰다. 영국에는 스위스모델에 따른 국민표결이 없지만, 왜냐하면 그것은 정치적 지도층과 국민사이에 뿌리깊은 신뢰의 결과로 그러한 것이 불필요하다고 느끼기 때문이다. 제3공화국에서는 정반대의 이유로 모든 국민투표를 피했다. 왜냐하면 여기서 정치지도층은 모든 직접적인 국민의사에 대해 깊은 불신으로 가득 차 있었기 때문이었다. 1848년에 자유로운 국민선거는 나폴레옹 3세에게 황제의 길을 열어주었다!

그것은 아주 명확하다. 불행하게도 프랑스 의회주의에 지속

적으로 부족했던 것은 정치지도층과 국민대중 사이의 신뢰관계
였다. 우리들이 본 것처럼, 관료주의에 지배된, 압도적으로 강
한 종속시스템에 얽매인 지방자치단체는 초당적인 신뢰공동체
가 아니었다. 어떤 민주주의도 장기적으로 살아남을 수 없는 국
회에서 유권자들이 어떻게 상대편 정당지도자들에게 최소한의
신뢰를 가질 수 있겠는가? 그것을 위해 가장 많은 사람이 신뢰
하는 그러한 인물이 통치하도록 모든 면에서 열성적으로 원했
다. 이런 사람들이 실제로 집권하게 되면, 그들에게 그들의 당
원들은 국가의 권력기구를 독자적인 재량에 따라 행사하고, 법
률을 관치적인 명령으로 제멋대로 해석하고, "합목적성"에 따
라 명령을 제정하는 권리를 기꺼이 승인했다. 모든 계층의 관료
위계질서가 날마다 그렇게 하는 것을 보았듯이.

　이 모든 것과 함께 18세기에 샹포르(Chamfort)가 한 말은 여
전히 진실로 남아있다. "영국인에게 권위는 아무것도 아니고,
법률은 모든 것이다, 프랑스인에게는 법률은 아무것도 아니고,
권위는 모든 것이다." 혹은 나폴레옹 1세가 언젠가 한 번 말했듯
이 "프랑스에서는 일반적 이익은 사물 그 자체가 아니라, 언제
나 오로지 인물에 맞추어져 있다. 국민이 진정으로 자유를 원한
다면, 그것은 국민을 위하여 걱정스러운 자질이다." 비슷하게
나폴레옹 3세도 "나의 나라에는 정부가 모든 진보를 시작해줄
것을 기대하고 있다."

　전반적으로 "왕국"인 영국, 홀란드, 노르웨이 등은 그들의 지

방분권화된 행정구조에 의해 일종의 세습적 대통령직을 가진 공화국인 반면에, 프랑스는 오늘날에 이르기까지 명령행정을 가지고 실질적으로는 군주제에 머물렀다. 그 군주제는 제3공화국 당시에 불합리하게도 수백명으로 구성된 국회에 의해서 지배되었다. 달리 말하면 지방자유로부터 성장한 국민국가에서는 자유민주적 헌법이 유기적으로 탄생하고, 전체국민의 법의식에 뿌리를 내리고 있는 반면에, 프랑스에서는 그것이 관료주의적 관치국가에, 행정적인 명령기구와 권력기구에 인위적으로 접목되었다. 영국인, 미국인, 스칸디나비아인, 홀란드인, 스위스인은 자유를 언제나 토론의 여지가 없는 생활필수품이라고 느낀다. 프랑스인에게 자유는 열정적으로 추구하는 실험의 일종으로 간주된다. 그 자체로서 실험의 대상이 되었다.

　위계질서와 민주주의, 종속과 자유의 모순되는 결합은 국가에게 언제나 불미스러운 기형이 나타나게 했다. 지방자치단체에서 관료주의의 도식적인 지시에 대항해서 무엇인가 중요한 것을 달성하려고 하면, 그 선거구의 국민대표를 거쳐서 우회적으로 정부와 관할 부처장관에게 이르는 것이 합목적적인 방법이었다. 그것은 아마도 그 다음 위로부터 지사에게 일치하는 명령이 떨어졌을 것이다. 국회의원의 행정에 대한 지속적인 개입은 자연적으로 재정적인 영향을 시도하는 문을 열었다. 이로부터 자연적으로 수많은 부당특혜와 불신임투표가 발생했고, 그것은 프랑스 의회주의에 그렇게 좋지 못한 인상을 주었고, 특히 그렇게 많은 내각실각과 심각한 재정스캔들을 불러일으켰다.

그것이 사물의 본성이다. 행정중앙집권주의와 그것에 구현된 종속의 원칙하에서 프랑스 국회의원은 엄청나게 큰 권력을 가졌고 항상 유혹에 굴복하였다. 이에 대해 해롤드 버틀러(Harold Butler)는 그의 책에서 다음과 같이 말했다(≪Der verlorene Friede≫, Zürich, 1944): "좌익이든 우익이든 언제나 거기에는 은행가들이나 산업인들의 눈짓이나 고갯짓에 반응할 준비가 되어있는 언론인과 국회의원들이 있었다. 공공의 물자공급과 일자리의 배정은 어떤 정부가 재임하든 간에 그들의 뜻에 따라서 이루어졌다. … 대부분의 부처에서는 원래의 권력이 담당자가 아니라 '내각', 장관의 사적비서에 의해서 이루어졌는데, 그들은 장관에 의해 개인적으로 임명된 사람들로 구성되었다. 정치적 업무나 인사와 재정업무는 전적으로 이들이 관장하였다." 다시 말해 수많은 장관들이 그들의 짧은 임기(평균 8개월)동안 친구들을 권력으로 끌어들였다. 그들의 명령을 전체 행정계층이, 아래로 게마인데의 행정청까지 따라야 했다.

이런 모든 것들이 기존 질서에 대한 공공연한 불만을 불러일으켰다. 식자층의 상당부분이 "동지들의 공화국"에 대해서 반대하였고, 가장 광범위한 사람들이 의회주의를 환영할만한 국가형태가 아니라 기껏해야 필요악으로 보았다.

국민과 정치인의 관계에 대해서 자크 마르탱(Jacques Maritain)은 그의 책에서 다음과 같이 기술하였다(≪A travers le désastre≫,

1941): "국민은 그 식객에게 적응했다. 왜냐하면 국민들은 그들이 기식하도록 하는 것에 어떤 장점을 발견했기 때문이다. 국민은 성가신 책임을 그들에게 전가시켰고, 수많은 작은 이익을 얻었으며, 모든 것이 잘못되는 경우에도 그들에 대한 불평을 할 수가 있었다. 국민은 전문가로서 게임에 참여하였고, 그들에게 일종의 역설적인 면죄부를 보장했다. 좋건 나쁘건 오랫동안 그 순간까지 그들을 사랑했고, 두려워했고, 참았다. 그 순간은 몇 년 전에 시작되었다. 왜냐하면 국민들이 그들에게 완전히 지쳤기 때문이다."

확실히 1919년까지 사람들은 의회주의하에서 그럭저럭 살 수 있었다. 왜냐하면 프랑스는 소농, 소시민, 소연금생활자의 나라로서 당시 이례적으로, 획일적인 사회구조를 가지고 있었기 때문이다. 그러나 제1차 세계대전 이후에 대자본 형성과 산업화로 빠른 발전을 이루었을 때, 국가의 명령기구가 그 권력을 경제영역과 사회정책영역으로 점점 더 강하게 확장했을 때, 사회적인 열정과 계급대립이 점점 서로 증오를 더해가고 마침내 1934년에서 1938년까지 국가는 내전의 언저리까지 갔다. 단지 외교상 위험의 압력하에서 실제로 발발하지 않았을 뿐이다.

1940년의 군사적 참사는 좌우 정당 간의, 자본과 노동 간의 대립이 어떻게 화해할 수 없도록 첨예화되었는지를 전 세계에 보여주었다. 양대 정당집단은 즉시 군사적 항복이 의도적으로 야기되었다고 진지하게 사과하기 시작했다. 그러나 대부분의 국민이 서로 국가반역까지도 할 수 있다고 생각하는 나라에서 어떻게 지속적으로 자유 헌법을 증명할 수 있겠는가? 그것은 단순히 군사상 붕괴였을 뿐만 아니라, 그것은 또한 가장 큰 규모의 도덕적인 붕괴였다.

이러한 관점에서 100년 전쟁, 위그노 혼란과 대혁명 동안에, 유사한 불행한 사건을 회상하게 해주었는데, 그때 유력한 정당들이 국내의 정치적인 적을 외국 침략군의 도움으로 굴복시키는 것을 멈추지 않았다. 그렇게 해서 프랑스 국회의원들은 1940년 6월 말에 압도적인 다수로 공화국헌법을 폐지하였고, (노르웨이, 덴마크, 홀란드와는 완전히 반대로) 예전 시스템의 지도적 정치인들이 반자유주의·반의회주의의 열정적인 옹호자로서 등장하였다. 여기서 우파정치인이든 좌파정치인이든 기본적으로 양측에서 사건의 진행에 책임이 있었다. 왜냐하면 그들은 미리 결정적인 지방화에 똑같이 저항하였고 이로써 1789년의 사상의 핵심부분을 포기하였기 때문이다. 제3공화국하에서 완전한 70년이 지나가버렸다. 그 기간 안에 중앙집권적인 명령행정을 점차적으로, 그러나 근본적으로 극복할 수도 있었을 텐데 이 상대적으로 긴 기간에 아무 것도 하지 못하였다!

1940년 프랑스인이 기존의 형식적 민주주의를 적나라한 권위주의적 헌법형태로 교체하는 것은 그렇게 쉬웠지만, 그들이 행정중앙집권주의와 의회주의의 불합리한 결합속에서 다시 한 번 국가의 이상을 목도하는 것은 어려웠을 것이다. 그럼에도 그렇게 자유를 사랑하고 정치적으로 그토록 지적인 국민이 그의 국가를 "필요악"으로만 느끼지 않을 충분한 가치가 있을 것이다. 유감스럽게도 이미 하나는 확실하다. 지금 착수한 모든 헌법개정과 경제개혁은, 결정적인 행정개혁과 결합되지 않으면, 그 목적을 그르치게 될 것이다. 1944년 영웅적인 투쟁 속에서 탄생한 "제4공화국"이 행정적 지방분권의 문제에 진정한 해결책을 도입하는지 여부에 따라, 일반적으로 열망하는 도덕적이고 사회적인 쇄신을 실제로 달성하거나, 아니면 하나의 환상에 불과하게 될 것이다.

21. 프로이센-독일과
자유주의화된 관치국가(1808-1933)

독일의 공국들과 그들 중에서 가장 강대국이었던 군사군주국 프로이센은 1918년 이전에는 결코 의회민주주의가 아니었다. 언제나 전반적인 국가행정부와 군사기구, 관료기구 그리고 경찰기구는 알려진 것처럼 군주의 손에 있었다. 남독일 공국들에서는 1808년부터, 프로이센에서는 1848년부터 존속한 의회(Landtag)는 1918년까지는 지속적으로 입법과 조세승인 문제에 대해서만 공동결정을 했다. 1867년에서 1871년 새로 설립된 제국의회에도 마찬가지로 적용되었다.

모든 공국은 그 기원과 본질에 따라 예전부터 순전한 관치국

가를 구현하였고, 1918년까지 군주의 독점적인 집행권으로 표
현되었다. 여기서도 행정시스템은 어디서나 중앙집권적-계층
적으로 구성되었다. 프로이센에서는 이미 17/18세기부터, 남
부지역에서는 늦어도 나폴레옹시기부터(그것이 당시에 오늘날
과 같은 구역상태에 도달한 경우에)였다. 프로이센의 엘베강 동부
지역에서는 대토지소유자인 봉건귀족들이 그들의 권력범위 안
에서 1872년까지, 그들의 좁은 "농장구역" 안에서는 1927년까
지도 지배권에 기초한 자치행정권이 유지되었다. 그럼에도 그
곳의 특수한 발전을 논의하는 것이 결과적으로 중요했다고 하
더라도, 이곳에서 설명하려는 것을 불필요하게 복잡하게 한다.

예나의 항복 이후에 프로이센에서는 위대한 국가개혁가인 프
라이헤르 폼 슈타인(Freiherr vom Stein)이 그 유명한 1808년
의 도시법(Städteordnung)을 만들었다. 이와 관련해서 그것이
무엇을 목적으로 했고, 그것으로부터 무엇이 되었는지 다음에
서 후고 프로이스(Hugo Preuss)의 기술을 중심으로 살펴본다
(≪Die Entwicklung der kommunalen Selbstverwaltung in
Deutschland≫, im ≪Handbuch der Politik≫, Berlin, 1912).

"시민에 의한 시의원선거로, 이 대표기관에 결정권과 통제권
의 이양으로 도시법은 관치적인 관료국가에서 정반대의 지방의
원리와 의회적인 자치정부의 모범을 몰아붙였다. … 또한 그것
이 지방의 활동을 국가의 감독하에 두기는 했지만, 정확한 법률
규정에 의하여 그것에 확고한 법적 형태를 부여하였다." 이러한

슈타인의 기본구상은 1831년의 개정된 도시법을 통해서 결정적으로 희생되었다. 도시의 집행위원회인 참사회(Magistrat)는 이전처럼 지방의회에 의해서 선출되었지만 그것은 당시에 "국가권력의 기관"으로 선언되었고 그것으로서 프로빈츠관료주의에 종속되었는데, 그들의 개입권에는 어떠한 한계도 규정되지 않았다.

1872년부터 개별적인 프로이센 프로빈츠에 크라이스법이 제정되었는데, 그 형식적인 목적은 농촌게마인데의 "자치행정"을 만들기 위한 것이었다. 이러한 목적으로 게마인데에 대한 국가감독은 앞으로 더 이상 정부공무원에 의해서만 배타적으로 행해지는 것이 아니라, 이른바 "상급지방자치단체", 경우에 따라서는 그 집행기관인 크라이스위원회와 프로빈츠위원회에 의해 행사되었다. 그러나 개혁은 실질적으로는 관료주의적인 관구행정의 단순한 공고화에 불과했다. 무엇이 나타났는지에 대해서는 다시금 프로이스의 말을 인용한다. "국가행정청, 예속된 직업공무원과 명예직공무원으로 혼합된, 그들의 임용은 그렇게 여러 단계의 증류과정을 거쳐 이루어져서, 지방자치단체와 어떤 관계도, 어떤 지방적인 책임성도 증발해버렸다.

국가관료주의(군수 등)의 지휘 아래에 있는 국가행정청을 지금까지 집요하게 부적절하게 지방자치행정기관으로 표기한다. 왜냐하면 종속과 지방분권은 서로 완전히 불일치하기 때문이다." 남독일의 주들도 중앙집권적인 명령행정 시스템에 지속적

으로 우선적인 지위를 부여했으며 따라서 그 상태를 진정으로
극복할 수 없었다. 칼 브라터(Karl Brater)는 1860년경에 다음
과 같이 묘사하였다: "지방자유의 두 가지 요소 중에서 하나인
자치(Autonomie)는 아직 거의 인식되지 못하고, 다른 하나인
자치행정은 지나친 국가후견으로 위축된다. 게다가 게마인데관
헌의 조직에 관한 규정은 게마인데관료주의가 내부로부터 나와
서 외부로부터 안으로 지배하는 국가관료주의와 손을 잡는 것
을 겨냥한 것이다."

프로이스는 "감독하는" 명령기관의 활동에 대한 법적 한계가
없는 것을 전체시스템의 핵심부분으로 올바르게 지적하였다.
그의 말을 빌리면 "법률적으로 무제한적인 감독은 사실상 자치
행정의 폐지이다. 국가행정청에 의한 지방행정의 총괄로 자치
행정을 대체하는 것이다. 그렇게 국가감독청은 실제로는 상급
행정청이 되고, 지방자치행정의 기관은 예속된 국가행정청이
된다. 감독과 종속의 혼동이 독일, 특히 프로이센 자치행정의
고질병이다. 그것은 우선 내재적인 관치적 관료주의사고방식의
유전적 경향에 뿌리를 두고 있는데, 이러한 행정청시스템은 위
에서 아래로 계층화된 상하급행정청의 계층제의 형태로밖에 달
리 생각할 수 없다."

스티어-좀로(Stier-Somlo)도 이 모든 것을 확인하고 있다.
"국가의 지방자치단체에 대한 감독권이 확실히 제한되어 있다
는 것도 역시 논쟁의 여지가 있다. 이것은 이른바 게마인데의 자

치사무가 국가의 관할에 속하지 않는다는 범위 내에서만 단지 형식적으로 맞다. 이에 대해서 이 자치사무의 한계와 이로 인해 국가의 감독권의 범위는 유동적이 되고 구체적인 경우의 결정에 자유로운 재량의 여지를 허용하게 된다."

　바이마르공화국에서 가장 중요한 과제는 이렇게 완전히 권위적이고 그렇게 강력하게 관료주의의 "자유재량"에 맞추어진 행정시스템을 점진적으로, 그러나 근본적으로 폐지하는 것이었을 것이다. 기존의 질서범위 내에서 행정적인 중앙집권화는 봉건주의와 절대주의시대로부터 독일의 군주제가 추구해온 관치국가적 성격에 일치하는 의미를 가졌다. 그러나 1918년 세워진 공화제 국가형태는 제국과 주를 의회민주주의로 전환하였다. 결과적으로 새로운 "국민국가"를 관료계층제와 명령행정으로부터 해방하고 자유주의적-협동적 기초를 견고하게 정착시키는 방향으로 가야만 했다. 이러한 방향으로 접근할 방식은 있었다. 이미 19세기에 지방의회의 선거가 모든 곳에 보장되었고, 최소한 도시에서는, 당시 국가에 의해서 경시되었던 사회정책 분야에 고유한 주도권을 발전시키는 데 익숙했다.

　새로운 공화국은 외견상 지방화를 향한 첫걸음을 떼었고 게마인데의회와 크라이스의회의 민주적인 비례선거시스템까지도 규정하였다. 그러나 그 밖에 게마인데에 대한 관료주의적 명령권의 축소 및 추후 폐지와 같이 중요한 것에 대해서는 생각하지 않았다. 이런 점에서 모든 것은 이전과 근본적으로 변함이 없었다. 그래서 그람쉬(Gramsch)는 논평했다(≪Handbuch der Verfassung und Verwaltung in Preussen und dem Deutschen Reiche≫, 25. Auflage, 1930). "게마인데는 공공행정을 부분적으로는 자치사무로서 법률의 범위안에서 자기책임하에 수행하거나 또는 국가의 위임사무로서 수행했는데 국가행정청의 지시에 예속되고 결과적으로 합목적성 문제에 있어서도 상급행정청의 명령에 따라야만 했다."

"자기책임의" 자치행정분야에 대한 행정청의 개입권과 관련하여 그람시는 덧붙였다. "감독의 한계는 성문법상 분명하게 규정되어 있지 않다. 실제로 게마인데는 다른 침해를 피하기 위해서 빈번하게 감독청의 견해에 맞추어야 한다."

바이마르공화국하에서도 특히 농촌게마인데가 얼마나 부자유스러웠는지에 대해서는, 예컨대, 예산을 세울 때 보여진다. "연간예산계획을 위해 사용되어야 할 양식이 이미 정확하게 규정되어 있다. 어려움을 피하기 위하여 농촌시장은 처음부터 국가감독을 1차로 행사하는 하급행정청의 사무실의 관리자가 참여하도록 해서 안전을 보장한다. 이러한 국가감독청이 대부분의 경우 적절한 사무실 직원에게 게마인데예산을 작성하도록 위임한다. 이러한 방식으로 세워진 예산이 감독관청을 통해 승인받는 것이 확실하게 된다. 왜냐하면 사무실의 관리자와 그의 하급공무원이 실제로는 동일한 기관인데 나중에 국가감독청의 대표로 직을 수행하고 예산을 승인하기 때문이다. … 최소한 매

4분기마다 게마인데행정은 게마인데 금고의 정확한 지출과 수입의 개요를 제출해야 하고, 필요하게 된 최소의 예산초과도 미리 새로운 승인을 받아야 했다."(Heinrich Ritzel)

프로이센과 독일의 농촌 게마인데의 이러한 비독립성에서, 역사적으로 보면 중세시대의 농민부자유의 변형된 형태와 다름없다고 할 수 있다. 그럼에도 도시도, 법적인 관점에서 더 잘 정비되어 있었지만, 바이마르공화국 시기의 지속적인 관료주의적 후견으로 인하여, 진정한 지방자유의 정신으로 성취하는 데는 이르지 못하였다.

게마인데가 얼마나 적게 신뢰공동체로서 느껴졌는지는 외지인 시장을 뽑아야 하는 오랜 실무를 고수했던 것이 보여준다. 왜냐하면 지방자치단체 내에 의견의 불일치에 대해 그렇게 하는 것이 최선이라고 여겼기 때문이었다. 중립적인 입장을 취하기 위해서! 그 밖에 "지방행정에 대한 아주 사소한 이견이 있어도 국가감독관청에 호소하는 것이 공화국인 독일에서 게마인데주민들의 관행이었고, 이를 통해서 국가감독청의 지배권은 물론 항상 새롭게 강화되었다 … 관료주의적 국가기관도 지속적으로 지방자치단체의 상급의 명령기관으로 느꼈고, 그 결과도 이에 상응하였다. 국민과 국가의 관계는 공화국의 표기에도 불구하고 군신관계에 머물렀다(Ritzel)."

실제로 갑갑한 것은 다음과 같다(그중 일부는 기껏해야 개선부담에 의해 야기된 것이다). 의회주의 제국은 관치국가로부터 물

려받은 행정시스템을 유지했을 뿐만 아니라, 강력하게 확장해
서 극단으로 몰아갔다. 특히 그것은 거대한 사회입법 활동과 관
련해서 발생했는데, 제국행정청과 주들은 1919년부터 이를 시
작했다. 여기서 새로운 사회입법과 관련된 거의 모든 것은 이른
바 위임사무로 배속되었다. 그리고 이러한 "위임된" 사무에 대
해서 게마인데는, 이미 말한 것처럼, 총체적인 재량문제에 부딪
혔는데, 즉, 어떠한 제한도 없이 관구관료주의의 명령권 아래에
서게 되었다! 이로써 다음과 같이 진행된 전개가 얼마나 심각한
것이었는지는 명확하다: "자치사무는 후퇴하고, 점점 더 많은
위임사무가 그 자리를 대신했다."(Ritzel) 이 모든 것이 관료적
위계질서에게, 두 번째 제국시대 이전에는 한 번도 가져본 적이
없었던, 권력적 지위를 부여하였다.

　게다가 여기에 1919년부터 중앙집권적인 제국행정이 이미
중앙집권적으로 운영되는 주정부 위에 중첩되었다. 에르츠베르
거 재정개혁이 결정적이었는데, 그것은 1919/1920년에 모든
중요한 조세수입을 제국의 직접행정의 지배하에 두는 것이었
다. 이를 통하여 연방주의적 헌법시스템에 획일적인 재정시스
템이 접목되었다. 3단계의 예속된 행정계층으로 구성된 제국관
료주의는 장차 제국세를 부과하고 징수해야 했는데 중복을 회
피하기 위하여 주와 게마인데의 조세행정도 점점 더 많이 담당
하게 되었다. 이미 1920년대에 통찰력 있는 비평가들에게는
"바이마르 헌법시스템이 주의 국가성과 게마인데의 자치행정

을 보장하고 있는지, 어느 정도 보장하고 있는지, 이러한 전개를 정당화될 수 있는지"에 관한 질문이 제기되었다(Schulze, ≪Das neue Deutsche Reich≫, Dresden, 1927).

새로운 제국중앙집권주의의 주된 희생자로 바로 게마인데를 들 수 있다. 에에베르크(Eheberg)는 1927년에 다음과 같이 말했다: "이러한 사실 아래서 제국은 역사적 발전을 고려하지 않고, 주와 지방자치단체의 조세수요를 반영하지 않고 모든 중요한 세원에 대해서 부과하였고, 주와 게마인데의 자기책임성은 상실되었다. 게마인데에게는 이로부터 두 가지 단점이 생겼다. 국가(州)를 통한 감독에 제국의 다른 감독이 추가적으로 등장했고, 목적을 의식한, 자기책임에 기초한 재정운영이 불가능하게 되었다." 마찬가지로 슐체(Schulze)도 말했다. "에르츠베르거는 제국의 직접적인 재정고권을 수립하려는 노력을 통해서 게마인데의 재정적 토대를 파괴하였다. 이를 통해서 야기된 상황과 관련해서 제국헌법 제127조의 기념비적인 지방자치의 보장은 웃음거리로 보였다. 왜냐하면, 지방자치단체가 필요한 재정수입을 스스로 마련하도록 관리할 수 없게 된다면, 진정한 자치행정은 생각할 수 없기 때문이다."

이러한 극단적-중앙집권적 행정시스템은 특히 1929년에서 1933년까지의 대공황 훨씬 이전에 젊은 공화국의 생명력을 파괴하였다. 실제로는 위계적-관료주의적 거대기구가 대부분의 공동체사무를 명령방식으로, 즉 자신의 힘과 책임으로, 개별적인 것까지 규율하면서 어떻게 자유주의적 국가형태가 장기간 존속할 수 있는가? 언제나 자치행정에 흔쾌한 시장들이 있는 도시와 주에서 그들은 일치하여 단지 "총독"에 불과하다고 불평한다. 객관적으로도 더 이상 활동자유의 공간은 거의 없었다. 그럼에도 1929년에 이미 모든 재정수단의 3%만 게마인데가 자유롭게 설정한 사무를 위해 지출할 수 있었다고 전문가들은 계산했다. 이에 대해서 제국과 주에 의해 설정된 의무사무는 총재정의 97%를 요구했다!

그러한 상황하에서 슈타인바흐(Steinbach)는, 자치행정은 "의회주의적 중앙집권주의에 의하여 전 세기의 군주적 중앙집권제에 의한 것보다 덜 위험해진 것이 아니었다. … 국가혐오는 국가의 민주화로 멈추지 않았다. 서독에서 자신의 고유한 일상적인 일에 관련된 공적인 것에 대해 이해하는 농촌사람의 비율이 오늘날보다 18세기에 훨씬 범위가 넓었고 활동적이었다." 다른 말로 바이마르국가의 형식적 민주주의 안에서 활발한 행정민주주의를 위한, 진정하고 초당적 공동체의식을 위한 활동공간이 절대주의의 시대에서보다 훨씬 적었다!

종합적으로 보면 의회주의적 독일공화국은 행정적인 구조결함에 시달렸는데 그것은 외교적이고 경제적인 시대적 질병보다도 훨씬 치명적으로 작용하였다. 왜냐하면 진정한 민주주의의 맹아인 게마인데가 활발하고 초당적인 신뢰공동체와는 전혀 다른 것이었기 때문이다. 오히려 그것은 어느 때보다 더 단순히 종속적인 행정기구였고, 외지의 관구관료주의에 의해 어느 때보다 광범위하게 지휘를 받았다. 그들의 "자유재량"과 "합목적적인 판단"에 따라서 지휘되었다. 관구관료주의는 권위주의적인 방식으로 법률이 어떻게 개별적인 구체적 경우에 적용되어야 할지를 결정했다. 그러한 전제조건하에서 모든 국민계층이 군주적 관치국가시대로부터 물려받은 권위신봉과 예속정신을 어떻게 막을 수 있겠는가?

예를 들어 지방의회가 제출된 모든 예산안을 자주 거부한 것이 어떤 상황이었는지를 보여준다. 왜냐하면 단순한 찬성권을 포기하고 이 업무를 보다 적합한 기관인 주정부에 의해서 임명된 국가위원에게 넘기는 것이 더 명예롭다고 생각했기 때문이다. 지도자원칙에 대한 신봉으로부터 독일에서는 경제적 부흥기인 1925년부터 1929년까지에도 다음 두 문장만큼 자주 듣는 것은 없었다. "국가에 누구나 참여할 수 있으면, 좋은 결과가 나올 수 없다." 그리고 "그런 불가능한 상황에서 우리를 구원할 사람은 마침내 언제 오는 것일까?"

이 모든 것을 고려해보면 "의회주의"는 그렇게 권위신봉적이고, 프로이센 군사주의 학교를 통과한 독일국민에게는 단 한가지만을 의미했다. 가장 신뢰할만한 정당에 무조건 복종하는 것이다. 이로부터 저절로 다음 상황이 초래된다. 모든 큰 정당들은 그들 편에서 엄격히 중앙집권적으로 구성된, 실제로 정당관료주의에 의해서 이끌리는 조직을 발전시켰다.

　그러한 구조는 그 본질에 따라 국가 안에 중앙집권화와 관료주의화를 동시에 추진하는 것과 다름없으며 또한 그들은 "부르주아"로 분류되든 혹은 "마르크스주의자"라고 분류되든, 모두가 불가피하게 의회주의 "민주주의"의 무덤을 파는 자가 된다.

　종합적으로 불행한 바이마르공화국은 행정적으로 보아서, 극단적-권위적 국가시스템으로 가는 준비단계와 통과단계로서 역사에 기록될 수 있었다. 자유주의적 헌법과 권위적인 행정 간의 내부적인 모순으로 넓은 범위의 국민들에게 현존 질서에 대해 흔쾌히 신념을 갖게 하는 것은 거의 불가능한 것으로 입증되었다. 그래서 중도적이고, "민주적인" 정당들은 경직되고 활기가 없으며, 투쟁의지로 고무된 모습이 아니었다. 단지 열정적인 권력의지만이 명령과 복종의 원칙에 따라 운영되는 국가에서 정치적인 활동에 진정한 대중성을 보장할 수 있었다. 그러한 종류의 정당이 과도하게 중앙집권화된 국가기구를 장악하게 되자마자, 다른 모든 정당본부를 "몰수할" 필요가 있었고 전체주의적인 일당국가는 준비가 끝났다.

　독일이 1866년에서 1871년까지 프로이센 군사국가에 굴복한 것이 실제로 무엇을 의미하는지, 그것을 통해서 언젠가 지배사상의 범람이 피할 수 없도록 위협하였다. 이에 관하여 당시의 통찰력 있는 동시대인에게는 매우 분명했다. 많이 인용되는 야콥 부르크하르트(Jacob Burckhardt)의 예언(Friedrich von Preen

에게 보낸 그의 편지에) 외에 저명한 루체른의 법사학자인 제게
써(A. Ph. v. Segesser)가 1875년에 그의 책 "문화투쟁(Der
Kultur Kampf)"을 마무리지은 말이 특히 감동적이다. 그것은 국
가사회주의 전체주의국가의 출현과 그것의 거대한 전쟁기구,
일방적인 1919년의 베르사유 평화체제나 1930년에서 1933년
까지의 경제위기에 기인한 세계지배의 추구가 얼마나 잘못된
것인지를 가장 명확하게 입증한다.

　모두가 기억 속에 새겨야 할 제게써의 1875년의 예언은 다음
과 같다: "로마의 세계지배는 수백년 지속되었다. 왜냐하면 주
위에 야만족만 있었기 때문에 그것이 그리스의 문명을 받아들
인 후 공화국의 기초 위에 성장하여 카이사르 및 그의 법률과
함께 개인과 도시의 자유에 넓은 활동공간을 허용하였기 때문
이었다. 독일의 지배는 단기간에 그쳤다. 왜냐하면 그것이 동화
시킬 수도 없고 유린할 수도 없는 문명화된 민족에 둘러싸였고,
절대주의국가에 기초하여 인간의 불가양영역의 자유를 위협하
였기 때문이다."

22. 그 밖의 자유화된 관치국가

　프랑스와 프로이센-독일의 근대국가 발전에 대한 개관은, 자
유민주주의 헌법이 중앙집권적이고 관료주의적 행정의 토대와
그 기반이 되는 예속의 원칙 위에서 번창하는 것이 얼마나 어려

운 지를 보여준다. 중앙집권적인 관료계층제와 관치적인 명령행정을 근본적으로 극복하는 데 성공하지 못하는 한, 제게써가 1885년 경고한 "절대주의국가의 이념"은 필연적으로 운명결정적인 정치권력으로 남는다. 우리들이 이곳에서, 유럽세계에서 그 밖에 중앙집권적으로 조직된 국가에서 자유사상과 질서사상의 동일한 내부적 분열에 자세히 입증하려고 할지라도, 나머지는 지루할 것이다. 그래서 우리들의 입증을 강화하거나 보충하는 본질적인 것으로 보이는 몇 가지만 암시할 것이다.

　이탈리아와 스페인의 경우에 기본방향에서 프랑스나 프로이센-독일과 다른 시각은 거의 없다. 젊은 이탈리아왕국의 행정구조는 1848년의 사르데냐-피에몬테 게마인데법에 기초하여 수행되었는데, 그것은 대부분 프랑스모델을 모방한 것이었다. 파시스트 이탈리아 이전(1860-1922)에도 국가행정과 게마인데 행정 간의 정확한 구분은 결코 없었고, 그래서 여기서도 실무상으로 관료적인 명령권이 최종적인 것이 되었다. 이에 모든 중요한 사무에서 마을게마인데의 주도와 결정은 거의 대부분 거부되었다. 여기서 그것은 단지 국가의 보조자에 불과했다(E. Brusa). 프로이센의 모범에 따라 게마인데에 대한 국가감독을 1889년에 지역의 행정위원회에게 위임되었는데, 그 위원의 일부는 프로빈츠의회 의원으로 구성되었다. 그럼에도 이 위원회는 실제로는 의장을 맡은 지사와 소속된 정부관료에 의해 완전히 지배되었다. 다시 말해 그것은 자치행정기관이 아니었고, 법

률을 스스로 해석하고 수많은 의심사례와 재량문제를 "합목적
적인 판단"에 따라 규율하는 관료주의의 단순한 작업도구에 불
과했다.

이탈리아와 마찬가지로 스페인에서도 자유주의 시대(1830-
1923)의 행정시스템은 중앙집권적인 체제였는데, 그것은 획일
성을 통해, 모든 기능의 중앙권력에 대한 예속을 통해, 행정계층
제의 존재를 통해서, 관료주의적 요소의 우세와 지방의 자치부
재를 통해, 낮은 법치행정에 의해 특징지어진다(A. Posada). 그
래서 여기서도, 모든 중앙집권체제가 원래 그러한 것처럼 관치
적인 명령행정의 지배와 "자유로운 재량"으로 권위적 집행을
하였다.

국민의 입장에서 보면 공무원에 속하는 "법률의 권위적 해석
권"은 극단적으로 "관치적인 자의에 관한 권리"를 의미하는 것
으로 보인다. 그것은 남유럽에서 자유주의적인 헌법 아래에서
특히 불행하게 작용했음에 틀림없다. 이탈리아(특히 남부)와 스
페인 및 포르투갈에서는 강력한 대지주가 있었고, 문맹률이 높
았으며, 중산층의 결여로 시민적 전통이 없었다. 이러한 상황하
에서 "의회주의"는 완전히 "일방적"이었다. 전국의 추종자에게
관직을 포상하기 위해 정부권력을 둘러싼 정당의 파벌싸움과,
급속한 정부의 교체는 항상 질서 있고 의무를 의식하는 행정의
출현을 어렵게 했다. 사회적 대립이 매우 첨예화되자 이탈리아
에서는 1919년부터, 스페인에서는 1932년부터 권위적 행정시

스템에서 권위적 헌법시스템으로 진행하는 것을 더 이상 피할
수 없었다.

　과거 스페인-포르투갈의 식민지배시대부터 개개의 도시들
만 광범위한 자치행정권을 가졌고, 라틴아메리카의 공화국들도
중앙집권적-위계적 행정구조를 이어받았다. 그것은 강력한 유
럽이민의 결과로 국민의 대부분 또는 다수가 백인으로 구성된
나라들(아르헨티나, 칠레, 우루과이, 브라질 등)에도 마찬가지로
적용되었다. 라틴아메리카에서는 도처에서 권위주의적인 행정
원칙이 헌법생활에서 표현되었는데, 특히 국민에 의해 직접 선
출된 국가대통령의 우월적 지위에 나타났다. 전체 집행권의 수
장으로서 그는 최소한 모든 지역공무원을 임명하거나 지배했
다. 이로써 그는 그의 재임기관 동안 관료주의적 기구의 확실한
안정성을 보장받게 된다.

　국민들은 지방자유와 지방의 자기책임에 익숙하지 않았기 때
문에 대통령이 헌법을 엄격하게 준수할 것을 기대하지도 않았
다. 따라서 의회도 역시 통제기관이라기보다는 일종의 미미한
존재로서 운영되거나 여러 해 동안 존재하지도 않게 된다.

　개인적인 자유추구는 라틴아메리카에서 그만큼 강화되었고,
이를 통해 모든 면에서 국가권력으로부터 최소한의 세금 부담
만 느끼고, 국가권력은 주로 공직의 배분자로서 평가된다. 후자
의 기능은 아르헨티나에서 "개인주의"라는 특별한 정당명칭의
기원이 되기도 했다. 반면에 대통령은 그가 이용할 수 있는 작은

군대에 관해서도 자유로운 국민감정을 폭넓게 고려해야 한다. 그래서 라틴아메리카에 현존하는 권위적 지배는 자유에 대한 전체주의적 적대성으로 변질되려는 유혹에 그렇게 쉽게 노출되지 않는다.

개인적인 자유의지는 남아메리카만큼 남동유럽의 발칸국가들에 강하게 살아있다. 특히, 사회구조면에서 보았을 때, 그리스, 유고슬로바키아, 불가리아에서 소농이 일방적으로 지배한다. 세 나라 모두 수백 년간 터키의 지배하에 있었고, 그리고 그들의 정책은 그들의 직할지에 기독교 귀족이나 기독교 대지주를 용납하지 않는 것이었다. 집단주의적인 정신을 가진 러시아 농촌국민과는 대조적으로 발칸의 소농은 완전히 다른 정신적 태도를 보인다. 그들은 예전부터 사유 부동산을 가졌기 때문에 명백한 개인주의를 신봉한다.

발칸의 민족해방이 행정시스템과 관련하여 변화에 어떤 영향을 미쳤는지를 보는 것은 흥미롭다. 그리스에 대해서 사리폴로스(Saripolos)는 설명했다. "터키지배하에서는 확대된 자치행정을 향유하고 그 행정청이 선출되는 공동체가 있었다. 그러나 1821년 혁명과 특히 카포디스트리아스 백작정부는 이러한 자유와 지역적 자치를 질식시켰고 예전의 기관을 완전히 중앙정부에 복종하는 단순한 하부기관으로 바꾸었다." 프랑스의 모범에 따라 만든 1833년의 지방자치법에 근거하여 그때부터 그리스에서는 모든 진정한 지방행정은 프로빈츠 태수에게,

노마르헨(Nomarchen)에게 있었다. "모든 지방의회의 결정은
노마르헨에 의해서 명시적이든 묵시적이든 승인을 받아야 한
다."(Saripolos) 이후 1920년대의 개혁조치는 관치적인 명령행
정을 동요시키기 위해서는 전혀 충분하지 않았다.

　같은 방법으로 세르비아와 불가리아왕국은 그 시기에, 부분
적으로는 터키에 의한 외국지배전통 혐오에서, 중앙집권적인
관치국가로서 설치되었다. 세르비아에서는 19세기 첫 10년 동
안 광범위한 지방자유와 자치행정을 요구하는 진정한 국민운동
이 있었다. 그러나 1912년부터 1918년까지의 다년간의 전쟁상
태와 그 후 대(大) 세르비아국가로서 유고슬라비아왕국의 건설
은 반대의 의미에서 영향을 미쳤다. 1921년의 유고슬라비아 헌
법은 가장 강력한 중앙집권주의의 지배를 오늘날까지 기본적으
로 유지하고 있다. 왜냐하면 1945년 티토의 지도하에서 선언된
"연방"공화국은 임시적으로 전체주의적인 통치를 구현하였기
때문에 진정한 자치행정의 생활공간이 제공될 수 없었다.

　알려진 것처럼 발칸국가들에서 모든 민주적-의회적 헌법실
험은 언제나 파산했다. 때때로 자유롭게 선출된 국회가 최고의
국가기관으로 된 곳에서는 언제나 모든 내부정치가 정당싸움과
파벌싸움으로 변질되었다. 모든 권력자들의 주된 목표는 언제
나 그들의 도당에게 전국에서 관료직과 국가위임으로 보상하는
데 있었다. 정부가 너무 자주 바뀌게 되면, 관료들은 짧은 관직
기간 동안 가능한 한 신속하게 치부하려고 노력한다. 게다가 야

당은 모든 헌법보장에도 불구하고 많은 경우에 경찰의 자의에
노출된다. 발칸의 소농민들이 이런 종류의 "민주주의"를 전혀
좋아할 수 없어서, 그들 중 많은 사람들이 오늘날 차라리 기괴한
"인민민주주의"에 그들의 희망을 거는 것은 기적이 아니다.

　중앙집권적 관료지배에 대한 발칸농민들의 혐오로부터 그들
의 "공산주의"에 대한 일시적인 동조도 설명될 수 있다. 그들은
기꺼이 그 아래서 일종의 자치행정시스템을 생각했다. 이에 관
해서 두 가지 예를 들 수 있다. 1920년대 초에 공산당이 유고슬
라비아에서 아직 불법으로 선언되지 않았을 때, 자유지향적이
고 개인주의적인 산악민족인 몬테네그로인은 공산당에게 압도
적인 다수표를 주었다. 1923년 농민지도자 스탐불린스키가 불
가리아 수상으로서 제대로 된 게마인데와 프로빈츠의 자치행정
을 도입하려고 했을 때, 그는 반대자들에 의해서 "공산주의자"
로 비난받았고 수도의 직업정치인과 군대의 소요로 살해되었
다. 왜냐하면 이들 그룹들은 그들의 관직독점을 위험하게 한다
고 보았기 때문이었다.

　그 밖에 1919년 동부의 중앙유럽에서 러시아국경까지 즉흥
적으로 만든 의회민주주의도 모조리 중앙집권적-관료주의적
국가로서 설치되었다. 여기에 단순히 이전의 제왕적-오스트리
아적이고 차르식-러시아식의 중앙집권주의가 부분적으로 계
속해서 영향을 미쳤다.

　특히 중요한 한 가지는 관치적인 명령행정시스템이 여기에

서, 독일-러시아의 중간지대에서, 그렇게 많은 "민족적 소수자"
에게 매우 불만을 품게 하는 데 결정적으로 기여했다는 점이다.
지역에 거주하지 않는 지역관료주의의 관치적인 재량자유는 자
연적으로 그들에 의해 후견받는, 다른 언어를 사용하는 게마인
데에서 특히 강렬한 저항을 유발했다. 왜냐하면 여기서 무수한
행정적 개별적 규율이 괴롭힘으로 생각되거나 그렇게 느껴졌기
때문이다.

　이렇게 민족적으로 다양하게 구성된 지역에서, "국가의 민
족"에게 민족적 소수자들에 대한 지배적 위상을 확보하려는 행
정중앙집권주의의 주된 목적은 전혀 의심의 여지가 없었다. 그
것은 무엇보다 체코에도 적용되었다. 그속에서 건강한 민주주
의의 모범을 볼 수 있었다- 언어적 소수자가 관직에서 비례적
으로 대표되기 때문이고, 체코의 좌-우 정당들은 1938년의 외
교적 참사 때까지 안정적으로 협력했기 때문이다. 여기서 유의
할 것은 체코는 지속적으로 그것을 고수했고, 주데텐 독일인의
국가적대적인 태도를 고려할 때 전체 지역행정청에서 결정적인
명령기관을 스스로 점유하는 다른 방법은 없었다. 비슷한 방식
으로 체코의 정치적 결합은 무엇보다도 그들의 근소한 다수와
지배적인 국가의 민족으로서 지위를 잃지 않으려는 목적에 이
바지하였다.

　요약하면 중앙집권적 관료위계제와 관치적인 명령행정시스
템이 존재하는 곳에서는 언제나 권위적이고, 자유적대적인 질

서틀인 지배의지에 의하여 결속된다. 행정중앙집권주의와 그
에 속하는 종속원칙의 토대 위에서 자유지향적-의회적 헌법제
도는 언제나 단지 진정한 상황의 본질을 은폐하는 데 기여할 뿐
이다.

　모든 자유주의적 관치국가에서는 언제나 같은 장면을 되풀이
해서 보여주었다. 좌파와 우파 정당들은 공통적으로 중앙집권
적인 지배이념의 버팀목임을 입증했다. 상호경쟁과 권력투쟁에
익숙해졌다. 권위적 행정질서를 고수하는 데는 보수주의자, 자
유주의자, 사회주의자들이 압도적인 다수로 일치했다.

　단지 예외적으로 지배에 기초하여 구성된 국가세계의 영역에
서 어느 정도 지방분권이 나타난다. 1919년부터 1938년까지
오스트리아 연방의 주들, 1931년부터 1937년까지 스페인공화
국에서 카탈로니아와 바스크, 1939년부터 1941년까지 유고슬
로바키아왕국, 크로아티아 등에서 그렇게 지역적인 자치를 획
득하였다. 그러나 이러한 경우에도 어느 곳에서도, 게마인데의
자유를 도입하여, 생동하는 연방주의를 위한 조건을 충족할 수
있는 결정적인 단계에는 이르지 못하였다(티롤이나 바스크에서
는 부가적으로 지방분권이 도입되었는데, 왜냐하면 여기서는 아직
완전히 쇠퇴하지 않은 예전의 전통에 연결시킬 수 있었기 때문이
다).

　국가가 가장 중요한 생활영역을 장악하고 있는 관료적 명령
기구에 게마인데를 끌어들이는 곳에서는, 기본적으로 외견적

게마인데만 있는 곳에서는, 현존의 자유헌법은 결코 진정으로 대중적이 될 수 없다. 국가적인 행정중앙집권화의 테두리 안에서 "자유주의"는 너무나 일방적이다. 정신적, 학문적 자유의 보장에는 지식과 재산이 있는 계층에서만 관심이 있다. 이에 대해서 초당적인 신뢰공동체로서 자유로운 게마인데에서 안전함을 느끼지 못하는 일반사람은 자연스럽게 자유헌법의 장점을 낮게 평가한다.

그는 중앙집권적 국가에서 실제로 권위적 행정만 느끼고, 그것의 재량결정에 종속하는 것은 그에게 자유의 관점에서 의미가 없는 것으로 보일 수 있다. 관료주의의 명백한 결함으로 고통받고 있다면 국가는 대체적으로 손쉽게 적으로 인식되고, 대중적인 자유이념으로는 유일하게 무정부주의만 남게 된다(예전에는 프랑스와 이탈리아에서, 지금은 스페인에서 무정부주의자가 많다). 물론, 규율이 잡히고, 사회적으로 진보된 상황에서 국민대중은 전혀 다르게 나타난다. 실제로 상황에 따라서는 바로 권위적인 정부가 그들의 후원자가 될 수 있다고 믿는 경향이 있다. 사물의 본성에 따라 권위적 행정시스템은, 의식적이든 무의적적이든, 역시 권위적인 국가이상을 낳는다.

확실히 불확정적인 형태로, 지적으로 이해하는 것보다 더 감정적으로, 유럽의 관치국가 국민들 속에 공동체형성적인 진정한 지방자치의 세계에 대한 동경이 살아 있다. 이로부터 러시아 "공산주의"도 그 프로파간다의 일부로 활용했다. 왜냐하면 "소

비에트"의 개념에 마찬가지로 자치행정의 원칙인 인민대표자
회의체제를 구체화하고 있기 때문이다(소비에트체제=인민대표
자회의체제: Rätesystem). 그것은 특히 함축적인 의미가 있다.
그러한 국가에서만 지금까지 대다수 국민이 그들의 미래희망을
소련공산주의와 "프롤레타리아 독재"에 걸었는데, 거기서 국가
는 게마인데에게 결코 자유로운, 초당적인 신뢰공동체로 발전
하는 것을 허용하지 않는다.

　그 밖에 모든 현대사가 입증하듯이 중앙집권적으로 구성된,
위계적 명령행정의 원칙에 의해 건설된 국가는 모든 자유-의회
헌법이, 모든 "민주주의"가 비대중적으로 머물고 따라서 장기
적으로 유지할 수 없게 된다. 왜냐하면 자체적으로 모순되는 국
가형태이기 때문이다.

　여기서 오히려 반쯤 권위주의적인 정부시스템이, 자유와 질
서를 확실한 조정으로 이끄는 가장 적합한 수단으로 보인다. 활
동적이고 온건한 "독재자"가 그들의 나라를 위해 얻은 위대한
업적이 무엇인지 생각해 본다. 터키의 케말 아타튀르크와 이스
메트 이노누, 포르투갈의 살라자르, 브라질의 바르가스, 그리스
주변의 메타카스에서 말이다. 긴 시간을 두고 살펴보면, 관치국
가적인 토양 위에서 그러한 "반쯤 독재자들"도 안정된 질서를
만들 수 없었다. 왜냐하면 그렇게 중요한 것이 개인의 개성에 달
려 있기 때문에, 정치 생활은 조만간 반드시 다시 폭력의 지배나
정당의 혼란으로 귀결될 것이라고 위협하기 때문이다.

23. 토크빌의 예언

얼마나 적은 사람이 지금까지 권위적 행정시스템과 자유헌
법체제 간의 내부적인 모순에 주의를 기울였는지는 원칙적으
로 놀랍다. 이러한 태만의 주된 책임은 아주 편리하고, 형식화
된 생각에 있다. 전문가들조차도 대부분 이런 특징을 가지고
있다. 일반적으로 헌법제도를 그것이 정착해있는 행정적 하부
구조와 분리해서 단순히 형식적인 내용에 따라 평가하는 경향
을 볼 수 있다. 가장 강력하게, 매우 광범위하게 퍼진 현대의 마
음가짐이 진실한 맥락을 은폐하는 데 기여한다. 그것은 경제적
발전요소를 극단적으로 너무 과대평가하는 마음가짐이다. 경
제적 발전이 고유한 법칙에 따른다고 여기는 순간, 스스로 만
든 빗장 앞에 서게 된다. 왜냐하면 국가가 중앙집권적-위계적
으로 또는 지방적-연방적으로 구성된 것인지, 명령행정시스템
이 또는 자치행정시스템이 우월한지는 무관심하고 부수적인
것으로 보이기 때문이다.

그럼에도 이미 100년도 전에 예리한 통찰력을 가진 한 논평
자가, 명령과 종속의 질서로서 행정중앙집권주의가 지속적인
정치적 자유와 얼마나 적게 일치되는지를 발견하였다. 그는 알
렉시 드 토크빌이었다. 우리가 이미 여기서 진가를 인정한 그의
미국에 대한 연구에서 다음에 인용하는 것은 언제나 항상 새롭

게 새겨야 한다.

"중앙집권화된 정부권력이, 중앙집권화된 국가행정과 결합하는 경우에, 엄청나게 강력해지는 것은 자명하다. 이런 식으로 인간은 완전히 그리고 지속적으로 자신의 결정을 단념하고 복종하는 데 익숙해진다. 그것도 한 번에 하나의 특정한 경우에 그치는 것이 아니라 모든 경우에 끊임없이 그렇게 된다. 국가는 인간을 권력을 통해서 뿐만이 아니라 그의 생활습관을 차지함으로써 지배한다. 국가는 인간을 서로 고립시키고, 그를 그 후 대중 속의 개인으로 유지한다."

"내 생각에는 중앙집권적인 국가행정은 단지 그에 복종하는 국민을 내면적으로 약화시키는 데 적합할 뿐이다. 왜냐하면 그것의 효과는 지방의 공동체정신을 끊임없이 손상시키는 결과가 되기 때문이다. 행정중앙집권주의는 다툼의 여지없이 주어진 시간과 특정한 순간에 모든 처분가능한 국가적인 힘을 한군데 모으는 것을 가능하게 한다. 하지만 이러한 힘을 재생산하는 데는 유해한 영향을 미친다. 그것은 개인의 일시적인 영광에는 탁월하게 기여하지만, 한 국민의 지속적인 복리에는 결코 기여하지 않는다."

"유럽에는 주민들이 그들의 주거지역의 운명에 어떤 식으로든 신경을 쓰지 않음으로써 일종의 노예처럼 행동하는 나라들이 있다. 그의 고향에서 가장 큰 변화가 그의 관여없이 일어난다. 마을의 복지가, 도로상태가, 교회와 목사의 운명이 그와는 무관하다.

그는 이 모든 것이 사람들이 '정부'라고 부르는 외부의 힘에 속한다고 믿는다. 그 자신은, 자기책임감도 없고, 어떻게든 개선을 돕겠다는 의지도 없이, 단순한 이용자처럼 이들 재화에 참여한다. 그 자신의 안전과 자기 자식의 안전이 위험해져도 그는 이러한 무관심을 고수한다. 개입해서 위험을 방지하는 대신에 그는 전체 국가가 그를 도울 것이라는 희망으로 팔을 내린다. 그런데 그는 그의 자유의지를 완전히 희생하더라도, 다른 사람보다 더 복종을 사랑하지 않는다. 그는 그의 비굴한 성격 때문에 복종하지만, 법의 배후에 있는 힘이 사라지자마자 패배한 적처럼 법률에 반항하는 것을 즐긴다. 그래서 그가 끊임없이 예종과 방종 사이에서 흔들리고 있는 것을 볼 수 있다."

"유럽에서는 정부들이 종종 스스로 지방정신이 없음을 아쉬워한다. 왜냐하면 모든 세상에서 지방공동체정신이 얼마나 질서와 대중의 만족을 강력하게 보장하는지가 명확하기 때문이다. 하지만 유럽의 정부들은 이러한 정신을 어떻게 창출할지를 모른다. 그들은 게마인데를 강하고 독립적으로 만들면 사회의 권력을 분열시키고 국가를 혼란에 맡기는 것이 아닌가 하는 걱정을 한다. 만약 게마인데의 힘과 자유를 제거하면, 거기에는 행정객체만 있고 더 이상 국가시민은 발견할 수가 없게 될 것이다."

"모든 자유 중에서도 지방자치는 구축하기 어려울 뿐만 아니라, 그것은 또한 외부적인 권력침해에 가장 많이 노출되어 있다. 내버려두면, 왕성하고 강력한 정부에 대해서 지방의 독립성은 대항할 수 없다. 성공적으로 실행하려면 그것이 전적으로 국가 이상과 관습으로부터 성장해서 하나로 어우러져야 한다. 즉, 지방자유가 관습에 뿌리를 내리지 않는 한, 파괴되기 쉽고, 그것이 오랫동안 법률 속에 존속한 다음에, 그것은 비로소 도덕상의 생활가치가 된다."

"달리 말하면, 지방자유는 말하자면 인간의 노력을 벗어난다. 그래서 그것이 의도적으로 만들어지는 것은 매우 드물다. 그것은 거의 비밀스럽게 반쯤 원시적인 공동체질서의 품속에서 발전한다. 그것을 공고히 하기 위해서는, 법률과 관습에 의한 지속적인 영향을 필요로 한다. 게다가 그것은 유리한 환경과 무엇보다도 시간을 필요로 한다."

"그럼에도 자유로운 국민의 힘은 게마인데에 있다. 자유를 위한 지방의 고유한 권리는 학문을 위한 초등학교와 같다. 그것은 국민에게 자유의 능력을 갖도록 만든다. 자유를 합리적으로 사용하도록 함으로써 기쁨을 얻게 한다. 광범위한 지방자치 없이도 한 국민은 자유정부를 가질 수 있으나, 그에게 자유의 영혼은 없다. 일시적인 열정, 잠깐의 이익, 우연한 환경이 자유국가의 외부적 형태는 줄 수 있지만, 그러나 전제주의는 오로지 사회질서의 내부로 밀려났을 뿐이며, 언젠가는 다시 표면에 떠오를 것이다."

24. 오래된 지방자유와 현대적 전체주의

　지금까지 설명을 요약하면 다음과 같은 기본인식이 나온다.
중앙집권적인 관료위계제와 관치적인 명령행정형태의 질서시
스템을 가진 국가에서 자유민주적 헌법은 결코 진정한 대중성
을 가질 수 없다. 관료주의와 민주주의, 종속과 자유는 국가형
성적 기본요소로서 화합할 수 없이 대립한다. 언제나 외지의 지
역관료주의가 많은 모든 중요한 재량문제에서 지방행정청을 권
위적으로 지배하는 곳에서, 지방행정청은 단순한 종속된 명령
기관에만 머물 뿐 국민의 자기책임적인 기관이 아니다.

　진정한 게마인데자치가 없는, 지방의 광범위한 재량자유와
처분자유가 없는 자유주의는, 개개인이나 이익단체를 공동의
책임의지와 신뢰의지로 교육하는 것을 포기한 것을 의미한다.
모든 나라에서 마찬가지라고 본다.

　이처럼 자유주의는 봉건주의와 절대주의시대로부터 물려받
은 사회 내부의 분열을 고수하고 있다. 즉, 집단적인, 초당적인
신뢰를 형성할 수 있고, 자연적인 모순을 완화할 수 있는 "게마
인데로의 성향"은 발전되지 않았다. 중앙집권적으로 관리되는
국가들은 계속해서 도덕적-양심적인 유대보다는 기계적-도구
적인 유대를 통하여 결속되었다. 이러한 행정적 종속과 단순한
외견적 게마인데의 세계에서 정치와 윤리는 여전히 두 개의 다

른 영역에 속했다. 이것을 인식한 토크빌은 옳았다. 자유주의는
언제나 표면에만 달라붙어 있었고, 실제로는 결코 내면 깊숙이
침투할 수는 없었다.

　중앙집권적 명령기구의 지배하에서 "지방자치행정"으로 보
이는 모든 것은 본질적으로 공허한 형식적인 사항에 머물렀다.
지방자치단체에는 진정한 자기책임이 결여되어 있기 때문에,
지방의 "자치행정기관"은 공중에 떠 있었다. 게다가 가장 이상
적인 민주적 선거규정 역시 아무것도 변화시킬 수 없었다. 수많
은 법률적 의문의 여지가 있고 중요한 재량문제를 실제로는 상
급의 관료위계제가 그것의 명령권력에 의하여 권위적으로 결정
한다면, 즉 중요한 모든 결정을 상급관청이 스스로 내리고 지방
자치단체의 기관이 예스맨으로 전락한다면 지방의회에 대한 주
민의 직접선거가 도대체 무슨 큰 의미가 있었겠는가?

　그러한 상황하에서 소수가 된 정당들은 선거운동의 결과를
도덕적 구속력이 있는 것으로 느끼기 어려웠음에 틀림없다. 이
와 비교할 수 없도록 중요한 것은 국가의 명령기구에 결정적인
영향을 갖는 것이었다. 그러나 민주주의가 생동하는 작은 공간
인 게마인데에서 민주주의가 거의 존중받지 못하는 상황에서,
어떻게 국가의 큰 공간에서 달라질 수 있겠는가?

　게다가 행정중앙집권주의의 명령원칙이 지배하는 곳에서, 지
방자치단체는 무엇보다도 진정한 재정적 자기책임도 없다. 지
방행정청도 언제나 위로부터 승인된 위임을 지원하는 회사들에

게 부여하는 권한에 한정된 것으로 보았다. 그것은 협력과 신뢰의 원천이 되는 대신에 오히려 다툼과 분노(때로는 또한 부패의)의 원천이 되었다. 또한 위계적 원칙의 지배하에서 모든 주민에게는 지방의회의 결정에 대해서 언제든지 상급의 명령기관에 이의를 제기할 수 있었고, 그것의 지시는 언제나 즉시 집행되어야 했기 때문에, 실제의 결정은 위로부터 받을 수 있는 권리가 유보되어 있었다. 간단히 말하자면, 관료주의가 지배했고, 지방의회와 선거의 존재는 단지 진실을 숨기기 위한 역할에 불과했다. 마침내 전체주의국가가 게마인데에서 "지도자원칙"을 선언하고, 모든 선거를 폐지했을 때(이탈리아는 1296년, 독일은 1933년, 프랑스는 1940년), 그것은 기본적으로 외관에 대한 존재의 승리를 의미했다.

국가 명령행정의 우월 속(진정한 지방자치가 없는 곳)에서, 필연적으로 모든 개인적이고 정치적인 자유권은 국민 속에 확고하게 뿌리를 내리지 못한다. 앵글로색슨계 정치인들이 유럽전체에서 실현하려고 했던 일반적인 언론의 자유와 결사의 자유는 모든 진정한 민주주의의 특징이다.

그러나 모든 야당이 국가를 일방적인 명령기구로, 권력기구로 느끼는데 익숙한 곳에서 그것은 통상적으로 절제능력이 없다. 그러한 경우에 모든 야당은 끊임없이 권력추구를 위하여 정부정책을 체계적으로 불신하고, 흠잡을 데 없이 좋은 것도 거침없이 비난하는 경향이 있다. 이로써 자유로운 비판의 권리는 자연스럽게 그 긍정적인 의미를 상실한다. 개인적 자유는 언제나 자유로운 도덕적 의지에서 기존의 질서에 적응하려는 개인적인 마음가짐과 결합해야 한다. 그렇지 않으면 그것은 질서촉진적이 아니라 질서파괴적으로 작용한다. 실제로 지방자유만이 개인에게 (의식적이든 무의식적이든) 기존의 것에 대한 자부심과 법률준수와 적응을 실현하는 초당적인 신뢰의지를 형성할 수 있다.

　이러한 자유로운 도덕적 유대로의 의지가 국민을 확고하게 결집하지 않으면, 현대적인 개인주의는 전체 성과에서 불미스러운 효과를 가진다. 봉건주의와 절대주의에서 물려받은 사회적인 분열을 완화하는 대신에 개인적인 자유권은 그것을 더욱 강화하는 역할을 하게 될 것이다. 실제로 자유주의시대에 형성된 "다당제국가"는 개인적이거나 집단적인 이기주의가 언제나 무제한적으로 전개되도록 했고, 선동의 자유화는 모든 곳에서 정치적인 열정과 사회적 혐오감의 범람을 초래했다. 행정중앙집권주의와 종속원칙의 토대 위에서는 모든 자유민주적 헌법과 모든 의회주의가 무질서의 원천이 된다는 비난을 받는다.

　위로부터 구성된, 위계적 명령행정에 의해 설립된 모든 국가기구는 그 탄생과 본질에 따르면, 권력의 산물이지 자유의 산물은 아니다. 그것은 당시 지배권적인 국가질서의 범위 안에서, 관치적인 군사군주제의 범위 안에서 성장했고, 이러한 탄생은 그에게 운명이 되었다. 그러한 권위적이고 군사적 원칙에 따라

조직된 행정시스템은 모든 결정을, 특히, 자유사상에 관한 어떤 양보도, 언제나 최고권력자의 의지에 의존해야 했다.

예전의 세습군주제는 항상, 심지어는 절대주의시대에도, 극단적-자유적대적으로 통치하지 않도록 유의해야 했다. 왜냐하면 정당성 있는 군주는 대담한 실험에 흥미가 적었고, 왕조의 미래와 상속권이 위태로워질 수 있기 때문이었다. 1789년 이후 권위적인 지도부는 폐지되었지만 권위적인 기구는 존속하도록 허용되었을 때, 터무니없는 결과가 나올 수밖에 없었다. 그것은 자유이념에 의한 지배이념의 극복을 의미하는 것이 아니었다. 그것은 오히려 두 가지 이념 간의 투쟁을 직접 국민 속으로 끌어들이는 결과가 되었다. 장기적으로 볼 때, 자유이념이 때때로 굴복할 수밖에 없었다. 왜냐하면 지방적인 신뢰의 정신이 없는 곳에서, 오직 관치적인 명령의 정신이 질서를 효과적으로 보장할 수 있었고, 조만간 권력이 자유보다 언제나 더 믿을만한 것으로 느껴졌기 때문이다.

원칙적으로 행정중앙집권주의가 모든 진정한 지방자유를 질식시킬 때, 그곳에서 사회는 기본적으로 일방적인 지배의지에 의해 결속된다. 이러한 지배의지를 시민은 권위적으로 조직된 관료기구를 날마다 직면하는 방식으로 느끼게 된다. 관료주의는 위계적으로 구성된 모든 행정시스템에서 관치적인 명령권에 의하여 법률을 자주적으로 개별적인 사안에 적용하고, 그의 고유한 "자유재량"과 "합목적적인 판단"에 따라 결정하는 권리를 특징으로 한다.

　즉, 국가의 명령기구는 시민들에게 날마다 외관상 "어느 정도의 자의에 대한 권리"를 휘두르고 있는 것으로 보인다. 그것은 시민들이 자기책임으로 기존의 법질서에 구속을 받고 현행 법률을 아래로부터 생활로 실현하도록 교육하는 것을 거부한다. 특히 이것은 관료적 위계제도가 중앙정부의 의도를 유일하게 정확히 알 수 있고, 중요한 객관적인 재량결정에 "제한된 신민의 이해"보다 더 나은 능력을 가지고 있다는 원칙에 따라 일어난다.

　그러나 이러한 상황에서 어떻게 정치인과 국민이 흔쾌히 법률을 준수하고 집단적인 책임의지를 갖도록 교육될 수 있는가? 어떻게 관헌이 자신의 판단에 따라 국민을 행복하도록 만들기 위해 존재한다는 견해를 사라지게 할 수 있는가? 어떻게 하면 국민들이 위기에 처했을 때, 개인의 힘, 지도자원칙에 의해 모든 구원을 기대하는 경향을 극복할 수 있는가? 이 모든 것은 행정중앙집권주의와 위계적인 종속원칙의 토대 위에서는 자유공동체의지에 대한 불신과 폭력신봉을 결코 진정으로 막을 수 없다는 것을 입증한다. 가장 깊은 기저에서 법이념은 언제나 권력이념의 하녀로만 남게 된다. 마지막으로 인간은 공동체적 존재이며 그가 거주하는 가까운 주거지역을 한눈에 알 수 있는 생활공동체로서 불필요한 국가의 개입으로부터 무조건 보호되어야 한다는 것을 알지 못하는 한 강자의 권리에 대한 믿음을 결코 중단하지 않을 것이다.

유럽대륙 강대국의 자유주의가 가장 중요한 모든 자유권을 망각하면서, 광범위한 지방의 재량자유와 처분자유의 형태로 진정한 지방분권을 도입하는 것을 태만히 하면서 그것은 공동체형성의 과제에서 실패하였다.

다양한 이익집단들이 서로 싸우고 증오하도록 일방적으로 교육받았으며, 위기에 자유와 민주주의는 너무 쉽게 필연적으로 만인에 대한 만인의 파괴적인 투쟁을 초래한다는 생각이 스며들었다. 질서의 강화에 대한 갈망이, 사회적인 원자화의 극복과 절제를 모르는 집단이기주의의 극복에 대한 갈망이, 국민적 공동체감정의 재생에 대한 갈망이 언제나 일관되게 자유적 대적인 세력이 승리하도록 했다. "윤리적 집단주의"를 형성하지 못하고, "양심의 동화"를 이루는 데 이르지 못하였기 때문에 "권력적 집단주의"를, "양심의 획일화"를 오랫동안 전혀 제거할 수 없었다.

오로지 "지방자치와 자유로운 집단주의의 국가"만 발전능력이 있는 공동체정신의 기반을 제공한다. 이에 반하여 "관료위계제와 직업정치인의 국가"는 자유의 길로, 진정한 국민국가로 발전하는 것을 영원히 방해한다. 행정중앙집권주의의 지배하에서 모든 자유헌법은 필연적으로 국민을 가장 깊이 실망시킨다. 자유주의적 다당제국가가 전체주의적인 일당국가에 의해서, 지도자원칙에 의하여 대치되었을 때, 오래전부터 항상 관료주의적

으로 이끌려온 국민대중은 대부분 초당적인 공동체에 대한 갈
망에서 그것을 구원이라고 여겼다. 오르테가 이 가세트(Ortega
y Gasset)는 이러한 일반적인 자유로부터 회피를 적절하게도
"대중의 봉기"라고 표기하였는데, 그것은 특히 시사점이 많다.
오로지 지방자유의 원칙으로부터 성장한 국민국가만이 이러한
발전으로부터 벗어날 수 있다.

　무엇보다도 법치국가로부터 복지국가로의 발전은 중앙집권
적 관료위계제도와 관치적인 명령행정의 세계에서 고유의 법칙
에 따라 진행될 수밖에 없었다. 현대의 역사가 입증하는 것처럼
복지국가의 "합목적적인 법"은 오로지 지방적-연방적으로, 아
래로부터 구성된 국가구조에서 확실한 도덕적인 한계에 부딪혔
다. 왜냐하면 여기에서는 보수적- 합법적인 국민정신에서 "유
효한 법"의 근원을 고수했기 때문이다.

　"윤리적 집단주의"의 뒷받침이 없는 복지국가에서 상황은 완
전히 달라졌다. 19세기에 자유민주적 헌법을 통해서 고대 유럽
의 저항권을 지배적으로 조직된 국가기구에 설치하려고 노력했
을 때, 그것은 철저하게 인공적인 과정이었다. 그러한 실험은
충분히 깊이 들어가지 못하였으며, 복지국가가 순전히 권력국
가로 전락하는 것을 막지 못하였다.

　전체적으로 20세기에도 언제나 정신적·정치적 전제조건이
이전과 동일했다. 나폴레옹 1세와 3세의 군사독재하에서도 마
찬가지였다. 즉, 예전의 지방부자유의 토대 위에서, 행정중앙집

권주의와 관료위계제의 토대 위에서 진정한 공동체형성적인 힘은 단지 하나밖에 없었는데, 그것은 집단적인 권력의식, 특히 군사적 성과였다. 역사적인 경험은 보여준다. 예전부터 행정관계의 대부분을 위계적인 명령기구가 자신의 재량자유에 의하여, 권위주의적인 방식으로 위로부터 규율하는 곳에서는 폭력신봉과 군국주의가 처음부터 거침없이 발전할 가능성을 가지고 있었다. 결국 이러한 결론은 행정적 명령원칙과 종속원칙의 토대 위에서 너무나 명백할 뿐이며, 가능한 한 많은 피통치 국가들의 노동력이 아니라면 무엇이 국민에게 더 많은 복지를 보장할 수 있겠는가?

지난 세기 전환 이후의 발전이 이미 군사주의적 성격을 지닌 전체주의국가를 향해 빠져든 것처럼, "행동주의"라는 단어로 요약되는 허무주의 운동 속에, 점점 강해지는 폭력예찬의 의지를 감지할 수 있었다. 그러한 행동주의적인, 모든 수단으로 국민열정을 불러일으키는 폭력주의는 좌파나 우파의 정당들 편에서 지지를 받았다.

베네데토 크로체는 그의 책(Benedetto Croce, ≪Geschichte Europas im 19. Jahrhundert≫, Zürich, 1935)에서 이러한 극단주의자에 대해서 잘 설명하였다. "그들은 국민에게는 관심이 없었고, 맹목적이고 충동적인 군중에게, 박수를 휘몰아치거나 휘파람을 부는 야수에게, 그런 의미에서 남용할 수 있는 용기를 가진 모두에게 관심을 가졌다." 국가가 중앙집권적으로, 비대중적으로 조직된 곳에서는, 기본적으로 단지 "공무원과 직업정치인"의 국가인 곳에서는, 언제나 대중이 행동주의적인 선전이나 폭력예찬에 특히 쉽게 굴복한다는 것은 쉽게 이해될 수 있다.

"행동주의"가 이미 1914년에 국가숭배와 전쟁숭배를 향하여 수행한 사전공작에 대해서 크로체는 다시 말했다. "자발적으로 자유에 복종하는 내면의 규율을 외적인 지도와 명령으로 대체한다면, 행동을 위해 행동하고, 파괴하는 즐거움을 위해 파괴하고, 새롭게 하기 위해 갱신하고, 투쟁을 위해 싸우는 것 외에는 아무것도 없다. 그러면 전쟁, 유혈, 살인, 죽임을 당하는 것 자체가 목적이 되고 복종은 절대복종이 된다. 전쟁 때 흔히 그러한 것처럼 … 행동주의는 개인에 대한 개인의 지배, 다른 사람의 예속, 마침내 자신의 노예정신으로 이어지고, 처음에는 고양된다고 믿었지만 실제로는 도덕적 양심을 박탈하는 인격의 억압으로 이어지는데, 그것은 가장 내면의 본질적 요소를 약탈당하고 파괴에 내맡기게 된다."

그럼에도 모두 완전히 새로운 것은 아니다. 이전의 발전과 근본적으로 다른 것은 아니고, 기껏해야 단계적으로 다를 뿐이다.

당시에 페스탈로치가 세습군주의 절대주의와 나폴레옹 1세의 군사독재를 평가한 것을 생각해본다. 그는 다음과 같이 불평했다. "인간은 자신의 개성과 우리 인류의 집단적 존재의 신성한 권리를 그것이 언제, 어디서, 그리고 어떻게 원하는지에 따라 희생해야 한다. 사람은 세상에 속해 있다. 그는 더 이상 하나님과 자신의 것이 아니라는 말이다." 페스탈로치의 말에 따르면 개인은 "알프스 정상에서 시내로 떨어지는 한 방울", "머리, 숫자, 총"에 지나지 않는다. 당시와 마찬가지로 오늘날도 다시 "인간의 복무능력은 끝없이 향상되지만 그의 자율성은 끝없이 사라진다."

절대주의, 보나파르티즘, 행동주의 그리고 전체주의는 모두 하나의 공통된 모체, 즉 위계적-중앙집권적인 행정시스템에 뿌리내리고 있다. 기본적으로 보면 현대적인 국가전체주의는 단지 조건없는, 핵심에서 군사적인 복종의무의 가장 극단적인 확장을 구체화한 것에 불과하다. 그것은 관료위계주의와 지방부자유의 세계에서 오랫동안 모든 민간행정에 적용되었다.

전체주의적 군사국가는 권리와 이익을 동일시하여 독립적인 국민양심과 보수적인 국민정신의 최종적인 잔재마저도 파괴한다. 법적인 관점에서 볼 때, 중앙집권적인 국가가 이미 항상 어느 정도 그러했던 것을, 군사주의적인 성질의 전체주의 국가는 "영구혁명"을 숨기려하지 않는다. 이러한 실행의 의미는 무엇보다도 개별인간이 객관적인 법에 대한 믿음을 버리도록 훈련시키는 데 있다. 개인은 마침내 자유의지가 있는 개인으로서 자신을 소멸시켜야 한다. 그의 양심은 위로부터 지시받은 국가 기구가 현재 적절하다고 생각하는 가치 기준만을 알아야 한다.

민간인에게 절대복종을 교육시키는 것이 궁극적인 목표인 이 "허무주의의 혁명"은 프로이센의 군사 국가에서 최고조에 달했다. 미라보의 잘 알려진 말에 따라 "프로이센"현상은, 그것을 군대를 가진 국가로 보지 않고, 국가를 가진 군대로 이해하는 경우에만 올바르다. 1866년부터 프로이센화한 독일은 점점 더 높은 수준으로 지배사상을 극단적으로 고양시키고, 위대한 전쟁의 이념을 찬양하는 것에 의존해야 한다고 믿었고, 그 상징 아래에 서로 다르게 나아가는 국민계층을 통합하고, 국가적 권력추구의 길로, "대중마키아벨리즘"의 길로, 생동하는 공동체로 결합하려고 했다. 군국주의와 관료주의의 결합에서 정복과 지배민족의 요구는, 제1차 세계대전 당시와 같이 스스로 발전했으며, 특히 유력한 인문학자들이 "진보적" 및 "민주적" 방향으로 표현했다.

이를 위한 3가지 예가 있다. "독일단체법(Das deutsche Genossenschaftsrecht)"의 유명한 저자인 오토 기르케(Otto Gierke)는 1917년에 다음과 같이 썼다. "국민의 자유로운 자결권 앞에 우리는 중단해야 하는가? 전쟁이 있는 한, 정복에 대한 권리도 사라지지 않는다. 여기에 전쟁은 하느님의 심판을 구하는 것이라는 옛날 생각이 의미가 있다. 패배자도 그 심판을 숭고한 정의의 발로로 받아들여야 한다."

"민주적"이라는 단어는 1916년 정당지도자인 프리드리히 나우만(Friedrich Naumann)으로부터 나왔다. "문화의 총체적 진보는 작은 민족의 국가적인 자유의 파괴를 통해서가 아니면 전혀 달리 가능하지 않다." 선도적인 국민경제학자인 좀바르트

(Sombart)는 1915년 다음과 같은 의견이었다. "독일 새, (독) 수리가 지구상의 모든 동물보다 높이 맴도는 것처럼, 독일인은 한 없이 깊은 아래에서 자신을 둘러싼 모든 민족들보다 높아야 한다." 기르케, 나우만 그리고 좀바르트와 같은 지위에 있는 사람은, 그들이 그들의 인기를 충분히 의식하지 않았다면, 그러한 종류의 엄청난 것을 출판할 수 없었을 것이다. 히틀러, 국가사회주의적 지배민족이데올로기와 인종망상이데올로기가 아직 알려지지 않았던 현상이었던 시기에 말이다.

이 모든 것을 고려하면 명확해진다. 군사주의적 성격의 전체주의 국가는 그의 본질에 따라 예전의 지배권에 기초한 생활이념의 유기적 산물로서 평가된다. 예전의 국민부자유와 지방부자유의 토대 위에서 관치적-위계적 명령방식으로부터 성장한 현대적인 국가전체주의는 기본적으로 중세 봉건질서의 단순한 변화로 보인다. 나치시대의 SS조직과 파시스트 민병대의 특권단체는 명백하게 새로운 종류의 무장한 지배귀족으로 성장한 것이다. 전체주의 국가, 이것이 만든 군사기계는 그것의 역사적인 본질에 따라 바로 중앙집권화된 봉건주의이고, 강화된 절대주의라고 말할 수 있다.

우리는 이제 특정 경제시스템에서 전체국가의 뿌리를 찾고 싶어 하는 것이 얼마나 터무니없는지 인식하고 있다. 좌파나 우파의 독단론자들은 한편에서는 재앙의 책임이 "독점자본주의"에 있다고 하고, 다른 한편에서는 "경제적 집단주의"에 있

다고 는 것은 근본적 오류에 빠져있다. 그 대신에 사실은 오히
려 다음과 같다. 명령행정과 지방부자유의 세계에서 "자본주의
적" 경향과 "집단주의적" 경향은 공동으로 국가예속과 전체주
의로 흘러간다. 이에 반하여 자치행정과 지방자유의 세계에서
는 어느 하나도 맞지 않다. 현대의 전체주의적 헌법은 오로지
예전의 권위적인 국가행정의 모태로부터 성장한 것이다. 왜냐
하면 그것이 생활의 법칙과 일치할 뿐만 아니라 일관성이 있기
때문이다. 행정적 종속의 세계에는 가장 효과적인 질서보장과
가장 효과적인 공동체형성의 요소로서 완전한 종속이 하나의
원칙이 된다.

프로테스탄트 신학자인 에밀 부루너도 그의 저서(Emil,
Brunner, ≪Gerechtigkeit-Eine Lehre von den Grundgesetzen
der Gesellschaft≫, Zürich, 1943)에서 같은 인식에 도달했다.
"전체주의국가는 처음으로 1917년에 또는 1922년에, 또는
1933에 탄생한 것이 아니다. 그것은 천천히 현대적인 주권개념
으로부터, 그리고 개인과 공동체의 실패로부터 상장하였다. 가
족과 게마인데가 더 실패할수록, 국가는 더 많은 활동을 해야 한
다. 국가의 과중한 업무부담은 국가 이전 공동체질서의 붕괴,
인간사회의 구조결함과 일치한다. 자연적으로 성장하는 자발적
인 구조 대신에 반드시 인위적이고 강제적으로 집행하는 국가
의 구조가 등장하는데, 그것은 가장 광범위한 곳으로부터 가장
작은 집단과 개인에게로, 위에서 아래로 간다.

　근대에 등장한 중앙집권적 국가에서는 그것의 인공적인 형태의 조직과 부서, 구역, 외견지방자치단체가 중앙의 국가권력과 개인 사이의 빈 공간을 채운다. 즉, 이들 조직체는 그 자체의 고유한 생활이 없고 단지 국가의 행정단위에 불과하다. 잃어버린 국민공동체의 대체물이고 그 자체로 전체주의국가의 최종적이고 직접적인 전 단계가 되는 국가가 등장한 것이다.

　요약하면 대륙의 자유주의가 터무니없이 과거의 지배권에 기초한 행정이념을 고수하면서, 그것은 지배권에 기초한 헌법이념의 새로운 승리를 불가피하게 만들었다. 왜냐하면 활력 있고 한눈에 알 수 있는 자치적인 게마인데의 작은 공간에서 자유의 연대성을 교육받지 못한 곳에서는, 그 대신 수많은 법률적 의문사례와 중요한 재량문제에서 관료위계제의 명령에 굴복해야 하는 곳에서는, 모든 진정한 행정적 책임이 약한 지역사단(Gebietskörperschaft) 대신에 강력한 지역사단이 있는 곳에서는 집단적인 권력의식이 공동체형성적으로 작용하기 때문이다.

　중앙집권적인 명령행정의 토대 위에서 대중적인 질서(또는 정확히 말하면 그것의 대용품)를 형성하기 위한 유일한 길은 전체주의국가로의 전환이다. 달리 말하면, 광범위하고 법적으로 확고하게 보장된 지방의 재량자유의 형태로 진정한 지방분권의 실현이 없으면 전체주의적인 대중운동과 군사독재를 영원히 전혀 피할 수 없으며, 언제나 반복해서 먹느냐 먹히느냐(Aut Cäsar, aut, nihil)의 구호가 비장의 무기가 될 것이다. 짧게 말하면 언제나 중앙집권적-관료적 행정시스템을, 위계적인 종속원칙과 지방부자유를 신봉하는 자는, 그가 의도하든 아니든, 언제나 전체주의적인 국가이념을, "허무주의의 혁명"을 신봉하는 것이다!

"한 나라의 헌법이 필연적으로 그 나라의 행정질서로부
터 나온다는 것, 양자가 불일치하는 경우에 국가의 질병
이 발생한다는 것은 거의 인식되지 못하고 있다."
— Heinrich von Treitschke(1860)

"오늘날 민주주의의 진정한 특징은 정부시스템의 대중
성에 있는 것이 아니라 행정시스템의 그것에 있다. 따라
서 진정한 목표는 행정의 민주화에 두어야 한다."
— Thomas G. Masaryk(1925)

Ⅳ. 지속적인 유럽민주화의 길

25. 합리주의적 사고 대신 역사적 사고

지금까지의 설명이, 유럽의 민주화 시도가 지금까지 왜 실패
할 수밖에 없었는지를 명확하게 해주었을 것으로 본다. 그럼에
도 오늘날 이러한 실패의 원인을 이차적인 의미를 갖는 것과 관
련해서 찾는 것이 일반적이다. 개인적인 자유를 인정하는 모든
이데올로기는 본질적으로 여전히 잘못된 궤도로 가고 있다. 교
권주의, 자유주의, 사회주의는 모두 어떻게 자유로운 세계를 세
워야 하는지에 관하여 각각 그들의 특별한 견해를 가지고 있다.
3개의 정당집단은 언제나 단지 그들 고유의 특별프로그램이 충
분히 실현되지 못하였기 때문에 실패했다고 믿는다.

　실제상황은 매우 다르다. 위에서 확인한 것을 다시 한 번 언급하면 전반적으로 중앙집권적으로 조직된 국가에서 교권주의자, 자유주의자, 사회주의자는 그들이 권력을 장악한 곳에서, 공통적으로 관료계층제와 명령행정의 질서시스템을 고수하고, 진정한 지방자유가 대두하는 것을 용납하지 않았다.

　"공산주의자"도, 그들이 1919년부터 대정당을 결성할 수 있었던 곳 어디에서나 중앙집권적인 행정원칙을 촉진하였다. 오직 "무정부주의자"만 근본적으로 다른 길을 걸었다(그들은 실질적으로 성과없는 거부를 고수했다!). 달리 말하면 지방적-연방적으로, 아래로부터 위로 구성된 국가형태를 가진 곳을 제외하고는, 모든 주요 정당이 부르주아적이든 마르크스적이든, 봉건적인 지배자정신에 사로잡혀서 일반적으로 행정중앙집권주의와 그에 기초를 둔 종속원칙을 강화하는 데 열성적이었다. 이렇게 해서 그들은 모든 지속적인 자유와 대중적인 민주주의를 방해하고, 언젠가 전체주의국가의 승리를 완전히 불가피하게 만들었다.

　이러한 숙명적인 전개는, 결정적인 이유로 돌아가 보면, 잘못된 사고방식에 의해 야기된 것이다. 우리들의 현대적 사회사상은 아주 편리한 길로 걸어가는 경향이 있고, 미리 너무나도 도식적인 사고과정에 사로잡혀 있다. 사람들은 너무나 일방적으로 물질적-경제적인 생활관계를 챙기고 정신적-도덕적인 그것은 너무 적게 고려한다. 사회시스템을 이론적으로 면밀하게 생각해내서 그것을 단순히 국가의 큰 공간에, 압도적인 권력을 가진 행정적 명령기구의 영역에 투영하는 것이 얼마나 잘못되었는지를 인식하지 못하였다.

그러한 방식에 의해 사회적 조화의 실현을 희망하는 사람은 반드시, 빌헬름 뢰프케(Wilhelm Röpke)의 말에 의하면 "합리주의의 오류"에 빠지게 된다. 예를 들어 교권주의는 스콜라철학과 교회법시스템에 뿌리를 두고 있으며 오늘날 구제책으로 선전되는 준권위적인 "조합국가(Korporationenstaat)"에 그 정치적 표현을 찾고 있다.

그 외에 계몽시대에 출현한 자유주의적 합리주의는 최대한 많은 정치적, 경제적인 개인자유의 성취를 통한 사회적 구원을 믿는다. 그리고 100년 전부터 사회적 합리주의는 최대한 광범위의 공동경제적 의미에서 개혁을 통해 진정한 자유, 정의, 만족을 달성하는 것을 희망한다.

이 모든 합리주의적 사고체계는 서로 아주 첨예하게 대립하고 있는 것처럼 보인다. 그럼에도 매우 긴밀하게 관련되어 있다. 특히 그들의 동질적인 사고방식에 있어서 그렇다. 그들은 모두 피상적으로 낡은 스콜라원칙을 신봉한다. 인간의 모든 제도는 비록 가장 명예로운 시대일지라도, 이성과 인식된 진리에게는 무조건 양보해야 한다("이성과 진리는 항상 우선한다").

법률준수에 대한, 신뢰에 대한, 화합에 대한 집단적 의지와 같은 국가형성적인 윤리적 힘은 강력하게 전통적인 공동체의

유대에 밀착되어 있다. 결코 일시적인 가짜진실에 결부된 것은
아니다. 달리 말하면 모든 도식적, 개별적인 개념을 절대화하는
합리적 사고는 실제로 진실 대신에 잘못을 초래한다. 왜냐하면
그것은 살아있는 이성이 아니라 삶과 동떨어진 이성주의의 산
물이기 때문이다.

　바로 합리주의적 사고방식이 그렇게 많은 시대병의 근본원
인이 되고 있다. 직설적으로 말하면 그것이 유럽문화의 뿌리
깊은 병폐의 하나가 된다. 타당성에 대한 도식적인 주장에서
교권주의의, 자유주의의, 사회주의의 사고체계는 가장 큰 문제
가 되는 생활소외, 즉 생활적대성을 증명한다. 그러한 생활소
외적인 태도의 결과로, 넓은 공간의 권력범위에서 중앙집권적
인 관료계층제와 관치적인 명령행정이 자유-보수적인 공동체
윤리와 대중적인 민주주의가 자랄 수 없도록 한다는 것을 간과
하고 있다.

　실제로 상황은 다음과 같다. "공동체가 작을수록 그것은 대중
에 더 잘 상응하고, 그들의 메커니즘과 의미 및 생활을 보다 잘
이해할 수 있다. 전체와 큰 것으로 이르는 첫 계단은, 절대 너무
높아서는 안 된다."(C. F. Ducommun)

　특히 당시의 국가이론가인 콘스탄틴 프란츠(Konstantin
Frantz)는 이 문제를 정확하게 인식하고 그의 저서에서 무엇
보다도 다음과 같이 강조했다(≪Der Föderalismus als das
leitende Prinzip für die soziale, staatliche und internationale

Organisation≫, Mainz, 1879). "게마인데와 크라이스, 프로빈츠가 자립하지 않는 한, 정치적 자유는 언제나 불안정하고 비현실적인 소망 이상이 될 수 없다. 만약 그렇지 않으면, 자립시키도록 노력해야 하며, 그것이 성공하는 만큼만 정치적 자유는 뿌리를 내릴 수 있을 것이다. … 바로 이러한 게마인데와 크라이스, 프로빈츠의 자치에 연방제원칙의 본질이 있다."이와 반대로 합리주의자는, 그 노선이 무엇이든지, 언제나 개념적인 도식만 보고, 그것에 의해 일반적인 행복과 높은 공동체도덕을 약속한다. 그는 도덕적인 유대가 언제나 어떻게 작은 공간에서 큰 공간으로 발전해가야 하는지에 대해서는 알지 못한다.

가장 먼저 교회의 세계관은, 그 본질과 일치하여, 공동체문제의 윤리적인 측면을 올바르게 평가했다. 그러나 현대적인 시대현상과 관련해서는 게마인데 대신에 일방적으로 가족에게 주목을 하는 경향이 있다. 하지만 가장들이 자유로운 지방자치단체를 통하여 자기책임적인 협력과 정치적–사회적 집단신뢰로 길러지지 못한다면, 바로 그 최고의 가장들이 이기적이고 가장 괴팍스러운 국민일 수 있다.

자유공동체는 조직이 한눈에 알 수 있는 형태인 곳에서만, 사람들이 서로 개인적으로 알고, 스스로 선출한 관청의 구성원을 소속정당에 의해서만이 아니라, 무엇보다 그의 능력과 보다 더 그의 성격에 따라서 판단할 수 있는 곳에서만 진정으로 생존능력이 있다. 그러한 살아있는 시민학교는, 날마다 다양한 의견과 특수이익이 서로 이성적인 조정을 위해 다투어야만 하는 곳에서, 언제나 자유로운 지방자치행정에만 주어진다.

　베른하르트 크나우스(Bernhard Knauss)는 적절하게도 말했다. "의심의 여지없이 게마인데와 공동체는 많은 관계 속에서 밀접하고 경계에서 서로 넘나든다. … 우리는 종종 국가를 유기체로 얘기한다. 하지만 타당한가? 왜냐하면 유기체를 실제 의미에서 생명체로서 파악한다면, 살아있는 인간으로부터 분리된 기구로서 그의 고유한 관성과 소모의 법칙을 추구하고 현대국가는 거의 생명체로 볼 수 없기 때문이다. 개별인간을 국가의 최소단위로 본다면, 유기체의 세포로서, 현대국가구조에서 이 세포가 아직도 전체와의 유효한 규모관계에 있다고 주장할 수가 없다. 이에 대해서 순수한 의미에서 유기체로서 표현될 수 있는 국가형태는 그리스의 국가이다."

　또한 크나우스는 다른 부분에서 말했다. "개인의사에서 국가에 이르는 선은 그리스의 국가게마인데(Staatsgemeinde)에서 직선적이며, 명확하고 짧다. 오늘날 현대국가에서는 그것이 끝없이 얽혀 있고, 한없이 길다. 개인의 의사로부터 정치적인 행위까지의 연결통로가 짧을수록, 명확할수록, 국가에 대한 결합은 보다 더 긴밀해진다. 그것은 그리스 국가에서 가능한 한 그렇게 가깝고 그렇게 견고하였다. 개인이 국가의 의사에 묶여 있을 뿐만 아니라, 국가도 개인의 의사에 묶여 있는 것을 알았기 때문에 그것이 가능했다."

크나우스는 아리스토텔레스의 그 말을 이렇게 정당화했다. "10명의 적은 시민이 이미 도시게마인데들을 형성할 수 있었고, 10만 명으로도 여전히 도시게마인데로서 간주되었다. 다른 것과 마찬가지로 국가도 일정한 크기의 정도를 가지고 있다. 너무 작거나 너무 과도하게 큰 경우에도 모두 그의 고유한 능력은 유지하지만 그의 본성은 완전히 빼앗기거나 결함이 있게 된다."

사실 현대국가들 중에서 소국가의 공동체원칙을 충실하게 유지하는 데 성공한 국가만이 자유롭고 아주 깊은 대중적인 헌법형태를 형성할 수 있었다. 특히, 지방과 지역의 하위단체에 생동하는 자치행정의 유지를 보장하기 위해서 지방적-연방적 국가이상이 충분히 강하게 남아있는 곳, 즉 지방의 재량자유와 처분자유가 광범위하고 법적으로 확고하게 보장된 형태로 남아있는 곳이 이에 해당한다.

종합적으로 공동체생활의 문제를 올바르게 인식하고 진실로 건설적인 의미에서 해결하고자 한다면 새로운 사고를 하는 것이 필요하다. 특히 덜 편리하더라도 보다 생활근접적으로 사고하는 것을 배워야 한다. 합리주의적 대신에 참으로 합리적으로, 다시 말하면 기계적 대신에 유기적으로, 추상적이고 도식적 대신에 심리적으로, 현재 구속적 대신에 역사적으로, 순전히 헌법적이고 경제적 대신에 특히 행정적으로 사고해야 한다.

이러한 역사적 사고, 이러한 행정적 사고로부터 다음 결과에 도달한다. 원칙적으로 두 가지 종류의 공동체형태가 구분되어야 한다. 정치적-사회적 질문을 언급함에 있어서는 언제나 공동체생활영역에는 두 개의 세계가 있으며 그것은 매우 다른 존재법칙과 발전법칙하에 있다는 기본지식에서 출발해야 한다. 우리가 유럽역사에서 보듯이 위로부터의 세계와 아래로부터의 세계로 구성된 국가가 있다. 다른 대립적인 단어짝으로 표현하면 지배의 세계와 협동의 세계, 종속의 세계와 조정의 세계, 중앙집권주의의 세계(초기봉건주의도 포함)와 지방주의의 세계, 명령행정의 세계와 자치행정의 세계, 지방부자유의 세계와 지방자유의 세계가 있다.

26. 역사의 "법칙"

우리가 유럽의 역사에서 살펴본 것처럼 모든 공동체형성의 두 가지 시스템은 중요한 발전의 맥락을 보여준다. 이러한 맥락을 "역사의 법칙"이라고 말할 수 있다. 그것은 이상적인 궁극의 상태를 향한 법칙에 따라 인간의 진보를 주장하는 이미 알려진 낙관적인 역사관의 의미에서는 이해할 수 없다. 그러한 낙관론이 얼마나 정당화될 수 없는지는 1939년에서 1945년까지의 가공할 위험이 입증한다. 만약 전쟁이 다른 식으로 종결되었다면 회복할 수 없는 문화적인 재앙으로 연결될 수도 있었다. 아니, 역사적인 구성요소로부터 나오는 그 법칙은 목적론적인 법칙이 아니라 정적인 것이고, 진보를 위한 법칙이 아니라, 관성의 그것이다. 이러한 역사적인 법칙은 말한다. 지방적-연방적, 아래로부터 구성된 국가구조는, 모든 시대에 지방적이고 지역적인 자치행정을 유지하는 강력한 경향을 가지고 있다. 마찬가지로 지배적인 국가구조는, 위계적인 명령행정의 세계는, 유사하게 강력한 관성을 보여준다.

유럽에서 지방적-자유의 질서원칙과 정치적 집단신뢰의 원칙이 몰락했던 곳에서는 그것이 대부분 주기적으로 내부적이 아니라 지속적인 외부의 군사지배에 의해서 발생했다. 다시 한번 생각해 보면 유럽의 원시시대로부터 유래하는 진정한 지방자유는 대부분의 국가에서 로마군사국가의 용병에 의해서 파괴되었다. 그리스, 스페인, 갈리아 그리고 이와 관련해서 예속된 프로빈츠로부터, 이탈리아 자체도. 독일의 원시민주주의에게도 유사한 방법으로 지배적으로 조직된 프랑크왕국에 합병됨으로써 불행이 초래되었다. 아주 좁은 공간에 정착한 중세의 지방자치적 도시자유가 14세기에서 17세기에 종말을 맞이한 것도 마찬가지로 외부로부터 일반적인 압력에 의한 것이다.

장기간에 걸친 외부지배가 지방자유와 자치행정의 세계에 대해 주기적으로 행사한 파괴적 영향은 군사주의의 본질로부터 스스로 설명된다. 왜냐하면 모든 군사권력에 기초한 외부지배는 필연적으로 새로운 법을 순전히 합목적성의 고려에서 도입하고, 명령의 효과적인 집행을 위하여 중앙집권적인 관료계층제를 설치하는 것에 의존하기 때문이다. 하지만 그렇게 만들어지고 강하게 조직된 지배권적-권위적 국가질서 아래에서 달리 가능한 것은 없다. 국민의 보수적-합법적 법인식, 정치적-사회적 집단신뢰는 어떠한 경우에도 계속해서 존속할 수 없게 된다. 오히려 그것은 전체 세대가 그러한 자의의 상황 아래에서 성장하게 되면, 미리 법의 원천으로 강자의 권리를 믿는 것에 익숙해진다. 그러한 기초에서 지방의 공동체윤리를 위한, 초당적인 자치행정의지를 위한 생존가능성은 더 이상 없다.

그러나 지방자유의 세계는 외국의 군사력에 굴복하지 않는 한 지금까지 통상적으로 대단한 내적인 생명력을 보여 왔다. 그것은 매우 중요한 사실이다. 지방적-연방적 질서원칙은 지금까지 내부적인 붕괴위험에 대해서 언제나 대단한 면역력이 있는 것으로 입증되었다. 원시유럽 지방체제의 일반적인 존속은 로마-프랑크시대까지 이미 명확하다. 하지만 보다 인상깊은 것은 영국과 스칸디나비아에서 발전이다. 다시 말하면 이는 수세대에 걸쳐서 강력한 외국의 군사지배를 받아본 적이 없는 유럽의 변두리지역이다. 우리가 보았듯이 여기서는 지방의 공동체윤리가 지방분권화된 국민국가를 만들어내고 원시시대부터 현재까지 중단 없이 계속 유지할 수 있었다. 원시시대부터 현재까지에! 마찬가지로 중세부터 수많은 작은 자유 게마인데가 국민국가로 통합된 스위스와 홀란드에서는 오늘날도 지방자치행정의지를 삶의 보람이 있는 유일한 공동체이상으로 인식한다.

지방자유의 세계가 어째서 지금까지 한결같이 그렇게 강력한

내면적인 견고성을 가지고 있었는지에 대해서는 도덕적 유대의
영향에 의해서만 설명될 수 있다. 그것은 명명백백하다. 정치적
지도층이 전체국가에 보수적-합법적 법의식으로 생기를 불어
넣고, 그것이 그들의 자유로운 신뢰에 의해 지탱되는 것을 아는
곳에서 도덕적인 힘에 대한 의식은 강력하게 성장한다. 이러한
윤리적 힘의 원천에 힘입어, 자국민을 군사적-관료주의적인 명
령방식으로 독재적으로 지배하고 그들의 전통적인 자치행정권
을 필요 없이 축소한다는 생각을 혐오스러운 것으로 인식했다.
특히 이러한 정신적인 자세가 순간적인 태도뿐만 아니라 수백
년, 수천 년에 걸친 것이라는 점이 중요하다!

　이 모든 것은 동시에 헌법생활을 경제적인 "하부구조"의 변
동에 의해서 설명하려는 유물론적 이데올로기에 대한 결정적인
반박이다. 항상 고려할 것은 영국에서는 엄청난 경제적 대변혁,
심지어는 이따금 있는 사회적인 곤궁에도 불구하고 오랜 공동
체전통은 결코 파괴되지 않았다. 오히려 고대로부터 이어받은
지방의-연방적 민족정신은 그것으로부터 흘러나오는 도덕적
인 힘과 더불어 당면한 위험을 언제나 다시 극복할 수 있었다.
미래에도 또한 그렇게 남아있을 것이라고 말하는 데 좋은 근거
가 된다. 모든 역사적인 사실은 보여준다. 사회적 부정의는 지
방공동체윤리의 풍요로운 전개를 방해할 수 있지만, 그것을 언
제나 파괴하지는 않는다(왜냐하면 사회적 집단양심이 일시적으로
잠잘 수는 있지만 결코 죽을 수는 없기 때문이다). 다시 말해, "모든

것을 움직이는 것은 정신이다"라는 것을 영국역사만큼 감동적
으로 증명하는 것은 아무 것도 없다! 마찬가지로 강력한 관성의
경향은 우리가 본 것처럼 지배적-계층적 질서의 세계에도 적용
된다. 로마시대 또는 프랑크시대부터 이탈리아, 스페인, 프랑
스, 독일, 오스트리아와 같은 나라들은 다시는 일반적인 지방자
유와 진정한 집단신뢰의 지역으로 올라가지 못하였다. 오늘날
까지 결코! 중세 전성기의 봉건적인 권력원자화는 일시적으로
자유로운 도시자치단체를 출현하도록 했다. 하지만 농민계마인
데는 부자유하게 남았으며, 부르주아의 자치행정은 언젠가 지
배적-관료주의적 환경에 의해 행사된 강력한 반대압력에 굴복
하였다. 기계적인 구속, 군사적인 명령권을 갖춘 행정기계는 잇
달아 국가로 결합했다. 이러한 권위적이고, 봉건주의와 절대주
의시대에서 물려받은 생존기초를 현대적 자유주의도 현대적 사
회주의도 진지하게 개혁하려고 하지 않았다.

중앙집권적인 관료계층제하에서 정치적-사회적 지도층의
대부분과 국민대중은 미리 강자의 권리를 법의 원천을 믿는 것
에 익숙해졌다. 다시 말해 이러한 모든 국민은 오늘날도 군사권
력에 의해서 천년 넘게 그들에게 이전에 가해진 것에 의해 고통
을 받고 있다!

종합적으로 모든 국가는 주도적인 헌법형태와 경제형태와 관
련하여 많은 변화를 겪는다. 이에 대해서 행정구조는 특징적인
(협동적인 또는 지배적인) 기본원칙과 관련하여 강력한 관성을

보여준다. 지방적-민중법적 공동체정신과 권위적-지배적인 공
동체정신은 모든 내부적 위기에도 지속되는 사회역사의 큰 상
수가 된다. 아주 특정한 조건하에서만 발전의 상수는 중단될 수
있다. 지방자유의 세계가 지방부자유의 세계로 전환된 것은 지
금까지 언제나 군사적인 재앙에 의한 것이었고, 이어서 오랫동
안 외국의 지배가 지속된 경우에 한했다. 다른 한편으로 지방부
자유의 세계를 지방자유의 세계로 되돌리기 위해서는 봉건시대
에 일어난 것과 같은 권력의 원자화가 있든가 아니면 여기서 설
명하는 맥락의 통찰이 필요하다(아래 232 이하).

　관성의 경향은 그것이 아래로부터 국가형성에서든 아니면 위
로부터의 국가형성의 특성이든 많은 숙고의 동기가 된다. 특히
이러한 강력한 관성으로부터 하나의 결론이 나온다. 이는 공동
체형성의 두 가지 기본형태는 행정사고를 통하여 알 수 있는 것
처럼 사실상 완전히 다른 두 개의 세계에 속한다는 것을 뜻한다.
대체로 독특하고 독자적인 특성을 보이는 두 개의 세계말이다.

　도덕적-양심적 유대에 의해 결합된 연방적인 자치행정의 세
계는 기계적-도구적 구속이 우세한 위계적 명령행정의 세계와
는 자연적으로 완전히 다르다. 공동체형성의 두 가지 종류를 개
념적으로도 아주 명확하게 구분하는 것이 필요불가결하다. 이
로부터 그 밖의 기본적인 인식이 도출된다: "국가의 본질에 대
한 이원적 인식"

27. 이원적인 국가개념(권력국가와 사회적 국가)

중요하고 일반적으로 사용되는 개념의 도식화는 종종 심각한 정신적·정치적 오류를 야기할 수 있다. 위로부터 형성된 공동체단체와 아래로부터 형성된 그것을 획일적으로 "국가"라고 표기하는 즉시 생활과 유리된 관념에 이르기 쉽다. 스위스의 위대한 법률가인 프리츠 플라이너(Fritz Fleiner)는 관치적인 "관료국가" 유형을 자유주의적인 "국민국가" 유형으로부터 대비시켰을 때 이를 명확하게 구별하는 것이 얼마나 적절했는지를 알았다.

사실, 지방적-연방적인 국가조직과 관치적-위계적 국가조직은 매우 제한된 의미에서 동일한 개념적 분모로 될 수 있다는 것이 항상 새롭게 명백해진다. 베르나르트 크나우스가 고대 그리스의 폴리스에 대해 말한 것을 여기서 특별하게 강조할 필요가 있다: "같은 단어로 현재의 상황과 고대의 상황을 표기할 때 혼란이 생긴다. 그리스의 폴리스는 오늘날 우리가 '국가'라고 부르는 것과 공통적인 것이 거의 없다. 오히려 영국식 표현인 'Commonwealth'가 고대 국가와 더 일치한다."

원시유럽의 "부족(Volksstamm)", 그리스의 "폴리스(Polis)", 로마의 "공화국(Republik)" 중세의 "시민(Bürgerschaft)", 영국의 "연방(Commenwealth)", 미국의 "연방(Union)", 스위스의

"연방(Eidgenossenschaft)", 이 모든 것은 본질적으로 기계적, 권력적 표현이 아니다. 이 모든 개념에는 추상적인 단어인 "국가"에는 없는 감정가치를 가지고 있으며, 다른 부류의, 윤리적인 공동체이념을 가리킨다. 이러한 각각의 공동체를 결합시키는 유대는 대체로 정신적-도덕적인 것이다. 현행법에 대한 자부심, 그것의 유기적 발전에 대한 의지, 동료시민의 헌법준수에 대한 신뢰 같은 것들이다. 오로지 공동체윤리의 통일만 지방자유와 초당적인 자치의지의 세계가 생존할 수 있도록 하고 그들 안에 특히 작은 자기책임 집단의 통일 즉, 자유로운 사회의 이념과 부수적으로만 권력이념을 구현한다.

역사적인 사고가 가르치는 것처럼 그것은 위로부터 아래로 성장한 국가조직과는 근본적으로 다르다. 이러한 관료적 계층제의, 행정적 종속원칙의, 지방부자유의 세계에는 처음부터 모든 정치적인 존재의 중심에 관치적인 명령기구와 권력기구가 있다. 논리적으로 권력이념도. 다시금 베르나르도 크나우스의 말을 들어보면 "오늘날 권력이 국가의 본질적 특징으로 보인다. 국가가 강할수록, 보다 나은 국가형태로 보이고, 그것은 본래적 의미에서 더 많이 국가가 된다. 관료, 경찰, 군대 등과 같은 국가권력이 구현된 기구는 국가조직에서 중요한 지위를 차지하게 된다. 17세기에 현대적 국가의 출현부터 점점 권력수단의 발전이 국가형태를 결정했다."

고대 폴리스와 대립을 분명히 하기 위해 크나우스는 추가했다. "그리스 국가에서는 반대로 권력기구가 미약하여 전력을 다하고 모든 수단을 동원했다면 도달하는 수준에는 결코 도달하지 않았다. … 권력 없이 지낼 수 있는 다른 국가와 마찬가지로 그리스 국가의 권력문제는 현대국가와는 달랐다."

베르너 케기(Werner Kaegi, ≪Historische Meditationen≫, Zürich, 1942)는 그의 탁월한 연구인 "국가의 출현"에서 중세 후기부터 성장한 군주의 명령기구와 권력기구가 오늘날에도 유럽대륙의 강대국의 본질적 핵심이 되는 것을 보여준다. "권력 행사의 기술에 있어서 국민국가는 일반적인 근대 영방국가의 특별한 경우에 불과했다. … 국가적 통합이 되기 위해서, 그러한 권력 기구는 가능한 긍정적인 결정 원리들 중에서 가장 강력한 것 중의 하나이다. … 그러나 권력의 도구가 국가 권력에서 나온 것이 아니라 더 작거나 더 큰 지역에서 나온 것처럼 그 본질은 국가 범위에 묶여 있지 않았다. 그것은 만족으로 모르는 확장에 진력하였고 죽음과 운명만이 제한할 수 있었다. 국민국가들이 최근에 얼마나 통상적으로 제국주의적인 경향으로 발전해왔는지를 관찰해보면, 권력기구를 더 이상 국가의 남용된 권력 도구가 아니라 국가를 권력원칙의 일시적으로 적절한 의복으로 보는 경향이 있다."

관치국가의 권력정치적인 본질적 핵심과 그것의 위계적인 질서원칙은 표면적으로는 모든 것을 지배하는 제국주의 사상에 나타난다. 감정을 강조하는 국가사상에서 살아있는 것은 일방적으로 "제국(Reich)"과 "제국(Imperium)"에 대한 특별한 선호에 집중한다. 프랑스에서마저도 제1공화국뿐만 아니라 제2공화국도 급속하게 황제국으로 변신하였고, 제3공화국이 상대적으로 길게 생존능력을 가진 것은 군비비축보다도 성공적인 식민제국의 건설 덕분이었다.

지방자유의 세계로부터 중요한 반대사례를 들자면, 영국에서는 "영국제국(British Empire)"이 결코 대중적이 되지는 않았다. 그 대신에 다른 이념세계를 가리키는 개념인 "영연방국가(British Commonwealth of nations)"를 훨씬 선호했다. 대체로 영국의 세계제국은 근본적으로 사적 기업에 의해 만들어지고 사후에 국가에 의해 단지 인수되었다. 사람들은 말했다. "영국의 팽창은 사회의 팽창이었지 국가의 팽창은 아니었다."(이에 대해서는 Ernest Barker,《Ideen und Ideale des Britischen Weltreiches》, Zürich, 1942) 이에 상응하여 영국국민은 언제나 지금까지 제국확장을 위한 군사화를 원칙적으로 거부했다.

지방적-연방적으로 구성된 국가와 관치적-위계적으로 구성된 국가의 상반된 태도는 외교정책의 평가에도 반영된다. 마키아벨리시대부터 근대의 관치국가에서는 더 강하게 대외정책과 도덕은 완전히 분리된, 전혀 관련이 없는 것이라는 견해가 일반화되었다. 그러한 견해가 언젠가는 불가피하게 야기할 비참한 결과는 제2차 세계대전의 진행 중에 아주 끔찍한 방식으로 밝혀졌다. 그것은 요한 후이칭가의 유언과 완전히 일치했다

(Johan Huizinga, ≪Wenn die Waffen schweigen≫, Basel, 1945). "비도덕적인 국가의 이런 견해는 우리 문화의 육체에 난 곪은 상처처럼 공동생활의 모든 부분에 타락이 퍼질 것이라는 것이 나의 열정적인 확신이다." 지방분권과 자치행정세계에게 모든 "대량마키아벨리주의"가 반대로 얼마나 본질과 동떨어진 것인지는 독일측의 불평이 보여준다: "미국에서 외교정책적 사실에 대한 이해를 가진 인구는 매우 적다. 그러나 이에 대해서 세계정치의 문제를 도덕적으로 보는 오래되고 대중적인 습관이 압도적으로 크다(Friedrich Schonemann, 1943)."

140년 전에 한 미국의 해군제독에 의해 만들어진 "옳건 그르건, 나의 나라"에 관한 공식은 모든 앵글로색슨계 국가의 여론에 의해서 지속적으로 엄격하게 승인이 거부되었다!

우리들의 맥락에 있어서 더욱 강하게 유의할 것은 대륙에 적용되는 국가이념조차도 권력개념에 의해 지배되는 것처럼 보이기까지 한다는 점이다. 전통적인 중앙집권적이고 관료위계질서와 관치적인 명령행정의 질서원칙에 일치하여 프랑스, 스페인, 이탈리아, 독일에서는 보댕이 1576년 세운 이론이 통용되고 있는데, 그에 따르면 국가권력은 원칙적으로 전지전능해야 하고 광범위한 예속에 대한 요구를 가지고 있다. 이에 따라 국가는 근대적인 법학에 의해서 "무제한적인 지배권을 가진 강제단체"로서 정의된다. 이러한 성격에서 국가는 논리적으로 모든 법의 원천으로 간주되고, 원시유럽적-중세적인(앵글로색슨계 국가에서

는 오늘날도) 견해에 상응하는 상위의 보수적인 법원칙에 구속
되지 않는다.

권력적이고, 광범위한 명령권을 가진, 모든 생활을 규율하는
국가기구의 관념은 거의 모든 공법상의 생각을 지배했다. 이러
한 치명적인 사고의 압력하에서 지방자치단체나 단체, 개인의
"본래적인" 권리요구를 위한 공간은 어디에 존재할 수 없었다.
그래서 이론적인 면에서 국가권력은 이미 자유주의 시대에 "전
체주의적"으로 "권한에 대한 권한의 주체로" 간주되었다. 그것
은 국가권력이 그에게 복종하는 "객체"에게 무엇을 고유한 권
리로 인정할지 여부는 원칙적으로 오롯이 국가권력의 자유재량
에 의존하게 된다는 것을 의미한다. 모든 진정한 행정적 재량자
유를 상급자의 손에 맡기는 국가의 질서원칙에서는 법 자체가
단순한 재량문제가 되어야 한다.

이러한 기계적인 국가전능이념을 고대 그리스의 지방적-연
방적 국가사상과 비교하여 베른하르트 크나우스(위 36)는 올
바르게 확인했다. "인간이 객체로, 도구로, 피지배자로 간주되
면, '정의'는 단지 유용성이나 종교의 한계에 의한 자의의 외적
인 제한을 의미할 뿐이다. 이는 고대국가에서의 노예에 대한
정의와 같다. 만약 법이 권력으로부터 탄생한다고 생각된다면,
권력만 법의 수용을 강제하도록 된다면, 정복이나 억압도 '법'
이 될 수 있다고 말하는 것이나 다름이 없다. 그러나 그것은 그
리스적인 의미에서 법과는 다른 것이다. 그것은 평등한 사이에

존재하고, 그것은 인격의 독립을 인정하며 동포에 대한 폭행을 거부한다. 이러한 의미에서 오로지 윤리적 정신의 발로만이 법이 될 수 있고, 법이다. 하지만 결코 사후적으로 일종의 정당화를 추구하는 권력에 의한 규정은 법이 될 수 없다. 확실히 법에는 권력이 들어 있다. 그러나 윤리와 결합하기 위해서는 법이 윤리에 뿌리를 내려야 하고, 법은 내면적인 인간태도의 발로여야 한다."

여기서 크나우스가 말하는 "내면적인 인간태도"는 지방자유와 생동하는 자치행정의 세계에서 모든 국가단체를 통일적으로 결속시킨다. 특히 여기서 중요한 것은 바로 우리가 지금 "지방의 공동체윤리"라고 알고 있는 법률준수, 신뢰, 화합의 집단정신을 이루는 질서틀이다. 다시 말하면 지방적-지방분권적 국가형태에서 최고의 지배자는 언제나 도덕적인 힘의 원칙, 통일된 집단적 도덕의식이다. 최소한 가장 중요한 공동체문제에 대해서는 이러한 "윤리적 집단주의"로부터 보수적인 법의식과 도덕원칙이 나온다.

이러한 초당적인 양심의 구속이 지속적으로 국가이념보다 우선하게 된다. 아래로부터 위로 구성된, 행정적 조정원칙에 의해서 세워진 공동체에서 국가권력은 여론이 불가결하다고 확신할 때나 자유로운 통찰에 의해 확신할 수 있을 경우에만 새로운 법을 만들 수 있다. 생존능력이 있는 모든 민주주의는 이러한 기본사실에 의존한다. 이로부터 "국가"는 언제나 지방적-연방적 질서시스템의 기반 위에서만 진정한 "법치국가"일 수 있다고 볼 수 있다. 왜냐하면 여기서만 국가는, 최소한 원칙적으로, 법이념과 도덕원칙의 공복이기 때문이다.

위로부터 구성된, 행정적으로 명령원칙과 종속원칙 위에 세워진 국가기구의 세계에서는 상황이 얼마나 다른가! 여기, 국가가 모든 법의 원천이 되고 이로써 전능한 것으로 간주되는 곳에서는 자유가 집단적이고 초당적인 도덕성의 방패가 될 수 없다. "관치국가로부터는 복종과 봉사의 다리만이 윤리로 연결된다."(Knauss) 모든 "봉사의 윤리"에서 중요한 것은 사실상 어떤 이념에 봉사하는지이다. 관료위계질서와 명령행정의 질서원칙은 본질적으로 권력이념의 피조물이다. 왜냐하면 지방과 지역의 행정청이 언제나 관료주의적인 상급기관에게 복종의무가 있는 곳, 법률의 해석이 언제나 지방의 자기책임 대신에 국가의 직무명령으로 시행되는 곳에서는 양심의 힘이 전혀 자유로운 활동공간을 갖지 못하기 때문이다. 완전히 논리적으로 행정중앙집권주의와 지방부자유의 세계에서는 복종과 봉사의 의지는 실제로 국가의 권력의지를 강화하는 결과가 된다. 그것을 목적 자체로 끌어 올린다. 그러나 이로써 실제로는 "권력자체"에게 "봉사한다.", 즉, 야콥 부르크하르트(Jacob Burckhardt)가 사악한 것으로 표현한 그러한 원칙에 (봉사한다). "봉사의 윤리"에 대해 잘못되지 않도록 은폐하기 위해서 공동체관점에서 하나의 출구만 있다. "국가"에서 법의 원천뿐만 아니라 모든 도덕의 원천도 보는 것이다. 그렇게 하면 필연적으로 전체주의원칙에 이르게 된다!

모든 것의 결과는 "국가"라고 표시되는 것이 지방부자유의 세계와 지방자유의 세계에서 매우 다른 개념내용을 가진다. 여기서 국가질서는 지방자치행정에로의 일반적 의지에 기초한 반면에, 저기서는 관료주의적 기구 아래에서 일반적인 복종의 의지에 기초한다. 여기서는 전통적인 법률을 보다 신뢰하는데 비하여, 저기서는 관치적인 권위를 더 신뢰한다. 여기서는 국민들이 자유를 더 지향하는데 비하여, 저기서는 더 권력을 지향한다. 여기서는 국가권력이 더 법이념의 봉사자인 반면에, 저기서는 더 그것의 지배자가 된다. 여기서는 원칙적으로 국민의지가 국가의지의 한계를 확고하게 정하는데 반하여, 저기서는 국가의지가 국민의지의 한계를 확정한다. 여기서는 일반적인 협력정신과 신뢰가 우세한데 반하여, 저기서는 위계적인 명령과 복종이 우세하다. 여기서는 "국가"가 더 협동의 이념을 구현하는데 반하여, 저기서는 더 지배의 이념을 구현한다. 아래로부터 구성된 국가에게나 위로부터 구성된 국가에게나 고유한 강력한 관성의 경향이 있다는 것을 추가하면, 더 이상 의심의 여지가 없게 된다. "국가"를 하나의 도식적인 통일개념으로 파악하는 모든 사고관념은, 모든 "국가법"의 이중적인 성격을 알지 못한 것이 되고, 필연적으로 심각한 오해의 근원이 된다.

사회학자들은 오래전부터 원시시대의 부족단체가 비국가조

직으로서 평가된다는 데 익숙하고 특히 이러한 단체는 어떤 권력적 성격이 결여된 것을 입증하는 데 소환된다. 그들은 "부족"과 "국가"를 대립되는 것으로 파악한다. 사회학적인 개념형성을 우리들이 위에 설명한 것을 근거로 다음과 같이 말할 수 있다.

자유로운 게마인데에 의해서 구성된 국가는 오늘날까지 부족적인 성격을 강하게 보존하고 있다. "국가"개념을 일방적으로 명령사상과 권력사상의 구현으로 본다면 자치행정의 원칙에 따라 구성된 국민집단은 언제나 부수적으로만 국가가 된다. 무엇보다도 그것은 오히려, 올바르게 표현하자면, "공동체"이다. 그리하여 만족할만한 개념이원론에 이른다. 국가개념은 위로부터, 공동체개념은 아래로부터 구성된 국민공동체를 표시한다.

법학의 관점에서는 문제가 다르게 나타난다. 왜냐하면 거기서는 국가개념을 일방적으로 법개념의 기능으로 파악하기 때문이다. "국가이념에는 법이념 실현의 도덕적 요구가 구현된다."(Walter Burckhardt, ≪Die Organisation der Rechtsgemeinschaft≫, 2. Auflage, Zürich, 1944) 그렇게 본다면 국가개념을 행정중앙집권주의와 지방부자유의 세계만을 위해 사용하는 것은 허용되지 않는다. 오히려 국가개념자체가 "현상의 세계" 안에서 이원적인 본질을 보여준다. 즉, 2개의 하위개념으로 분리되어야 한다. 결정적인 관점은 무엇을 법의 원천으로 볼 수 있는지이다. 전능한 것으로 간주되는 국가기계인지 아니면 사회적인 집단양심인

지. 그것은 다시금 실질적으로 법의 집행에 필요한 재량결정이
미리 위로부터 명령행정의 방법으로 내려지는지 아니면 아래로
부터 자치행정의 방법으로 내려지는지에 달렸다.

　무엇인지에 따라 각각 "관료와 직업정치인의 국가"와 또는 "지
방자치와 국민집단의 국가"와 관련이 있다. 이에 따라 다음과 같
은 개념이원주의가 된다. 모든 정치-사회적 맥락의 언급에서 관
치적-권력적 국가개념과 지방적-사회적 국가개념을 매우 엄격
하게 구별해야 한다. 즉, 위로부터 성장한 "명령국가"나 "권력국
가"와 아래로부터 성장한 "집단적 국가(Kollektivitätenstaat)"나
"사회적 국가(Gesellschaftsstaat)"(를 구분해야 한다).

28. 모든 사회개념의 이원론적 실체

　행정적 사고로부터 근본인식이 나온다. 국가개념처럼 다른
중요한 사회적 개념들도 이원론적인 실체를 가지고 있다. 경우
에 따라서는 지방자유의 세계와 관련되기도 하고 또는 지방부
자유의 세계와 관련되기도 한다. 이에 관해서 거의 명확하지 않
다. 그렇게 언제나 확고한 통일개념으로 이해하고 있다. 예를
들면, "그" 군주, "그" 귀족정치, "그" 민주주의, "그" 자유, "그"
자치행정, "그" 중앙집권주의, "그" 국가주의, "그" 관료주의,
"그" 정당제도, "그" 교권주의, "그" 자유주의, "그" 사회주의,
"그" 공산주의, "그" 자본주의, "그" 마르크스주의, "그" 계급투

쟁, "그" 부르주아, "그" 소시민, "그" 프롤레타리아, "그" 착취, "그" 제국주의, "그" 개인주의, "그" 집단주의 등이다.

가장 넓은 범위의 사람들은 이러한 개념들이 어떤 정해진 크기이고 세계도처에서 본질적으로 동일한 의미를 갖는다는 생각을 가지고 있다. 특히 사람들은 각각 반대되는 개념의 짝을 만들지만 이면에서 단지 피상적으로만 세계적 사건에 대한 열쇠를 찾는 경향이 있다. 어떤 종류의 도덕적인 힘과 정신적인 힘이 국민들 속에 압도적인지에 대한 고려없이. 예를 들어 누군가 "사회주의" 추종자 혹은 반대자라고 할 때, 통상 그는 "자유주의"의 적으로서 혹은 수호자로서인지 정확하게 구별하지 않는다. 그리고 모든 나라의 시대적 사건을 스스로 선택한 평가에 의해서 도식적으로 판단하는 데 익숙하다.

합리주의는 그러한 개념형성을 극단적으로 도식적인 의미에서 자명한 가치척도로 파악하는 노력을 함으로써 더할 수 없이 나쁜 정신적인 황폐화를 야기했다. 마치 원시인들이 그들의 선한 신과 나쁜 신이 있다고 믿는 경향이 있는 것처럼 사람들은 반복적으로 순전히 상투적인 개념 대조에 유사한 절대적인 효력을 부과한다. 확실히 이런 모든 개념적인 창조는 세계인식의 목적을 위하여 불가결하다. 그러나 그것들은 본질적으로 보조수단일 뿐이고, 그것을 우상화하는 것은 궤변으로 될 수밖에 없다. 그것들은 종종 사물의 내면적인 본질적 내용보다는 외면적인 형태를 더 많이 파악한다.

바로 그것이다. 유사한 형태 뒤에는 살리고자 하는 정신에 따라 근본적으로 다른 내용이 있을 수 있다. 국민의 내면에 결합되어 있는 정신적-도덕적인 힘은 정치적-사회적인 생활의 운명을 결정하는 요소이다. 그리고 이러한 힘은, 우리가 인식하기로는, 경제적인 상황보다는 오히려 나라마다 매우 다른 행정적 상황과 관습에 훨씬 많이 뿌리를 내리고 있다. 여기에 국가사회주의가 어째서 현대적인 국제사회에서 모든 국제적인 경제적 연계에도 불구하고 가장 강력한 요소로 남았는지에 대한 깊은 이유가 있다. 인간은 이미 사고관성에 의해서 쉽게 외형적인 의미를 과대평가하고, 쉽게 파악하기 쉽지 않은 정신과 윤리의 연계를 소홀히 하고, 자국의 상황을 의식하지 않고 외국의 상황으로부터 판단하는 경향이 있다. 이로부터 필연적으로 오해와 불필요한 마찰이 생겨난다. 그래서 오늘날 서로 어긋나는 말을 그렇게 많이 한다.

이러한 모든 사회적인 보조개념들이 종종 서로 대립된 의미를 가지고 있다. 특히 관치국가의 세계와 사회적 국가의 세계와 같이 두 가지 그렇게 다른 세계에서 맞선다. 우리들이 앞에서 반복적으로 확인했듯이 "자유"가 지방적-연방적 국가형성에서 불가결한 생활요소를 표현하고 질서촉진적으로 작용하는 반면에, 이것과 본질적으로 다른 지배적-위계적인 국가에서 그것은 필연적으로 질서파괴적인 성격을 가지고, 사람들이 적절하게 말했듯이, 언제나 "파렴치(Frechheit)"로 표현한다.

그것은 그 밖에도 군주제나 귀족제, 그리고 민주제가 자유로운 게마인데의 토양 위에서는 반드시 대립을 나타내는 것이 아닌 것처럼, 거기서 모든 주요 정당들이 본질적인 핵심에 있어서 언제나 보수적, 자유주의적이고 사회적인 특성을 보이는 것처럼, 이런 가치들을 완전히 극단적으로 부정할 수는 없다. 지방자치의 세계와 관료계층제의 세계에서 정당 간 대립이 어떤 다른 기능을 하는지에 대해서도, 그리고 "중앙집권주의"와 "자치행정"의 개념에 대해서도 마찬가지라는 것을 우리는 알게 되었다.

우리가 여기에 나타나는 모든 문제에 대해서 자세히 다루는 것은 너무 멀리 나가는 것이 될 것이다. 단지 하나의 관점을 끄집어내고자 한다. 현재의 세 가지 주요 국가형태인 "민주주의", "공산주의", "파시즘"은 특정한 국가에 연관된 것이 아니라는 견해를 드물지 않게 듣는다. 그것은 오히려 "국제적인 현상"으로서 세계의 모든 국가에서 내부로부터 발전될 수 있다고 한다. 이런 맥락에서 이탈리아와 독일에서 "민주주의" 기반 위에서 "자본주의"가 "사회주의"의 승리를 더 이상 방해할 수 없으며 따라서 "파시즘"으로 도피할 것이라고 주장한다. 그러한 생활 이질적이고, 합리주의적인 사고구조에 대한 답은 우리가 위에서 설명한 모든 것에 따라 저절로 나온다. 사람들은 단지, 이탈리아와 독일에서 모든 "민주적" 그리고 "사회주의적" 운동이 관료주의적 명령행정시스템과 행정적인 종속원칙을 고수했던 것처럼, 말하자면 관치국가적 이상에 의해서 실시되었던 것만을 생각한다. 그리고 그러한 권위적 기초 위에서 거기에 존재하는, 명령이상과 분리할 수 없도록 사로잡힌 "봉건적 자본주의"는 "봉건적 사회주의"에서만 일종의 대중적인 균형을 찾을 수 있었다.

점점 강화되는 "공동경제"와 "집단주의"의 만연은 필연적으로 "노예의 길로"(F. A. Hayek) 그리고 전체주의로 이끌 것이라고 주장한다면, 우파로 판단하는 이론가들도 좌파로 판단하는 이론가와 유사하게 생활과 유리되는 것은 마찬가지다. 이러한 주장은 경제자유주의시스템이 가장 필요한 것을 넘어 발전을 방해받으면 곧바로, 세계의 모든 나라가 파시스트적인 우파독재 또는 공산주의적인 좌파독재로 흘러간다는 견해를 기초로 하고 있다. 왜냐하면 전체주의적 "명령국가"는 필연적으로 "명령경제"에 속하기 때문이라 한다. 당연히 실제 상황은 반대이다. 관료계층제 질서원칙이 자유주의시대에도 유지되고 있는 곳에는 예전부터 "명령행정"을 가진 "명령국가" 외의 다른 무엇이 존재한 적이 없었다. "명령행정" 외에 다른 것이 없다는 것은 이러한 "명령행정"이 군사적인 특성의 국가전체주의로 그리고 그와 관련해서 "명령경제"를 추구하는 것이다. 이와 대조적으로 지방자유와 "윤리적 집단주의"의 세계에서는 "경제적 집단주의"도 권위적-명령적보다는 언제나 더 협동적-자유주의적인 본질적 특성을 갖는다. 자치행정원칙과 일치하여 흘러나오는 보수적-합법적 국민정신, 모든 양심의 힘은, 개인의 권리와 공동체의 권리 사이에서 건강한 조화를 보장하며, 안정적이고, 진정으로 대중적인 민주주의를 창조할 수 있다.

특히 "개인주의"와 "민주주의"의 개념들에 붙어있는 이원론적인 존재는 이미 1935년에 베르너 내프(Werner Näf)에 의해서 인상 깊게 연구되었다. "계몽주의가 어떤 종류의 국가에 들어왔거나 파괴하는지, 어떤 종류의 정치적 성향을 만나는지가 중요했다. 각각 상황에 따라서 그것은 혁명적이고 해체적이거나, 활력을 주거나, 풍부하게 하는 영향을 미쳤다. 오래된 민주주의 의식의 계몽으로서 새로운 민주적 치료론인지, 오래된 민주주의의 적응인지 혹은 아닌지가 중요했다. 자치적 개인 위에 구성하는 새로운 공동체가 생동하는 공동체형태를 이용하는지 여부, 생동하는 공동체정신으로 수행할 수 있는지 여부가 중요했다. 개인주의적 습격이 비대중적인 국가에 행해진 곳에는 그것이 반발하거나 그것을 파괴하고, 성공한 혁명을 향하여 개인의 집단이 무정부적으로 쇄도하고 구속없이 범람하는 곳에는 새로운 공동체를 형성하는 것이 매우 어렵다. 그러나 이러한 개인주의적 습격이 민주적인 적응을 하는 경우에는 비록 경직시키거나 수축시킬지라도, 그것을 해방시키고 활기를 줄 수 있다. 오래된 민주주의와 새로운 그것이 결합하여 개인은 공동체로부터 자유로운 것이 아니라 공동체를 위하여 자유롭게 될 것이다. 민주주의는 민주주의 전통을 필요로 한다."

대체로 상황은 이렇다. 모든 정치적-사회적 사고는 우선 국민이 게마인데원칙의 세계에 속하는지 아니면 관치적 원칙의 세계에 속하는지에 맞추어야 한다. 즉, 국민이 일차적으로 법과 도덕의 집단적 유대에 의해서 결합되는지 아니면 기구와 권위의 그것에 의하여 결합되는지.

각각의 상황에 따라서 "개인주의"원칙과 "집단주의"원칙 간의, "자본주의"와 "사회주의" 간의 논쟁도 완전히 다른 차원에서 일어날 것이다. 모든 지방적-연방적으로, 아래로부터 구성된 국가형태는 민주주의 경향을 완전히 부정할 수 없는 것처럼, 자유주의적인 집단주의로, 자유주의적 사회주의로의 경향도 궁극적으로 버릴 수는 없을 것이다.

"개인주의"와 "자본주의"는 그러한 조건들하에서 다른 곳과는 다른 개념내용을 가진다. 왜냐하면 관치적인 권력국가의 세계에서, 명령행정의 세계에서 그것은 일방적으로 지배사상에 사로잡혀 있는 반면에 자유주의적, 진정으로 지방분권적인 사회적 국가의 세계에서 그것은 집단적 양심의 힘과 그로부터 고양된 요구에 굴복하는 것을 피할 수 없기 때문이다.

달리 말하면 관치적이고-중앙집권적인 세계의 정치적-사회적 대립을 지방적-연방적 세계의 그것과 동일하게 보는 것은 기본적으로 잘못된 것이다. 자유주의적 헌법을 가진 관료위계제의 권력영역에서 언제나 열정과 증오로 퇴화될 위험을 받는 그것은, 광범위한 지방자치의 토대 위에서는 도덕적인 균형에 의해 통상적으로 크게 감소된다. 법률준수, 신뢰, 화합의 지방적 정신이 작용하는 곳에서는 언제나, 우파보수주의자와 좌파 사회주의자조차도 대부분 외국의 동지보다도 내면적으로 무한히 더 가까이 있다. 특히 그들이 교리적인 정책적 선입견으로부터 혹은 선동적인 동기에서 진실이 아니기를 바란다고 하더라도.

왜냐하면 생동하는 자치행정의 원칙, 광범위한 지방적 재량자유를 신봉하는 자는 의식적이든 무의식적이든 언제나 혁명 대신에 진화를, 지배이념 대신에 공동체이념을 신봉하기 때문이다. 모든 사회적 개념도 신뢰와 조정의 행정세계에 속하는지, 아니면 명령과 종속의 세계에 속하는지에 따라 다른 특징을 가진다.

29. 모든 국가질서의 올바른 수립

지금까지의 설명으로부터 이제 미래를 가리키는 이론적이고 실천적인 결론을 낼 수 있다. 거기에는 의심의 여지가 없다. 기존의 유럽 관치국가에서 있을 수 있는 민주화는, 그것이 기초까지 손을 대는 경우에 비로소 지속할 수 있다. 유럽은 지방주의와 동시에 생동하는 자치행정의 세계가 되는 경우에만, 관료계층제와 행정적인 명령원칙과 종속원칙의 시스템에 의해 중앙집권적으로 지배되는 권력국가로부터 해방되어, 아래로부터 위로 새로 수립되는 경우에만 일반적이고 진정한 민주주의가 될 수 있다. 그러한 시도는 동시에 자유주의적-연방적 공동체이념으로 귀환을 의미한다. 원시시대에 모든 유럽민족들이 그것을 알았고, 그로부터 결코 자발적이 아니라 언제나 오랫동안 외부의 자의적인 지배의 결과로 벗어났다. 자연적인 생존기반으로, 행정적인 조정의 원칙으로의 그러한 귀환 없이는 어떤 민족도 그들의 내면적인 균형을 다시 찾을 수 없을 것이다.

일찍이 중앙집권적 관치국가를 탈계층화하고, 지방화하는 과제를 여러 가지 이유로 게을리 할 수 있었다. 절대주의시대에는 종교의 구속으로, 자유주의시대에는 이성의 구속으로 국가의 권력추구에 언제나 일정한 족쇄를 채웠다. 이러한 족쇄가 오늘날 "대중화"의 시대에, 점점 약화되었다. 인간적인 공동생활의 원천으로 돌아가야 하고, 자유주의 정신에 의해 정치적 활동으로 몰려드는 국민대중을 유일하게 규율할 수 있는 도덕적 유대가 필요하다. 다시 말해서 국가에게 높은 의미를 주고, 그것을 그럼에도 대중적으로 형성해야 한다.

우리들 시대에 설정된 정신적 문제에 대해서 다시금 베른하르트 크나우스는 1940년 독일에서 출판되었다가 탄압을 받은 책(위 41)에서 이정표적인 암시를 준다. 여기서 이를 다시 인용한다. "모든 국가는 변화무쌍한 권력상황을 넘어서 존재하려면 조직과 강제보다 더 깊은 인간적인 근거에 기초한 정당성을 가져야 한다. 왜냐하면 국가는 형태로서 인간에 의해 만들어진 것에 속하고, 그래서 다른 모든 인간의 피조물처럼 항상 새롭게 인간에게 정당성을 입증해야 하며, 특히 그의 존재 사실이 아니라 그의 그러한 존재의 형태를 검증받아야 하기 때문이다. 종교적인 의미를 가지고 영원한 수수께끼에 연결되는 삶과 죽음처럼 인간생활에의 개입이 본성적으로 불가피한 것으로 간주하기에는 국가는 너무나 인간의 작품이고, 인간의 약점에 사로잡혀 있다. 국가가 폭력을 통한 인간과 수단의 결합이상이 되려면, 인간정신에서 정당성을 필요로 한다.”

　“이러한 정당성은 인간의 정신적·종합적인 태도로 나타나고, 본질적으로 종교적·도덕적 견해에 의해서 정해진다. 인간이 신과의 최종적인 연결에서 무엇을 올바르다고 인식하는 것은 국가에도 영향을 미친다. 국가를 하느님이 설치한 기관이라고 간주하는 한, 국가에 충실한 태도로 위로부터의 오는 모든 명령을 수동적으로 수용하는 데 그쳤다. 국가의 정당성은 신성한 세계질서에 있었다. 그럼에도 이러한 종교적 국가정당성은 결코 절대적인 것은 아니었고, 국가 자체가 종교적 권력 아래에 무조건적으로 종속되어 있었다. 인간은 정치적인 것에서만 국가에 맡겼고, 그의 전체적인 인간존재, 그의 영혼은 아니었다.”

　“절대주의 국가시대는 그의 정당성을 국가이성론에서 찾았다. 신의 은총에 의한 군주의 종교적 유대가 최종적으로 상실되었을 때, 권력론이 일반적이 되었을 때였다. 그러나 권력 단독으로는 결코 내면적인 정당성을 이끌어낼 수 없었다. 권력은 순

간적인 행사에서는 효력이 있었지만, 장기적인 과제가 되는 순
간 효력이 없었다. 권력은 모든 정치적 교육을—아마 민족전체
의 근절을 통해서—파괴할 수는 있지만, 생동하는 정치를 형성
할 수는 없다. 생명이 하느님 앞의 정당성을 필요로 한다면, 정
치적 생명은 정신 앞에서 정당성을 필요로 한다. 왜냐하면 그것
은 하나의 시설이고, 인간에 의해서 인간을 위해 만들어졌으며,
일시적으로 인간적인 목적을 목표로 하기 때문이다."

크나우스가 여기서 말하는 "정신 앞에서 정당성"는 자유민주
국가의 모든 정치적인 공동체구조 아래에서 특별한 결과를 의
도했다. 그는 이러한 정당성는 그것이 진정한 대중적인 국가일
때에만 발견될 수 있다고 보았다. 유럽역사 전체가 그것을 입증
한다. 대중적인 민주주의는 지금까지 오로지 아래로부터 구성
된 국가질서에만, 지방자유의 기반 위에서만 그리고 생동하는
자치행정으로부터만 성장했다. 이러한 구성요소는 봉건주의와
절대주의시대부터 지배적이고 위계적인 질서원칙이 압도했고,
사회가 내부적으로 분열되어 있는 그러한 국민의 미래를 위해
서도 의미가 있다. 그것이 적용되는 곳에서는 항상, 지금까지
서로 분열되었던, 관치적인 명령행정에 의하여 단지 기계적으
로 결합된 국민집단이 언제든지 최대한 자유로운 지방의 생동
하는 작은 공간에서 새롭게 초당적인 신뢰와 자유주의적인 공
동체정신으로 교육받을 수 있다. 이러한 정치적 교육이 없으면
그들은 계속 권위적 경향과 혁명적인 경향 사이를 끊임없이 방

황하게 될 것이다.

국민에 가까운 질서시스템은 일반적으로 "연방주의" 개념으로 표현된다. 그러한 질서시스템은 지방자치의 이념 위에 세워지고, 작고 약한 공동체단체에게 불가침의 고유권을 승인하고, 아래로부터의 구성을 정치적-사회적 생활원칙으로 끌어올린다. 이런 단어의 의미에서 곤차그 드 레이놀드(Gonzague de Reynold, ≪Selbstbesinnung der Schweiz≫, Zürich, 1939)는 깊은 통찰로부터 경고했다. "연방주의는 단순한 국가형태보다, 단순한 정부시스템보다 그 이상이고 더 나은 것이다. 그것은 사회적 원칙이고, 인간과 삶의 해석이다. 이러한 사회적 원칙, 이러한 인간과 삶에 대한 해석은 모든 국가의 내부에 적용되어야만 한다. 국가는 사회적 기본구성단위의 원래 권리와 자치, 그로부터 스스로 형성된 것을 존중하고 촉진할 의무가 있다. 이러한 기본구성단위는 역사적으로 자연스러운 방식으로 형성되었는데, 가족, 게마인데, 직업조합, 종교적 조직 등이 포함된다. 이들 모두는 연방주의에 대한 권리를 가지고 있다. 즉, 분리되지는 않았다고 하더라도, 자치적으로 살 권리가 있다. 왜냐하면 그것이 인간사회의 세포이기 때문이다. 이들 모두는 국가의 역사적이고 자연적인 기관으로서 승인받을 권리를 갖고 있다. 현존하는 국가를 법률상의 국가에 접목하면서, 사회와 국가를 조정하면서. 연방주의는 우선 사회적인 원칙이고, 그 다음에 정치적 원칙이다. 사회적 생활을 보호하며, 균형을 맞추고, 발전시킨다. 그것이 그의 존재이유이고, 그것이 그의 목적이다."

　　오늘날 광범위한 게마인데 자치에 뿌리를 내린 연방주의가 건
강한 공동체생활을 보장할 수 있다는 인식이 어디에서나 증가하
고 있다(최근에 법률적 관점에서, Georg Messmer, ≪Föderali-
smus und Demokratie≫, Zürich, 1946). 그럴수록 과거의 정신
적·정치적 실패는 더욱 안타까워 할만하다.

　　열정적인 대변자로서 장 자크 루소, 장-피에르 프루동, 미하
엘 바쿠닌 그리고 콘스탄틴 프란츠가 그 시대에 함께 연방적, 아
래에서 위로 분절화된 사회구조를 옹호하였지만, 그러나 이러
한 요구로 후세에 결정적인 영향을 주지는 못하였다. 예를 들어
프루동에 관해서 살펴보면, 그는 그의 저서인 ≪Du principe
federatif≫(Paris, 1863)에서 거의 타협없이 "국가"와 싸웠는
데, 그는 국가라는 개념을 관료계층제와 명령행정의 관치적인
질서원칙과 완전히 동일시했다; 결과적으로 그와 바쿠닌의 정
당지지자에게는, 부분적으로는 그들 자신의 주도에 의한 것이
기는 하지만, 오해의 소지가 있고 동시에 명예를 실추시키는 이
름인 "무정부주의자"가 부여되었다. 사실상 원래의 과제는 당연
히 연방주의원칙을 통해서 중앙의 국가권력을 확고한 한계 안에
묶어 놓으려는 데 있었다. 영국의 역사가인 액튼경(Lord Acton)
은 이에 상응하여 "민주주의에 대한 모든 규정 중에서 연방국가
가 가장 효과적이고 본질에 가장 가깝다. 연방제시스템은 국가
의 주권적인 전능을 분할하고 정부에게 어느 정도만, 정확하게

표시된 권한만 부여함으로써 제한하고 억제한다. 그것은 다수의 지배뿐만 아니라 국민 전체의 권력을 억제하는 유일한 수단이다."

최근, 전반적인 문제를 올바르게 해결하는 행정사고의 요구들 중에 가장 먼저 크리스트교의 사회론이 타당하다. 예컨대, 카톨릭 학문은 "보충성의 원칙"을 특별하게 강조하면서 대표한다. 그것은 강한 공동체에 대한 약한 공동체의 원칙적인 우선순위에 관한 원칙이다. 여기서는 무엇보다도 교황 피우스 11세가 1931년 발표한 "40년 후(Quadragesimo anno)"를 참조한다. "많은 것들이 오늘날 변화된 상황으로 인하여, 이전에 작은 단체에 의해서도 만족스럽게 제공되었던 것을, 큰 단체에 의해서만 제공되고 있다. 가장 중요한 사회철학의 원칙은 확고부동하게 남아 있고, 명백하다. 개인이 자신의 힘과 노력으로 완성할 수 있는 것을 빼앗아서 공동체에게 맡기는 것은 부당하다. 정확히 같은 방법으로 작고 약한 공동체가 작용해서 끝마칠 수 있는 일을 큰 상급의 단체에게 맡기는 것은 부당하며 올바른 질서의 훼손이고 전복이다. 모든 사회적 활동은 사회단체의 구성원에게 지원을 보장해야 하며, 어떤 경우에도 그것을 부수거나 빼앗아서는 안 된다."

개신교 측에서는 스위스의 신학자인 에밀 브루너(Emil Brunner)가 그의 이정표적인 책 "정의"에서 동일한 관점을 최근에 특별히 명확하게 강조했다. 그는 다음에서 마지막으로 언급한다. 왜냐하면 그가 말한 적절한 표현에 모든 본질적인 것이 들어 있기 때문이다.

"전체국가(totaler Staat)라고 불리는 거대함에서 우리는 본래의 인권과 공동체권리뿐만 아니라, 옳은 질서와 옳지 않은 질서가 있다는 것을 마침내 다시 의식하게 되었다. 전체국가는 ― 독재자처럼 ― 국가형태가 아니라 국가에 의한 모든 질서와 모든 권리의 흡수이다. 전체국가는 주권을 가지고 있고, 어떤 법률에도 구속되지 않고, 반대로 원하는 것과 좋다고 여기는 것을 법률로 만들 수 있으며, 국민에게 있는 모든 법이 국가로부터 나온다는 견해의 필연적인 결과이다. 전체국가는 중앙집권적으로 사고하고 모든 질서구성이 그 자체로 위로부터 아래로, 국가 본부에서 나오는 것으로 이해하는 곳, '연방주의'가 ― 아래로부터의 공동체 구성이 ― 사라진 곳 어디서나 나타날 수 있다."

"연방주의는 올바른 질서의 건축이다. 즉, 아래로부터의 건축이다. 그것은 창조의 질서이다. 모든 질서는 인간을 위해 있는 것이지, 결코 질서를 위해 인간이 있는 것은 아니다. … 가족과 국가사이에, 창조에 의해서, 많은 중간구성단위가 있는데, 그 모두는 원칙적으로 국가에 앞선다. 말하자면 모두 필연적으로 인간적인 생활에 속하는 그러한 공동체형태이다. 인간의 생활은 그 자체로 국가없이 생각할 수 있다. 하지만 그것은 씨족이나 게마인데 없이는 생각할 수 없다. 한 국가를 갖는 것은 인간에게 필연적인 것은 아니다. 다른 사람과 협력하는 것은 인간에 속한다. 왜냐하면 혼자서는 그의 생활과 그의 정신에 부과된 과제를 해결할 수 없기 때문이다. … 이러한 모든 것은 국가이전적(國家以前的)이고, 국가이전적인 권리를 갖고, 국가이전적인 필요를 갖는다. 국가는 이 공동체사슬의 마지막 고리일 뿐이다."

그 때문에 이들 공동체형태의 정의규범도 역시 국가이전적이다. 그것은 도덕에, 관습에, 타협에, 계약에, 의식과 예식에, 확고한 권리 속에 있다. 그것에 관해서 처음에는 어떤 국가도 기록하지 않았다. 국가가 이러한 생명을 불어 넣은 것은 아니다. 국가가 어떤 규칙에 따라 실행해야 하는지를 정하지 않는다. 국가가 여기서 무엇이 옳고 그른지를 말할 수 있는 것은 아니다. 그모든 것은 "사물의 본성", 이러한 관계와 그 안에 사는 인간의 본성에 있다.

국가는 나중에 관여하는데, 보호적이고, 보존적이고, 선별적이고, 규제적이지만 그러나 창조적이거나 건설적이지는 않다. 그의 기능은 강제력을 통하여 조정하고 보호하며 지지한다. 부부 앞에 개인처럼, 가족 앞에 부부처럼, 게마인데와 다양한 경제적, 사회적, 문화적 생활의 공동체 앞에 가족처럼, 이 모든 것역시 국가와 그 질서와 그것의 규범과 정의 앞에 있으며, 국가의법 앞에 있다.

동심원 속의 나무의 줄기처럼 동심원의 나이테에서 자라고 가장 바깥쪽이 동시에 마지막이고 가장 먼 것처럼, 인간의 삶도 개인으로부터 좁은 공동체를 거쳐서 넓은 공동체로 성장한다.

"원이 넓을수록, 더 비인간적인 공동체이고, 그의 "일"은 삶의 개인적인 의미로부터 더 멀리 떨어져 있다. 각각의 넓은 원이 형성되는 것은 좁은 것이 부닥치는 과제를 감당할 능력이 없기 때문이다. … 국가는 폭력을 독점한 가장 넓은, 광범위한 조직의 원이다. 인간의 삶이 더 생동할수록, 개인과 가까운, 개인적인 공동체가 더 강력할수록, 더 적은 과제를 국가에 이양해야 하고, 더 많은 이들 과제를 국가이전의 공동체가 스스로 수행해야 한다. 국가에는 다른 공동체가 그것을 감당하기에는 너무 큰 과제와 자발성이 결여된 사람이나 인간 안에 존재하는 생활을 방해하고, 공동체를 적대시하거나 무정부적인 인간으로부터 나오는 과제만 남는다. 방해요소들로 인해서, 악인들로 인해서 국가의 의미는 증가한다. 인간이 사악할수록 그들은 더 많은 국가를 필요로 한다. 그들에게서 악이 약할수록 국가가 없어도 일어나야할 것이 더 많이 일어난다. 국가의 강제적인 법은 자발적인 정의의 결여에 대한 대체물이다."

"아래로부터의 위로의 질서구성에서 위로부터 아래로의 질서구성의 전복은 하나의 거대하고, 다른 모든 부당함을 은폐하고 스스로 부당함을 만들어내는 근대의 근본오류이다. 창조의 질서는 뒤집어졌다. 마지막이 되어야 할 것이 처음이 되고, 임시방편적인 것, 보충적인 것이 본안이 되었다. 국가는 공동체 생활의 나무에 있어서 껍질에 불과한데, 그것이 나무 자체가 되었다."

30. 유럽의 지방자치원칙으로 귀환?

관료계층제와 명령행정과 지방부자유의 세계에서 압도적인 권력을 가지게 된 기존의 괴물국가를 무력화시키고, 철저한 지방분권을 실행하여 지방이 생동하도록 하고, 초당적인 신뢰공동체로 고양시키려면 실제로 어떻게 해야 하는가? 물론 이 목적을 위해 지방을 국가로부터 완전히 독립시키는 것은 고려대상이 아니다(이미 국가적인 통일의식과 국가적인 경제생활의 압도적인 이익이 그것을 금지한다). 그러나 유럽의 민주화를 보장하기 위해서 아래로부터 구성된 국민국가들처럼 진정으로 지방분권화된(가장 넓은 뜻에서 연방적인) 자치행정시스템에 일반적으로 동화시키는 것이 필수적으로 보인다. 그러한 동화가 극복할 수 없는 장애에 부딪혀서는 안 된다. 덴마크가 그것을 입증한다. 그것은 관치적-위계적인 질서원칙에서 지방적-연방적 질서원칙으로 전환을 진지하게 시도하여 성공적으로 마친 유일한 유럽국가이다. 미국연방의 서부 주들도 동일한 것을 입증하는데, 여기서는 연방정부의 지휘하에서 매우 다양하게 구성된 이민자 집단을 지방적이고 지역적인 자치정부로 교육하는 데 성공하였다.

본질적으로 해결되어야 하는 핵심적인 문제는 국가학과 사회학에서 많이 다루어지는 중앙집권주의 원칙과 연방주의를 어떻게 연결할 것인지에 관한 문제이다. 위에서 설명한 맥락에서 답은 저절로 나온다. 그것은 다음과 같다. 인간의 양심에 의해 유지되는 모든 정당하고, 진정으로 대중적인 공동체질서에서 연방제원칙만이 실제로 국가를 형성하는 기본요소가 될 수 있다. 중앙집권주의는 언제나 연방주의의 결함을 극복하는 보완적이고 보충적인 요소로서의 역할에 그쳐야 한다.

　반드시 인식해야 할 것은 몽테스키외가 요구한 행정권으로부터 입법권과 사법권의 분립에 대해서 행정권의 분립은 그 자체가 비교할 수 없을 정도로 중요한 척도이다. 그것은 말하자면 수평적 의미에서 "권력분립"은 아니지만 수직적인 의미에서 그것이 된다. 다시 말하면 국가의 중앙권력은 그의 업무 수행을 위해 자치행정청들의 도움을 필요로 하는 곳에서 언제나 그들에게 자기책임을 허용해야 한다. 간단히 말해, 국가에게는 입법을, 지방권력에게는 재량결정을 권한배분의 주요 원칙으로 채택해야 한다. 미국의 저널리스트인 월터 리프먼(Walter Lippmann)은 그의 책 ≪Die Gesellschaft freier Menschen(자유로운 사람들의 사회)≫ (Bern 1946)에서 명령이 아니라 입법에 의한 사회의 조종을 요구하였다!

　관치적인 명령국가와 권력국가를 장차 연방제에 기초한 공동체국가와 사회적 국가로 전환하기 위해서는 여러 가지 관계에서 큰 주의를 요한다. 특히, 정치적 자유권이 과도하게 팽창하고, 극단적으로 급진적인 의회실험을 새삼스럽게 시작하는 것

을 경계해야 한다. 지방분권적이고 자유주의적-협동적 하부구
조를 만들고 튼튼하게 정착하기 전에, 의회정부형태는 항상 민
주주의 이념을 불신하는 위협을 하고 있다. 오히려 강력하고 최
대한 안정된, 말하자면 엄격한 민주적 입장을 가진 정당이 반쯤
권위적인 통치를 행사할 것이 필요한 것으로 보인다. 그러한 정
당은 지방자유의 결정적인 의미를 인식하고 국가행정을 전반적
으로 탈위계화하려고 해야 한다. 물론 1789년 프랑스에서 있었
던 것처럼 그렇게 경솔하게 실험해서는 안 된다. 그 대신에 긴
시간 동안에 점진적으로 지방분권화의 길로 나아가야 한다.

실제로 "민주적인 준독재"를 형성하게 되면, 그 과도기 내내
그렇게 이끄는 협력자들만 지지하고, 국가와 지방에서 그러한
정당만 허용하며, 모든 측면에서 지방화와 탈위계화를 지원할
의무를 지도록 해야 한다.

국가를 아래로부터 위로 신축하기 위하여, 즉 연방적인 정신
으로 수행하기 위하여, 또한 이와 결부된 장기간의 교육실험을
성공적으로 마치기 위하여, 세부적으로 다양한 방식을 생각해
낼 수 있다. 원칙적으로 관구행정청에게 일정한 지방의 행정사
무에 대해서는 당장 더 이상 관여하지 말 것을 엄격하게 지시하
는 것이 적절하다. 조언의 형태로도 더 이상 하지 말도록 해야
한다. 그 다음으로 점점 많은 의무를 부과함으로써 실패한 부분
자치를 점차적으로 모든 침해에 대해서 법적으로 확고하게 보
장된 도시권으로 발전시켜야 한다.

이와 관련해서 지방자치단체가 충분한 세입원을 확보하고, 그 예산에 대해서 완전책임을 지는 자기규율을 정하도록 해야 한다. 전반적인 재정적 자기책임 없이는 결코 생동하는 자치행정의지와 지방의 공동체윤리를 새롭게 성장시킬 수 없다.

이를 넘어서 관료주의적이고, 위로부터 임명된 관구기관을 폐지하는 목표를 긴 시간을 두고 계획적으로 노력해야 한다. 이러한 목적을 달성하기 위하여 점차적으로 국가의 "위임사무", 즉 국가가 지방에 "맡긴" 사무, "국가권"으로부터 나오는 사무를 게마인데가 자기책임으로 자신의 재량자유로 처리하도록 하고, 여기서도 관구관료의 모든 명령권을 박탈하도록 해야 한다.

위계적인 중간계층의 소멸과 더불어 국가의 중앙권력의 게마인데에 대한 관계도 새로운 법적 기초 위에 세우도록 해야 한다. 지방행정청(의 공무원)은 더 이상 국가공무원으로 간주되어서는 안 된다. 정부에 대한 모든 직무의존성, 국가에 대한 모든 종속관계는 폐지되어야 한다. 불가피한 경우에는 중앙정부의 기관에게 일반적인 성격의 명령이나 지침을 제정할 수 있는 권한을 가질 수 있도록 할 수 있을 것이다. 이에 대해서 구체적·개별적인 사안에서 즉시 집행해야 하는 명령적 처분은 포기해야 한다. 오히려 이러한 처분의 자유는 원칙적으로 지방행정청이 그의 전반적인 재량자유의 발로로서 갖도록 해야 한다. 최소한 일차기관의 결정에 관련해서는 말이다!

그렇게 만들어진 지방의 재량자유와 처분자유를 가능한 포괄

적으로 보장하고, 그것에 대한 침해를 방지하는 확실한 법적 보
호를 위해 모든 것을 걸어야 한다. 국가가 게마인데행정청의 도
움을 받도록 되어 있는 곳에서, 국가는 게마인데가 자기책임으
로 법률을 집행하도록 교육하기 위해 모든 것을 다해야 한다. 그
것은 법률적으로 의문이 있는 수많은 경우와 단순한 재량문제
에 대해서 게마인데의 견해가 충분한 근거를 가지는 한 엄격하
게 게마인데의 권리를 국가의 권리보다 앞서도록 할 때에만 가
능해진다. 지방자치단체의 직접적인 복종의무는 법률에 대해서
만 지도록 하고, 문제되는 "관치적인" 명령기구에 대해서는 복
종의무를 지지 않도록 해야 한다. 왜냐하면 행정적인 종속관계
가 사라질 때에만, 약한 공동체가 강한 공동체의 모든 불필요한
개입에 대해 보호받고 있다고 느낄 때에만, 국민들은 지방행정
청의 활동을 정확하게 통제하고, 아래로부터 의미있고 비이기
적으로 법률을 집행하도록 챙기는 데 익숙해진다. 또한 권력이
념 대신에 법이념의 효력을 믿는 데 익숙해진다.

  물론 국가감독의 불가결한 나머지는 존속해야 한다. 그럼에
도 이러한 정당한 감독권한이 첫 단계의 기관에서 아래로부터
수행되도록 하고, 국민으로부터 선출된 관구행정기관에게 맡기
도록 배려를 해야 한다(예컨대, 영국, 미국, 스위스처럼). 게마인
데 쪽의 불합리한 결정을 막기 위해서는 중앙권력이 거부권을
가지고 있는 것으로 충분하다. 분쟁을 원만하게 해결하는 데 성
공하지 못하는 경우에, 경우에 따라서는 정부가 최종적인 재결

기관으로서 역할을 할 수도 있지만, 영국의 모범을 따라 순전히 행정분쟁도 일반적으로 정규법원에서 결정하게 하는 경우에 보다 더 교육적이 될 수 있다.

그 밖에 관료계층제와 관구관료제가 없으면 국가의 중앙기관은 감독권을 절제하고 억제하면서 행사하게 될 것이다. 간단히 말하면 최종목적으로 지방과 관구에 거주하는 공무원만 용인하는 "행정의 민주화"를 통해서, 모든 게마인데의 주민이(나중에는 관구의 주민이) 초당적인 신뢰공동체로 결합하고, 타협의지의 정신을 스며들게 하며, 그들의 권위추종과 종속정신과 책임회피를 영원히 극복하는 것이 점차적으로 가능하게 될 것이다.

또한 기존의 관치국가를 지방자유의 세계로 개축할 때마다 어려운 문제가 야기될 수 있다. 계층적인 명령기구를 해체하고, 진정한 지방분권화로 발전함과 동시에 사회적 개혁이 자명하게 함께 가야 한다. 관치적-중앙집권적 국가구조에는 언제나 대토지소유자가 봉건적-지배권적인 공동체이상의 큰 기둥임이 입증되었다. 그들의 대규모 농장을 분할하거나 협력함이 없이는 생존력 있는 게마인데민주주의를 형성하기 위한 모든 조건이 결여된다.

민주주의 정신이, 지속적으로 생존력을 가지려면, 무엇보다도 평야지역을 획득해야 한다. 왜냐하면 농촌게마인데와 주민수 약 20,000명까지의 작은 도시가 개관가능한 조직체로서 동료시민들 간에 초당적인 신뢰의지와 책임의지가 생겨나게 하는 최적의 상태이기 때문이다. 거기서는 유기적으로 실행되는 탈위계화과정과 지방화과정을 아마 통상 20년부터 30년까지 끝낼 수 있을 것이다. 즉, 전혀 새롭게 행정적인 자유정신으로 교육받은 세대가 성장할 때까지.

대도시에는 특유한 종류의 문제가 나타난다. 온갖 어려움에도 불구하고 대도시주민들이 자치행정의 정신과 생동하는 민주주의를 스며들게 하는 것이 원칙적으로 배제된 것은 아니다. 세계에서 가장 도시가 많은 영국의 예만으로도 이미 입증된다. 대도시에서 특히 후생문제를 지방분권적으로 집행하는 데 특별히 중점을 두는 것이 좋을 것이다. 자선활동은 월등하게 강한 도덕적인 유대를, 특히 초당적인 의미에서, 매개할 수 있다. 앵글로색슨계 국가에서 발전한 것처럼 그렇게 강력한 사적인 복지돌봄의 확산을 다른 곳에서 모방하기 매우 어려울 것이다. 그럴수록 대도시 내의 후생사무의 집행을 위하여 약 2만명 정도의 구역게마인데(Quartiergemeinden)를 만들고 주민직선으로 구성된 구역행정조직에게 마찬가지로 충분한 재량자유와 처분자유를 승인하는 것이 더욱 중요하다. 전체로서 도시게마인데는 비록 재정수단을 제공하지만 본질적으로 신중한 통제의 행사에 만족해야 한다. 한 가지 더 큰 어려움은 경험이 보여주는 것처럼, 지금까지 관치적으로 지배받아온 국민들은 지방적인 자기책임의 상태에서 당장 편안함을 찾지 못할 수 있다.

여기서 상황은 아래로부터 구성된, 지방적-연방적 질서원칙을 추종하는 국민국가에서와 다르다. 거기서는 전 국민이, 심지어는 관료적인 상급조직을 매우 불편하게 보고, 그의 아주 뚜렷한 개입을 예컨대 전시와 같은 때에 필요악으로만 감수하는 경향이 있다. 그 대신에 밑바닥까지 영향을 미치는 행정중앙집권주의에 익숙한 곳에서는, 전통적인 "게마인데에 대한 애착"을 알지 못하는 곳에서는, 관료위계제와 명령행정의 잘 규율된 시스템이 모든 사람에게 많은 장점이 있는 것으로 보인다. 실제로 잘 조직된 관치국가에서는 모든 등급의 관료는 신속하고 철저하며, 신중하고, 치밀하게, 그리고 바로 권위적인 방법으로 국민에게 자기책임의 부담을 덜어주고 여러 가지 관점에서 매우 환영할만한 편리함을 제공한다.

여기에도 역시 아마도 철저한 지방분권화를, 진정한 "행정민주화"를 가로막는 가장 중요한 장애가 놓여 있을 수 있다. 그것은 너무나 쉽게 이해할 수 있다. 어떤 국민도 스스로, 즉 아래에서 위로, 편리한 질서를 불편한 것으로 바꾸기 위해서 시종일관 노력하지는 않을 것이다. 개별 국민이 지방적인 업무에서도 관여하지 않을 수 있도록 허용하고, 폭넓게 사인(私人)으로만 남아있게 하는 관치적인 명령행정보다 무엇이 더 편리해 보일까? 그러한 상황하에서는 게마인데 근무자조차도 그의 근무시간과 관공서밖에서 일방적으로 사적 도락을 추구하는 것을 허용할 수 있을 것이다. 사람들이 옳다고 생각하든 잘못되었다고 생각하건 상관없이 단순히 명령을 수행만 하면, 처리한 직무행위에 대해 아무런 직접책임도 지지 않고, 동료시민들에게 국가권력이 그렇게 결정했다고 언제든지 변명할 수 있다면, 얼마나 편리한가?

그러한 상황하에서 예전부터 중앙집권적인 관료계층제에 익숙한 곳에서는 당연히 강화된 게마인데 자치에 대한 요구가 특별히 인기가 있는 것으로는 볼 수 없다. 지방행정청이 자신의 재량자유에 의해서 결정하고, 정말로 자기책임을 져야 하며, 그렇게 많은 세부문제에 대해서 지방여론을 만족시키기 위해서 힘들게 노력해야 하는 데 익숙해진다면, 얼마나 더 많은 일이 그에게 떨어질 것인가? 많은 사람들에게 지방공동체에 대한 그러한 의존성이 최악의 개인적인 부자유를 만드는 것으로 비추어질 수 있다! 이러한 모든 장애물을 감안할 때, 국민들의 생각을 바꾸는 것은 강력하고 안정적인 정부의 통찰력에 의해서 위로부터 계획적으로 그렇게 하도록 촉구하고 단계적으로 교육을 받는 경우에만 생각할 수 있다. 달리 생각하는 것은 어렵다. 가능한 지방화실험은 여러 곳에서, 특히 과도기 동안에, 행정질서에 매우 불쾌한 결과를 가져올 수도 있다. 미국 서부의 주들에서 많이 그랬던 것처럼.

그럼에도 그러한 방해에 의해서 탈위계화와 지방분권화의 길을 끝까지 추구하는 것을 결코 혼란스럽게 해서는 안 된다. 예컨대 국가정부는 반민주적인 운동의 발생을 지방정부의 힘으로 저지할 수 없을 때와 같이 진정으로 불가피한 경우에만 지방행정에 개입하는 것을 최고의 의무로 만들어야 한다. 행정적인 폐단에 관한 것이라면 가능한 한 지방에게 맡겨서 스스로 올바른 것을 볼 수 있게 하고, 손해를 통해서 현명해지도록 해야 한다.

　게마인데 시민들은 지방행정에서 눈에 띄는 결함을, 위로부터 국가행정청의 개입을 바라는 대신에, 초당적인 협력을 통해서 제거하는 데 일반적으로 익숙해져야만 한다. 마찬가지로 정당이 지방정치문제에 대해 지구당에게 원칙적으로 구속적인 지시를 하지 못하도록 금지해야 한다. 이를 법률로 금지하는 것이 가장 최선이다. 지방개혁이 모든 곳에서 지방주민의 의지에서 나오는 경우에만, 포괄적이고 확고하게 적응된 지방자유가 성장할 수 있다. 그렇게 해야만 "유럽의 민주주의를 성숙하게 만들려는" 시도가 성공할 수 있다.

　관치국가적인 명령원칙과 종속의 원칙으로부터 진정한 지방자유의 원칙으로 전환은 최종결과로서 새로운 법률관의 승리를 요구한다. 특히 국가는 더 이상 모든 법의 원천으로 간주되어서는 안 된다. 오히려 원시유럽-중세시대의(오늘날도 앵글로색슨의) 법적 견해에 일치하여 국가의 구성단위도 역시 독립적인 고유권의 주체로 간주하는 데 도달해야 한다. 특히 개인, 가족, 게마인데, 나중에는 관구와 프로빈츠도 포함해서 말이다. 어떠한 경우에도 법적으로 확고하게 보장된 게마인데자치의 형성을 위해 배려함이 없이, 넓은 공간의 "연방주의"를 창설하는 것으로 만족해서는 안 된다. 1933년에 독일의 "주들"은 그렇게 저항없이 붕괴되었다. 왜냐하면 그 자체가 중앙집권화된 행정위계질서와 관치적인 명령행정의 세계였고, 진정한 대중성을 결여했기 때문이다. 연방적인 질서가 공중에 매달려 있는 것이 되지 않으려면, 단지 상층부뿐만 아니라 국가의 기초에서도 잘 작동해야 한다!

연방적 법률관은 약하지만 생동하는 공동체를 전능한 국가의 침해로부터 무조건적으로 보호할 것을 요구한다. 따라서 지방의 재량결정이 더 이상 국가의 "합목적성감독"에 의해, 즉각 효력을 발생하는 행정명령에 의해, 반대로 뒤집어져서는 안 된다. 최고재결청의 결정에 의해 비로소, 더 바람직하기는 앵글로색슨세계의 모범에 따라 최대한 광범위하게 독립적인 법원의 판결에 의해서 결정되어야 한다.

그러한 새로운 질서에 의해서 앞으로는 상급관청과 하급관청 사이의 모든 분쟁에 법원결정이 선행하고, 위로부터의 집행은 정부가 법원의 결정으로 권리를 얻은 경우에만 비로소 실행된다. 다시 말해서 국가는 원칙적으로 더 이상 위계적인 원칙에 의해서 군대와 유사한 명령권을 행사하거나 단순히 합목적성의 이유로 그 구성단위의 고유권과 생활이익에 간섭할 권한을 가져서는 안 된다. 실질적인 긴급사태의 경우에만 그것이 일어날 수 있다. 모든 법의 원천으로 간주되는 힘인 집단양심이 그것을 요구하고 용인하는 경우에만 가능하다. 그리고 통일적이고, 법이념을 지향하는 집단양심과 진정한 보수적인 법률관과 도덕원

칙에 자리잡은 "여론"은 언제나 유일한 뿌리인 지방주의로부터
자란다.

　주민이 철저한 지방분권의 도입으로 본질적으로 낯선 시스템
을 외부로부터 강제된 것이라는 인상을 받게 된다면, 물론 그것
은 잘못된 것이다. 그러한 두려움을 제거하기 위해서 필요한 것
은 무엇보다도 행정적 사고로부터 나오는 통찰의 확산이다. 중
앙집권적인 명령원칙과 종속원칙이 존속하는 경우에 자유와 민
주주의는 결코 진정으로 대중적인 것이 될 수 없다. 그것이 한번
일반적으로 인식되면, 다음의 민주적 정부는 아마 올바른 길을
택할 수 있을 것이다. 이미 조만간 피할 수 없는 새로운 전체주
의 대중운동과 군사독재의 출현을 효과적으로 예방하기 위하
여. 그리고 국민대중에게 실험의 의미를 명확히하려고 노력하
면, 국민대중도 게마인데자유의 원래의 원칙으로 돌아가고, 널
리 자발적으로 부담하는 집단의무를 스스로 받아들일 준비가
될 것이다.

　지금까지 중앙집권적으로 관리된 국가들에서 연방주의와 지
방주의는 유감스럽게도 최악인 현재의 곤경을 극복하는 데 거
의 기여하지 못하였거나 기껏해야 매우 제한된 범위에서만 기
여했다. 그러한 국가가 전쟁으로 심하게 황폐되었을수록 더 오
래 임시적으로 예전에 익숙했던 명령행정에 좋건 싫건 의존했
다. 사태가 절반쯤 정상화되기 시작할 때 비로소 국가와 경제의
진정한 지방분권화를 향한 첫걸음을 내디딜 때가 될 것이다. 그

때부터 한번 선택한 방향으로만 끈질긴 전진을 할 수 있다. 탈위
계화와 지방화를 향한 길은 그렇게 험난할 수 있다. 한 가지는
확실하다. 그 길만이 자유와 질서의 합으로 이끈다는 인식 없이
는 지금까지의 관치국가를 지속적으로 민주화하는 것에 결코
도달할 수 없으며, 그 대신 완전한 단념으로의 도피를 정당화할
뿐이다. 모든 희망을 버려라. 어디서든, 바로 여기서 적용된다.
올바른 인식 없이, 올바른 행동 없다!

"질서구성을 아래로부터 위로에서 위로부터 아래로 뒤집은 것은 하나의 거대하고, 다른 모든 부당함을 은폐하고 스스로 부당함을 만들어내는 근대의 근본적인 오류이다." —Emil Brunner(1943)

"대량적-국민투표로 전환하기 전에 민주주의는 가장 넓은 의미에서 연방적 구성에 의해서 보존되었다. 넓은 공간에서 민주주의는 연방적 민주주의로서만 가능하다." —Werner Kaegi(1944)

V. 권력적 집단주의의 극복

31. 아시아의 공동체윤리

아시아와 러시아의 문화는 유럽세계와 비교해서 다른 윤리적인 생활법칙하에 있다. 그것은 개인주의적인 성향이 약하고, 동시에 공동체감정이 깊이 정착해 있는 특징이 있다. 유럽인이나 미국인에게 고유한 자기현시욕은 오리엔트에서 결코 유사한 정도로 전개될 수 없었다. 왜냐하면 그것의 출현이 전통적인, 종교적인, 도덕적인 성격의 과도한 결속에 의해서 효과적으로 저지되었기 때문이다.

시민적-합리주의적 발전을 경험하지 못하였기 때문에, 동양의 국가들은 원시시대부터 가장 강하게 정신적 유대성과 대중

순응성을 가지고 있었고, 그곳의 민족들은 계속해서 고대의 관습을 고수했으며, 그들의 도덕적 힘의 원천을 활동보다는 고통에서 찾았다. 그러나 바로 이러한 소극적 태도가 내부적으로 도덕적 붕괴의 힘에 대항해서 주장하고, 독재정부하에서도 매우 통일적으로 공동체도덕을 보전하였으며, 이렇게 압도적인 "윤리적 집단주의" 덕분에 "권력적 집단주의"의 유혹을 잘못된 것으로 평가하는 것을 가능하게 했다.

그러한 종류의 정신적·정치적 맥락 때문에 아시아-러시아 세계의 국가들에서, 적어도 가장 중요한 공동체문제와 관련해서는 아주 빈틈없이 짜인 "여론"이 있다. 이것은 가장 강력하게 비합리적인 요소를 통하여 함께 결정되는데, 그것의 권위는 통상적으로 정치적 권력자도 순종하도록 하는 경향이 있다. 다른 한편으로 동양의 국민대중은, 강한 개인적 자기현시욕을 가지고 있지 않기 때문에, 정치적 자유와 참여권에 대한 강한 요구가 없었다. 오히려 그들은 모든 권위주의적 정부에 자발적으로 복종하는 데 익숙하고, 국가적 생활관의 본질과 전통적인 공동체 이상이 위험해진 것으로 보이는 경우에만 정치적인 활동을 하기로 결심한다.

공동체윤리는 오리엔트의 국민에게 본원적이고 압도적인 힘으로서 모든 생활감정을 지배했기 때문에, 정치적 행동을 통하여 날마다 갱신되어야 하는 것이 아니기 때문에, 그들은 거기서 조직적이고 법적으로 확실하게 보장된 뒷받침으로서 지방자유

도 필요하지 않았다. 현존하는 도덕적 유대는 (중국이나 러시아
에서처럼) 그들의 자유로운 게마인데에서 출발점을 가질 수 있
었다. 그러나 그것은 오리엔트에서, 나중에 생긴 관료주의적-
권위주의적 국가행정 아래서도 중단없는 힘으로 계속 살아남을
수 있었다.

동양 대국 중에서 유독 일본만은 호전적인 국민정신을 가지
고 있으며, 이로써 권력적 성질의 "집단주의"를 형성했다. 발전
의 출발점은 유럽의 관헌국가들과 유사하게 봉건제도였다. 자
유로운 게마인데가 아니었다.

이러한 상황하에서 1868년부터 봉건위계제도의 예전 국가
는 유기적 방법으로 관료위계제의 근대국가로 전환하였다. 단
지 동양의 일부로서 일본에서만 극단적으로 불합리한 전통적인
영웅적 공동체윤리가 있었다. 예전에 세상과 단절된 섬에서 그
들의 봉건적 분쟁을 이끌었던 전사귀족 사무라이는 명예에 관
한 아주 놀랄만한 불문율을 가지고 있었다. 예컨대 히라키리 풍
습은 유럽의 관점에서 깊은 이해를 불가능하게 한다. 그러한 불
합리한 윤리에 의해 지난 수십년 동안 예컨대 비밀장교단은 엄
청난 명예를 얻었다. 그들의 일원이 1936년에 온건한 장관을
살해했을 때, 이 행동은 국민들로부터 호전적인 권력의 강화를
위한 신성한 임무로 간주되었다.

일본의 영웅적 공동체윤리가 종교적-비합리적으로 밀착되
어 있었기 때문에, 집단적 권력의지의 무제한적인 강화에 대한

억제를 거의 알지 못하였다. 봉건적-군사적 전통에도 불구하고, 중앙집권적-위계적으로 관리된 유럽국가들과는 달리, 일본 국민은 강력한 정신적·정치적 일치에 의한 통일을 보인다. 처음부터 역시 종교적인 것에 기초한 결합이 국민을 예전부터 공고하게 결속시켰다. 언제나 확고하게 질서 잡힌 공존의 이념이 일본에 깊이 뿌리내렸고, 이에 따라 전체 국민이 신으로 추앙받는 황제에 의해 인도되는 거대한 가족으로 느꼈다. 권력적 공동체원칙은 이 경우에 결여된 "윤리적 집단주의"의 대체물로서 등장한 것은 아니어서 유럽보다는 쉽게 극복될 수 있다.

사실 일본에서 예전의 봉건제도는 그것이 유럽의 관치국가에서 일반적이었던 경우처럼 그렇게 파괴적인 여파를 남기지는 않았다. 예로부터 개인주의는 가장 엄격하게 제한을 받아왔고, 사회집단 간에는 신성한 관습법이 있었으며, 그에 의해서 전면적으로 엄격히 배려를 하도록 습관화되었다.

사회적 경멸과 사회적 증오는 그러한 조건하에서 결코 실제로 전개될 수 없었고, 오늘날도 일본은 현존하는 대량빈곤에도 불구하고 사회적 열정의 전개에 유리한 토양이 아니다. 제2차 세계대전에서 전면적인 항복은 확실히 장기간 심각한 정신적·정치적 위기를 유발할 것이다. 지금까지 그렇게 전능했던 장성들이 그들의 영향력을 상실하고, 필요하게 된 이념적인 새로운 전향은 가장 신속하고 믿을 만하게 황제의 이름으로, 그리고 그의 예전의 신성화된 권위의 보존하에 일어날 수 있다.

일본과는 달리 아시아의 거대한 대륙국가들은 권력국가의 국민이 아니라 사회적 국가의 국민이다. 정치적으로 소극적인 생활이상의 예로 인도를 들 수 있다. 처음부터 가장 넓은 농민층을 이루는 힌두교도에게는 종교가 모든 것이고, 정치는 아무것도 아니다. 그들의 일방적인 종교적, 미신적인 유대로부터 그들은 자진해서, 수천 년 동안 그들 국민을 분열시키는, 엄격한 카스트제도를 참아왔다. 숫자가 많지 않은 전사카스트를 제외하고, 힌두교도들은 무기를 손으로 잡는 것만으로도 죄악으로 간주하는데, 이에 따라 평화와 비폭력이 그들에게 최고의 명예가 된다.

이러한 상황하에서 군사적 중점은 모하메드 소수자들에게 놓여있는데, 앵글로-인도 군대의 최대 90%까지를 그들이 충원한다. 이로부터 다음 결과가 된다. 완전히 "자유로운" 인도는 결코 "민주적인" 인도가 될 수 없다. 완전히 독립된 인도에서 힌두교도의 다수가 아니고, (영국의 정복 이전처럼) 모하메드 소수자가 지배하게 될 것이기 때문이다.

힌두교도와 모하메드교 사이에 존재하는 깊은 종교적인 대립을 고려하면, 외국의 우월한 힘에 의한 중재 없이는 올바른 조정을 거의 생각할 수 없다. 이러한 임무는 영국에게 있었다.

단순히 18/19세기에 가졌던 제해권 때문에. 놀랍게도 18세기에 이전의 인도제국을 정복한 것은 영국의 한 사기업, 동인도회사였다(주로 원주민 군대로!). 그 후에 비로소 영국 국가가 단계적으로 이 민간 거대기업의 폐단을 제거하기 위해서 상속자로서 등장했다. 1939년까지 영국-인도에는 평시에 통상 40,000명의 백인병사만 있었다(네덜란드-인도에는 6,000명, 즉 두 경우에 주민 10,000명당 단 1명의 백인병사가 있었다). 그것은 노르웨이에서 300명, 체코에서 700명, 네덜란드에서 900명의 외국병사가 저항없이 지배하도록 했던 것과 같은 상황이다. 그것은 인도에서와 유럽에서 정신적·정치적 상황이 얼마나 엄청나게 다른지를 가장 명확하게 보여준다. 전체적으로 강대국 중에서 영국과 네덜란드가, 바로 비군사적인 국가정신 때문에, 인도세계의 평화적인 공동체윤리에 다리를 놓기 위하여, 독립을 위해 그들은 교육하는 데, 공정한 중재자 역할을 하는 데 가장 적합하다.

중국도 예전부터, 군국주의국가인 일본과 비교하여 특히 명백하게 사회적 국가의 세계를 구현하였다. 원시시대부터 중국의 문화국가는 언제나 대단히 평화로웠다. 농민층은 언제나 가장 가치 있는 계층으로 간주되었고, 군인들은 천시되었다. 국가도 협력과 신뢰 위에 세워지는 공동체윤리에 지속적으로 적응해야 했다. 기원전 200년부터 황제는 관료기구에 의지했는데, 마을까지 도달했고 위계적 원칙에 따라 수많은 서열로 구성되었다. 그러나 이러한 외지인 관료는 명령적 기능보다는 통제적 기능을 수행했고 법률적보다는 더 문학적으로 교육받았다.

황제의 덕과 시, 서예에 관한 관료의 능력이 질서의 최선의 보장이라는 생각이 존재했다. 그러한 비합리적인 국민생각에 의해 수천 년 동안 문화가 국가보다 점점 더 강해졌다. 중국에서는 국가권력의 취약함을 감안하면 실제로는 다음과 같았다. 원시시대의 협동적이고-민주적인 사회헌법(Sozialverfassung)은 하부구조에서 계속 살아 있었고, 지속적으로 마을게마인데, 씨족집단, 수공업조합 등은 살아있는 힘을 가진 자치행정단체였다. 이러한 자유공동체원칙에 일치하여 중국인은 권력국가적인 질서원칙에 대해 깊은 내면적인 혐오뿐만 아니라 필요한 경우에는 적극적인 저항의지를 보전했다.

과거 수세기에 익숙한 수동성으로부터 벗어나는 것을 포기할 수 있다고 믿었다. 북쪽의 초원에서 밀어닥친 유목민, 예컨대, 몽고인과 만주인에 대해서는 약한 저항을 했을 뿐이다. 왜냐하면 이런 원시적인 정복자는 수만 명에 불과했고 쉽게 동화했기 때문이다. 이에 대해서 일본의 7천만 국민의 군사지배는 중국인을 그렇게 두렵게 했고, 이는 그들에게 지속적인 노예화를 의미했다. 그것이 1937년부터 처음으로 진정한 자유투쟁을 이끌었다. 전쟁지도자를 원칙적으로 혐오했지만, 그들은, 원시시대의 평화로운 공동체도덕을 미래에 보존하기 위한 유일한 수단이라고 보았다. "윤리적 집단주의"는 그들의 한 국가사상가가 말한 것과 같다: "우리 조상들의 지혜는 우리에게 침착함과 신중함, 중도와 절제를 가르쳤다. 왜냐하면 우리 국민이 아주 위대하고 단순하기 때문이다."

32. 러시아의 공동체윤리

국민을 결합시키는 공동체윤리는 러시아에서도, 중국과 마찬가지로, 원시시대의 지방자유로 거슬러 올라간다. 러시아의 농민게마인데는 몽고시대(13세기)부터 부자유상태로 빠졌고 나중에는 농노신분제로 전락했다. 그러나 시민문화에 의해 합리화되지 않은 원시적인 귀족지배는 사회구조에 새로운 정신적·정치적 이상을 스며들게 하지는 못하였으며, 예전의 자유시대로부터 물려받은 대중적인 신념을 근본적으로 재편할 능력이 없다는 것을 입증하였다. 러시아국민의 보수적인 법의식만이 몰락했다. 그러나 정서생활과 정신생활에 있어서 국가는 강력한 내부적 통일을 보존하였다.

발터 슈바르트는 그에 관하여 설명했다(Walter Schubart, ≪Europa und die Seele des Ostens≫, Luzern, 1938): "러시아인은 세상을 나도 너도 아닌 우리로부터 경험한다. 그는 그의 이웃사람들의 정신과정에, 마치 그들이 자기 안에서 하는 것처럼, 참여한다. 그가 주위를 둘러볼 때 그는 적이 아니라 형제를 본다. 그의 첫 번째 충동은 애정과 신뢰이다. 러시아인은 내면적으로 비밀스럽게 결합한다. 방금 알게 된 사람들이 급속하게 친해진다. 한 시간 후에는 마치 그들이 한평생 알았던 것처럼 보인다." 또한 칼 뇌첼의 묘사도 참고할 수 있다(Karl Nötzel, ≪Die Grundlagen des geistigen Russlands≫, 3. Auflage, Leipzig

1923): "모든 경우에 러시아인은 주로 공동체 속에서 사는데 익숙하다. 톨스토이가 그렇게 세밀하게 입증한 것처럼 자신을 거의 개인으로 생각하지 못하고 어떤 유익한 경험을 그 자신을 위하여 간직하는 것을 본능적으로 혐오한다. 그는 모두가 고통을 받아야 하는 곳에서 고통을 받지 않는 것을 부끄러워한다."

러시아에서도 협동적-연방적인 생활이상의 도덕적 힘의 원천을 농촌게마인데에서 찾을 수 있다. 즉, "미르(Mir)"에서 - 동시에 "마을", "세계", "평화"를 의미하는 한 단어에서 그것을 찾을 수 있다.

뇌첼은 이에 관해서 했다. "이러한 근본적이고 궁극적으로 게마인데 구성원의 상호신뢰에 기초한 유대는 모든 사람의 평등한 권리에 기초한 지방자치단체의 일반 업무에 대한 규정과 결부되었다. 하여튼 러시아의 농촌게마인데는 매우 광범위한 지역적인 사무를 거의 완전히 자율적으로 처리했다. 수백년간 지속된 농촌게마인데를 통한 교육에 의하여 직접 국가관에 관련된, 순전히 사회적 개념이 러시아국민의 대부분에게 매우 깊이 뿌리내렸다. 그것은 점차 증가되는 법치국가의 실현과 관련하여 적절한 준비로 보아야 한다."

게다가 피터 대제가 러시아의 "유럽화"를 추진한 때로부터 농민대중은 자신들을 "천민"으로 취급하는 차르제국을 이질적인 권력국가로 느꼈다. "그들의 형제감정으로부터 러시아인은 권력을 혐오하였다"(Schubart). 이런 혐오는 적나라한 지배층 혹은 지배민족으로부터 나오는 모든 것에 미쳤다. 그러한 이질적인 발전의 출발점에 대해서 농민대중은 유럽, "서양"에 대해서 당연히 철저한 불신을 느꼈다. 유럽화된 차르국가는 그들에게 일종의 외국처럼 비쳤다. 특히 독일의 식민지배가 그랬다. 예컨대, 1850년경에 고위관료의 40% 이상이 독일인이거나 독일계발트인이었다.

　이러한 맥락에서 칼 슈피틀러(Carl Spitteler)가 1882년에 확인한 것을 참조한다. "러시아 농부는 독일인, 즉, 외국인의 억압적인 지배하에서 신음하고 있다고 믿었다. 선조들이 타타르의 속박을 비판했듯이 그는 '독일의 멍에'를 비판했고, 독일에 대한 전쟁은 그의 눈에는 침략전쟁이 아니라 해방전쟁이었다. 그가 시달리는 '멍에(Joch)'는 다른 곳에서는 '경쟁(Konkurrenz)'이라고 부르는데 러시아인은 사회와 국가생활의 모든 영역에서 멍에(Joch)라고 부르기를 선호한다. 러시아국민의 독일인증오는 다른 국가에서 유대인증오와 거의 비슷하다."

　러시아국민이 유럽화된 차르제국을 외국의 식민지통치로 느꼈다면, 그것은 군사적인 권력사상을 드러냈기 때문만은 아니고, 정치적·경제적인 영역에서 개인주의를 장려했기 때문이기도 했다. 원래 부르주아가 아닌 러시아인은 개인적인 이익추구에 도시 문화가 특징인 유럽인에 훨씬 미치지 못하였다. 따라서 외국 세력이 국부의 상당 부분을 자신의 소유로 이전하는 데 성공했으며 특히 19세기에 등장한 제조업체 중에서 지배적인 지위를 차지했다. 차르국가가 산업화되어 외국의 영향 아래 놓일수록 국민대중 속에서는 보다 강한 전국적인 반작용이 넘쳐났는데, 특히 반봉건적, 반자본주의적, 반제국주의적, 심지어는(국가교회가 기존 상태를 지지했기 때문에) 반교회적인 분위기로 나타났다. 1904/1905년과 1914년에서 1917년에는 혐오스러운 차르제국이 정당하지 못한 전쟁을 이끌고 있다는 생각이 국민들 속으로 번졌다. 그래서 두 차례의 군사적 패배에 강력한 민중혁명이 따랐다. 마침내 승리한 1917년의 민중봉기는 봉건적-자본주의적 지배정신을 가지는 모든 것을 철저하게 파괴하였다.

그러한 맥락에서 본다면 1917년 권력을 장악한 볼세비키즘을 러시아의 국가상징이라고 보아도 터무니 없는 것이 아니다. 실제로 압도적인 공동체감정, 러시아 국민을 결속시킨 평등추구는 그 뿌리를 원시시대의 공산주의 전통에서 찾을 수 있다. 농민이 자신의 경작지와 초지를 가진 곳에서 이것은 1907년까지 통상적으로 농촌게마인데, 개인이 아니라 미르(Mir)에 속했다. 그래서 상당한 부분의 농촌국민은 지속적으로 부동산의 사적 소유를 사악한 것으로 보는 경향이 있었다.

독재적인 몽고지배시대부터, 국가가 세금징수 목적으로 그것을 이용하면서, 고대의 농업공산주의에서 강제적 요소가 추가되었다. 이점에서 뇌첼은 타당하게도 1916년에 말했다: "농업공산주의는 철저하게 국가의 강제장치이다. 우리는 그것을 이

미 14세기에 발견했고, 오늘날도 러시아 농민의 대부분을 지배
한다. 차르정부는 1906년 농민소요 직전까지 모든 방법으로 그
것을 지원했다. 1907년에야 비로소 정부는 유명한 스톨리필의
농업개혁을 통해서 개혁에 착수했다. 그때부터 정부는 한때 재
정적 이유에서 그렇게 애호했던 농업공산주의를 단순히 파괴하
려고 시도했다. 하지만 너무 늦었다. 정부는 정부가 불러들인
영혼을 다시 제거하지는 못할 것이다. 왜냐하면 공산주의시스
템에 대한 습관화는 수백년간에 걸친 사실이었기 때문이다."

이러한 1916년의 놀라운 예언은 보여준다. 기본적으로
1917년의 공산주의혁명으로 국가의 상부구조가 단지 언제나
이미 극단적-집단주의적이었던 하부구조에 순응하였을 뿐이
다. 이로부터 왜 영적인 러시아가 그러게 마르크스적 이상에
대해 매혹적으로 느꼈는지 저절로 설명된다. "우리는 무엇보다
도 농노제도가 두 가지 성격을 가졌다는 것을 명백히해야 한다.
사회적 성격과 윤리적 성격의 두 가지는 불가분하게 융합되어
있었다. 러시아인의 관점에서 늘어나는 민족의 유린에 대해 평
생 무력한 증인으로 있어야 하는 민족의 고난 속에서, 공동선
을 향한 소망은 영혼의 삶에서 바로 생명을 유지하는 역할을 했
다. 사람들은 사회적이고, 따라서 경제적인 삶을 러시아 사회
의식의 전면으로 부각시킨 모든 순간들을 기억하고, 영적인 러
시아가 마르크스주의로 달려든 열광적인 욕망을 이해할 것이
다. 그것은 러시아가 필요로 했던 바로 그것이었다. 절대적이

고 상대적으로 서유럽의 어떤 사회민주주의보다 훨씬 더 많은
교육을 받은 국민이 러시아 사회민주주의에 속한다.” — 1916
년의 뇌첼도 마찬가지였다!

예로부터 물려받은, 압도적으로 사회적 평등이상에 사로잡힌
국민심리 때문에 러시아는 개인-공동체 문제에서 유럽과는 다
른 해결책을 찾는다. 그것은 사실이다. 러시아인에게 특유하게
개인적 현시욕과 개인적인 소유욕이 약한 것은 개인주의적인
자유이상을 신속하게 전개하는 데 유리한 조건이 아니었다. 차
르시대에 언제나 숫자가 많지 않았던 부르주아는 러시아 국민
유기체에서 언제나 일종의 이물질이었다. 이 모든 것은 러시아
에는 모든 개인주의나 개인적인 능력이 없다는 것을 말하려는
것이 아니다. 여러 가지 관점에서 러시아인은 뛰어난 능력을 가
지고 있다. 그에게는 강력한 개인적 자기현시욕도 그 부정적인
요소도 없다. 강력한 개인적인 허영심이 없다. 그러므로 그는
어려운 과제의 해결에 있어서 자주 공정하고 객관적으로 접근
하고 쉽게 불합리한 흥분에 빠지지 않을 수 있다. 그것은 그에게
그의 개인적인 능력을 사심 없이 일반이 자유롭게 쓸 수 있도록
하고, “집단 속의 개인”이 되도록 재촉한다.

요약하면 다음과 같다. 러시아의 국민대중은 원시시대부터
언제나 개인감정보다는 형제감정을 더 강하게 가지고 있기 때
문에, 공산주의 구원의 복음에 그렇게 저항없이 굴복할 수 있었
다. 그것은 아주 명확하다. 차르제국에 비하여 “소련”은 훨씬 대

중적인 질서를 구현한다. 왜냐하면 그것은 국민대중의 의지를 끌어내고 그들의 공감을 얻으려고 노력하기 때문이다. 국민들의 교육과 복지를 촉진하면서, 그것은 무시당했던 차르시대의 신민을 자부심 있는 국가시민으로 전환하기 시작했다.

유럽인에게 역설적으로 들리겠지만, 러시아의 "공산주의"를 통해서 사실은 개인의 해방이 시작되었다. 마찬가지로 중요하다. 산업과 농업에서 협동적인 실험, 동시에 모든 민족적 소수자에게 문화적 자치의 승인은 국민대중에게 그렇게 강하게 발전해온 동료사상과 일치한다. 스탈린도 역시 국민에게 소련이 공격적-제국주의적인 정책을 추진하지 않는다고 확신시키기 위해 모든 것을 다할 필요가 있다는 것을 알았다. 새로운 질서는 러시아인에게 권력국가적인 이상으로부터 방향전환이고, 그에게 원시시대부터 고유하게 남아있는 사회적 국가의 이상에로 회귀이다.

그러나 러시아의 특징적인 강력한 협동적인 특색은 부분적으로 지배의 요소인 강력한 정치적인 권위신봉과 결합되었다. 이것은 유럽인들에게 항상 혼란스럽다. 그들의 관점에서 소련은 그 기초가 되는 일당체제와 함께 분명히 자유적대적인 통치를 구현한 것이다. 준동양적인 세계를 유럽적인 이상으로 평가하려고 하는 것이 원칙적으로 잘못되었다. 개인적인 고통의지를 가장 강력한 공동체형성적인 힘으로 느끼는, 시민의 합리주의에 의한 정신적 특징이 없는, 게다가 500년간 농노상태에서 시달린 그러한 국민은 개인적인 자유와 비판의 권리에 대한 집단적인 요구를 보여줄 수가 없으며, 대중적인 것으로 간주되는 정부를 필연적으로, 기꺼이 극단적으로 따르는 경향이 있다. 러시아인에게는 개인의 이익을 (실질적이든 외관상이든) 공공의 이익을 위하여 무자비하게 희생하는 것보다 더 자명한 것은 없다.

이 모든 것을 뇌첼은, 1916년에 쓸 때, 올바르게 예측했다. "러시아의 지식인은 독재의 자식이고, 그것을 수단으로 새로운 독재를 추구한다. 그는 정신적 자유에도 정치적 자유에도 그 자체로 관심이 없고, 오로지 사회적 정의에만 관심이 있다. 러시아인은 정신적인 것을 강제하는 경향을 포기할 수 없다. 러시아에서는 인간을 강제로 구원할 수 있고, 그래야 한다고 믿었다. 여기에 러시아 혁명의 거대한 문화적 위험의 핵심이 있다. 러시아인들은 타인에 대한 정신적 폭력에서 벗어나지 못하고, 궁극적으로 항상 어디에서나 그들의 이상이라는 이름으로 물리적 폭력으로 끝난다. 러시아국민은 정치적 강제수단을 통해서 사회적 평등을 추구하려고 할 것이다. 영적인 러시아에서 자유로운 인격에 대한 이해는 어디에도 없다. 러시아 국민의 정신에 들어가기 전에 전체주의는 형태를 바꾸어 가면서 그들의 피할 수 없는 운명으로 남는다."

종합적으로 그렇게 많은 유럽국가들을 여기저기로 갈라놓는 자유와 권력의 이상이 러시아 국민에게는 똑같이 생소하다. 평화와 정의는 더욱 강하게 국민 속에 살아있고, 원시시대의 집단적 신뢰의지에 의해 양육되었다. 그럼에도 불구하고 강력한 사회적 폭력신봉을 추종하고 개별적인 인간생활이 아주 낮게 평가된다면, 그것은 무엇보다도 1000년 동안 그들에게 가해졌던 억압에서 원인을 찾을 수 있다. 오늘날에도 그것은 아직 평등이념을 지향하는 형제애에 의해서 고무되는 집단적인 노력 속에 있다. 즉, 강자의 권리를 사물평가의 최고 기준으로 하는 것과는 전혀 거리가 멀다. 평등이상과 약자의 권리에 대한 신조는 기본적으로 인도주의적-기독교적 양심의 힘에 뿌리를 두고 있으며, 이로써 집단적인 권력의지에 일정 부분 유익한 한계를 자동적으로 설정하게 되는 것을 결코 잊어서는 안 된다.

　이렇게 "윤리적 집단주의"에 근거를 둔 것이 러시아의 공산주의 일당독재에 특별한 성격을 부여했고, 그 전체주의는 유럽세계의 전체주의국가(좌파든 우파든!)와는 근본적으로 다른 발전 법칙하에 있는 독특한 것이다. 국민을 그들의 생각에 따라 이끌기 위해, 소련정부는 폭력적인 권력수단을 가졌다. "러시아의 여론은 조정되고, 후견되고, 필요에 따라, 격렬한 표현에 금방 감동하다가 금방 분노에 사로잡힌다."(Valentin Gitermann, ≪Die historische Tragik der sozialistischen Idee≫, Zürich, 1939).

　그럼에도 공동체생활의 원시적 근본문제에 대해서는 상황이 역전된다. 바로 러시아국민이 그들의 감정생활과 정신생활에서 촘촘하고, 덜 세분화된 전체를 이루기 때문에, 강력한 집단양심을 가졌기 때문에, 국민의사에 의해 선임된 권위적 정부에게 욕망과 자유재량으로 넘어설 수 없는 한계가 설정된다(실제로 1939/1940년 작은 핀란드에 대한 습격 동안에 러시아국민에게는 전쟁열정이 전혀 깨어나지 않았다!).

그렇게 닫힌 공동체윤리의 압력하에서 소련의 "국가권력의 비대", 즉 국가와 정당의 관료주의적 명령만능은 서구와는 다른 모습을 지녔다. 행정의 탈위계화로, 형식적인 지방분권으로, 법적으로 확고하게 보장된 지방의 재량자유와 처분자유로의 발전은 아직 오랫동안 소련국민의 생활수요에 거의 맞지 않았다. 법률원칙에 따른 지방의 자기책임은 정치활동에 대한 집단적 의지를 전제로 한다. 러시아인은 경험상 유럽식의 강력한 개인주의가 쇄도해서 방어할 필요가 있는 경우에만 정치에 대한 활동을 하기로 결정을 하게 된다. 이렇게 정치적으로 소극적인 세계를 확고하게 결속시키고, (적어도 평시에) 위험스럽게 확산된 부주의와 구태에 성공적으로 대응하기 위하여, 잠정적으로 중앙집권적-관료주의적 명령기구와 권력기구는 아주 불가결한 것으로 보인다.

그 밖에도 러시아세계에서 수백 년 동안 물려받은 극단적-집단주의적인 공동체이상은 명령행정과 자치행정의 질서시스템을 유럽의 어느 나라보다도 광범위하게 통일시킨다. 행정적인 명령원칙과 종속원칙은 아래로 마을에 이르기까지 세밀하게 형성되었더라도, 소련에서는 지방에서 살아있는 통일적인 집단정서에 의한 한계가 있다. 여기서 국가관료와 정당관료는 저절로 지방분권적 효과를 가지는 강인한 저항요소에 끊임없이 부딪히게 되는데, 그것은 모든 것에도 불구하고 거대한 전체주의적 제국을 "명령국가"보다는 "집단적 국가"로 만드는 저항요소이다. 일반적으로 러시아주의는 공동선의 관점에서 옳다고 보고 아주 강한 사회적 희생의 의미를 표현할 수 있는 범위에서만 기꺼이 명령을 받아들인다. 결과적으로 공산당은 국민들에게 여러 가지 관점에서 지배자보다는 교육자로 대처하는 것이 실제적으로 필요하다고 보았다. 이 모든 것 외에도 "소비에트" 개념에 자치행정사상이 지도목표로서 전체 국민에게 확고하게 인식되고 있다는 것을 결코 무시해서는 안 된다.

이런 모든 이유에서, 아주 긴 시간범위에서 보면, 소련의 진정한 자유, 민주주의 그리고 자치행정으로의 점진적인 발전은 결코 배제되지 않는 것으로 보인다. 여기서 러시아는 훨씬 강한 개인적인 자기현시욕을 가진 유럽인과는 다른 길로 가야 한다. 동양에서는 평등이상을 자유이상에 접근시켜서 완화해야 할 (가까운 장래에 실제로 해결하기는 어려운) 과제에 직면한 반면에 서양은 반대로 그의 자유이상을 평등이상에 접근시켜 보다 잘 규율해야 한다. 그러나 점진적으로 두 세계의 접근에 이른다고 하더라도, 여기저기에서 처리해야 할 문제가 언제나 전혀 다른 방식으로 제기될 것이다.

유럽의 국민들은 그들 측에서 "권력적인 집단주의"를 극복하기 위한 고유한 길을 찾아야 한다. 왜냐하면 전혀 다른 종류의 러시아세계에서 시도한 사회실험으로부터 그들은 실제적인 관점에서 긍정적인 의미에서든 부정적인 의미에서든, 배울 것이 없기 때문이다. 소련정부가 그 국경을 1918년부터 폐쇄하고 그 제국을 유럽에 대해서 정신적·정치적으로 고립시켰을 때, 그는 자국민의 동의를 고려할 수 있었다. 왜냐하면 소련국민은 유럽인들과 그들의 이익추구적인 개인주의를 깊이 불신해서 그들 세계와의 긴밀한 접촉을 원하지 않았기 때문이다.

특히 러시아의 불신은 무엇보다도 역시 "서방강대국들"을 향했다. 이들은 1918/1919년에 아르한겔스크, 무르만스크, 레발, 오데사, 세바스토폴, 바쿠에서 군사력을 이용해, 차르시대에 얻은 채무에 이자를 계속 지급할 반혁명 정부를 구성하려고 시도했다. 전체 러시아국민은 그때부터 다가올 새로운 "근로자의 조국"에 대한 "세계자본의 침략"을 예상했고, 이 위험을 오로지 세계혁명의 촉진을 통해 물리칠 수 있다고 믿었다.

그러한 상황하에서 앵글로색슨 민족의 충실한 연합은 제2차 세계대전 동안에, 독일의 산업노동자의 완전한 실패와 함께 동시적으로 새로운 발전가능성을 만들었다. 소련국민들이 오늘날 세상의 실질적인 상황을 선입견 없이 덜 상투적으로 판단할 준비가 되었다는 징후가 많이 있다. 모스크바의 정치 권력자들은 그러한 세계관혁명에 대항하기 위해 당연히 최선을 다하고 있다. 왜냐하면 "자본주의적" 습격에 대한 일반적인 공포를 다시

새롭게 살리는 데 더 잘 성공할수록, 많은 국민대중이 더 헌신하
고 지배적인 일당통치에 더 쉽게 순종하게 되기 때문이다.

그러나 정부의 이러한 선동은 제한된 성과만 예상할 수 있다.
그들의 공동체윤리에 의해서 독일의 악몽으로부터 해방된 러시
아국민은 앵글로색슨계 국민에게 감사할 의무를 느끼고, 그리
고 그렇게 압도적인 집단정신은 권력을 의식하는 소련정치인이
언제나 다시 양보를 하도록 요구할 것이며, 언젠가는 아마도
1918년부터 러시아 세계정책이 빠진 아주 광범위한 경직상태
를 영원히 완화하는 데 도움이 될 수 있다.

33. 지방자유와 사회정의

유럽인에게(아시아인이나 러시아인과는 달리) 고유한 개인적
인 자기현시욕은, 우리가 알고 있는 것처럼, 유일하게 한 가지
수단을 통해서만 자발적으로 한도를 지키고 공동체이익에 편입
된다. 그 수단은 협동적-연방적 국가사상과 생동하는 자치행정
의지이다. 그것이 자유와 질서의 유기적 결합을 가능하게 한다.
자유로운 게마인데의 한눈에 알 수 있는 작은 공간에서만 개인
주의와 집단주의를 서로 조정할 수 있는 정신적이고 도덕적인
힘이 자라날 수 있다. 오로지 게마인데(읍·면)자치만 서구세계
의 개인주의적 세계에서 일반적인 신뢰의지를 형성할 수 있다.
마치 러시아인들이 집단주의 정신을 원시시대부터 가지고 있었

던 것처럼.

　권력국가의 원칙에서 사회적 국가의 원칙으로 귀환은, 러시아에서 "공산주의"표지 속에 노력했던 것처럼, 서구에서는 언제나 "지방주의(Komunalismus)"의 활동을 통해서만 가능하다. 이러한 맥락에서 보면 19세기의 비(非)마르크스적 "공산주의"가 지방자치이념을 얼마나 적극적으로 받아들였는지가 눈에 띈다 (그로부터 갈라져 나온 "무정부주의"와 함께). 알려진 것처럼 1871년 프랑스의 "코뮌"봉기는 연방 안에 자치적인 게마인데로 전환하려고 했다. 이에 의문이 제기된다. "공산주의(Kommunismus)" 개념은, 1839년 카베(Cabet)가 일방적으로 경제적인 의미를 부여하기 전에, 프랑스 국민정서에 포괄적인 의미 특히, 지방주의(Kommunalismus)의 의미로 살아 있었는가?

　이미 언급한 대로, 1789년에서 1793년의 프랑스혁명은 포괄적인 지역자치와 지방자치를 도입하였고, 당시에는 "연방주의"와 유사하게 "공산주의(Komunismus)"라는 단어가 아마도 지방분권원칙의 의미로 사용되었을 수도 있을 것이다. 확실한 것은 프랑스의 지방이 1793/1794년 "공포시대"에 중앙정부의 지시에 의해서 "사회주의적" 경제실험을 수행하는 경향이 있었다. 그리고 당시의 "지방집단주의(Gemeinde-Kollektivismus)"(A. Aulard)가 그 후에 "공산주의" 개념에 오늘날의 내용을 부여하는 데 영향을 미쳤을 가능성은 있다.

　어떤 경우이든 1847년부터 점차적으로 결정적이 된 사회주

의-공산주의 교리체계 즉, 마르크스주의 교리체계는 공동체사
상을 위한 지방자유의 의미를 올바르게 인식하지 못하였다. 칼
마르크스는 협동적-연방적 자치행정의 이념을 정치적 생활을
위해서나 경제적 생활을 위해서나 원칙적으로 부인하였다. 그
는 미래의 "공동경제의 승리"가 저절로 "국가의 해체"로 통하
고, 이를 통하여 이전의 공산주의자들이 예언했던 "자치행정의
세계"를 만드는 데 도움이 될 것이라고 기대했다.

　마르크스는 "자본주의의 계급지배"가 지속되는 한, 프루동과
일치하여, "국민착취의 가장 중요한 도구인" 국가적 명령-권력
기구의 지방분권을 위한 모든 투쟁은 불필요하고, 모순된다고
간주했다. 게마인데자치가 나오는 도덕적인 힘에 대한 이해는
그에게 없었다. 그는 경제적 발전에 영향을 미치는 모든 도덕적
인 요소를 배제하려고 했다. 그의 "유물사관"은 합리주의적인
사고에 적지 않게 기여했는데, 결정적인 맥락을 혼란스럽게 하
고, 모든 정치적이고 경제적 사건을 일방적으로 권력추구의 산
물로 파악하려고 했다.

　마르크스의 계급투쟁론은 권력사상에 강하게 뿌리를 두고 있
어서 관치국가세계의 정신적인 산출물인 것으로 입증된다. 즉,
그것은 관료위계제와 게마인데부자유 세계의 산물이다. 마르크
스와 엥겔스는 국가개념을 그들의 고국 독일로부터 채택하여
명령-지배기구로 보는 견해를 가졌다. 그들이 수십 년 동안 살
았던 영국은 전혀 다르게 조직되었음에도 이러한 사고개념의

속박으로부터 다시는 벗어날 수가 없었다. 이러한 기원에 따라 마르크스주의도 관치적인 권력국가와 그것의 중앙집권적 명령행정의 토대 위에서 항상 최대의 선동효과를 목표로 했다. 권력이념과 자유이념이 불가분하게 서로 결합되어 있는 여기 자유주의시대에 마르크스적 사상을 채택하기에 적합한 분야가 존재했다. 이러한 교리체계의 기준에 따르면 산업프롤레타리아는 언젠가 세계를 지배하게 되고, 이를 통하여 모든 착취로부터, 모든 "계급지배"로부터 영원히 해방된다.

그러한 미래약속은 자유이념뿐만 아니라 지배이념의 대표자도 하나의 통일된 정당조직에 통합하도록 매우 적합하여야만 한다. 적어도 강력하고 무모한 지배의지가 모든 권력본능을 자극하여 국민대중을 광신으로 몰아붙이지 않는 한 그리고 불확실한 미래 대신에 현재를 위해서 전권을 강탈하려고 하지 않는 한 그래야 한다. 지방적-연방적으로, 아래로부터 구성되는 국가구조에서는 노동운동을 위하여 전혀 다른 발전조건들이 제공된다. 행정적 조정원칙과 지방자유의 세계에서도 역시 엄청난 재산차이가 있을 수 있지만 예로부터 물려받은 통일적인 공동체도덕을 해체할 수는 없다. 18세기와 19세기 초의 영국에서 심각한 사회적 곤경조차도 모든 계층을 결합하는 자유주의적-보수주의적 국민이상의 신념을 붕괴시킬 수 없었다는 것을 다시 한 번 기억해야 한다.

다시 말하면 지방주의의, 초당적인 자치행정의지의 토대 위

에서 정신과 신념의 통일적인 힘은 물질과 이익이 분열하는 힘
보다 더 강하다. 이에 따라 법과 도덕이 경제보다 비교할 수 없
을 정도로 더 중요한 공동체요소가 된다. "공산주의"에서 강력
한 공동체시스템의 보장을 보는 사람은 틀림없이 다음과 같은
결론을 내릴 것이다. 지방자유와 "윤리적 집단주의"에 고무된
국민은 기본적으로 이미 "공산주의자"이다. 국민경제와 사회적
질서분야가 아니라 보다 높은 통일적인 법의식과 정치적 도덕
분야에서. 생동하는 지방자치의 모든 시스템에서 나오는 초당
적인 공동체정신이 과거에 그랬던 것처럼, 미래에도 계급대립
을 결정적으로 완화하는 데 도움을 줄 것이다.

영국에 대해서는 예컨대 행정학자인 윌리엄 롭슨(William A.
Robson, ≪Encyclopaedia of the Social Sciences≫, New York,
1931/35, 9. Band, Artikel ≪Local Government≫)이 설명하였
다. "우리의 경제시스템의 미래가 무엇이든 간에, 자치정부제도
가 우리 국민생활의 사회적 복리를 위해서 가장 효과적인 도구
로서 확실히 계속 존속할 것이라는 것은 예측할 수 있다. 모든
주요 정당의 소속원들은 우리의 도시와 게마인데의 고유권을
인정하는 데 일치한다. 때때로 등장하는 특별한 문제에 대한 정
당 간의 투쟁보다도 이러한 견해의 명백함이 훨씬 중요한 의미
를 가진다. 우리사회의 미래발전이 사회화 방향이건 아니면 국
가의 지원을 받는 자본주의에 있든 상관없이, 국민경제 안에서
약간의 경우에 그 지위가 상당히 바뀔 수 있음에도 불구하고, 지

방자치정부는 계속될 것이고 더 확대될 것이다."

이 모든 것으로부터 나온다. 지방자유의 세계에서 자본주의-사회주의 대립과 "계급투쟁"의 문제는 지방부자유의 세계와는 원칙적으로 완전히 다른 차원이다. 한 경우에는 국민교육차원이고, 다른 한 경우는 국민지배차원인 것을 우리는 본다. 그것은 자명하다. 국가가 처음부터 기계적, 위계적, 도구적 속박을 통해서 결합하는 곳에서는 언제나 명령과 종속의 정신이 전체 공동체생활에 스며든다. 이로써 모든 국민경제적인 착취도 역시 강하게 지배적이고 기계적인 성격을 가진다. 처음부터 도덕적·양심적인 구속을 통해서 결합한, 자유로운 지방에 의하여 구성된 공동체에서는 상황이 다르다. 보수적이고 합법적인 법의식과 초당적인 공동체감정이 전체 국민에게 스며든 곳에서는 자본주의적 사적 경제의 특징인 명령원칙은 전면적으로 치밀한 지배관계가 아니라 단지 초보적인 지배관계를 만들 뿐이다.

여기서 모든 경제적인 착취는 궁극적으로 영향관계에 기초를 두고 있다. 그러한 영향관계는, 그것이 건전하지 않고, 부당하거나 부도덕한 것으로 느껴지면, 언제나 다른 영향에 의해서 약화되고 평화로운 방법으로 교정된다. 마르크스가 현대적 경제발전이 사회적 착취를 극복하는 방향으로 나아갈 것으로 예측한 것은 지방적-연방적 자치행정의 세계와 관련하여 의미없는 말이 아니다. 그러나 관치적-위계적 명령행정의 세계에서 그러한 진보적 믿음은 적절하지 않다. 왜냐하면 거기서 국민에게 실행하는 지배-권력의지와 함께 극도로 악마적인 힘이 관여하기 때문이다. 모든 행정중앙집권주의와 마찬가지로, 유럽의 기반 위에서 모든 명령적으로 형성된 경제중앙집권주의는 그의 존재의미를 언젠가는 군사적 권력전개를 추구하게 된다. 세계역사는 그것을 보여주고 있다. 모든 공동체도덕을 치료불가능하게 타락시키는 군사적 착취와 비교하여, 경제적 착취는 솔직히 상대적으로 덜 해로운 것으로 보인다. 마르크스는 그가 만든 교리구조에 서로 본질적으로 이질적인 두 가지 것을 서로 결합시켰다. 지방적-연방적 세계의 발전경향과 관치적-위계적 세계의 지배방식의 결합이다. 그렇게 해서만 그는 "그" 봉건주의와 "그" 자본주의 속에서 완전히 두 개의 역사적 단계에서 동일한 지배-착취의지를 보는 데 이를 수 있었다. 동일한 합리주의적 사고방식으로부터 그는 모든 인도주의적이고 사회적 진보의 희망을 영원히 말살할 것임에 틀림이 없는 극단적-군사적 세계질서의 가능성에 대해서 거의 예측하지 못하였다!

마르크스식 교리에 따르면 "착취로부터 해방"은 언젠가 "생산수단의 사회화"를 통해서 확실하게 된다. 그러한 사회화가 완전히 다른 정신에서 이루어질 수 있다는 점에서, 그것은 충분히 불확정적이고 혼란스러운 공식이다. 많은 공장 등이 개인소유로부터 국가의 명령기구의 소유나 지방의 협동조합의 소유로 넘어 가는지에 따라, 그것의 "사회화"와 "국유화"는 전혀 다르며, 정반대의 결과가 될 수 있다. 실제로 결정적인 것은 "사회화" 개념의 중점을 "국유화"에 두는지, 아니면 "협동조합화"에 두는지에 달렸다. 국가생활처럼, 경제생활도 모든 것이 행정구조가 어떠한 지에 달렸다. 즉, 어떤 기관이 포괄적인 재량자유와 처분자유를 가지는 지가 중요하다. 국가가 법률과 일반적인 명령형태의 방침만 정하는지 아니면 그를 넘어서 개별적인 경우의 규율을 위하여 직접적인 명령권을 행사하는지에 따라, 국민경제분야에서도 상황은 완전히 다르게 전개된다. 여기서 명확하게 구별하지 않으면, 비생산적인 논쟁이 끊임없이 제기될 것이다.

합의에 이르기 위한, 풍성한 학문적인 인식을 위한 열쇠는 오직 이원적인 개념시스템만이 제공할 수 있다. 행정적 사고가 그로부터 나오는 것처럼 말이다. "사회주의", "집단주의", "계획경제"와 같은 단어들은 언제나 이중적인 의미를 가지고 있다. 압도적으로 중앙집권적-권위적 "사회주의"와 압도적으로 협동적-자유주의적인 "사회주의"는 서로 전혀 상관이 없다. 그것은 그들 자신의 나라에서 오늘날도 여전히 대립되는 "자본주의적"인 경제시스템과는 비교되지 않을 정도로 서로 엄격하게 구별된다.

"국가중앙집권주의"처럼 "경제중앙집권주의"도 마찬가지다. 즉, 중앙집권주의가 "자치행정질서"를 위계적 명령원칙에 의하여 지배하고 그의 도구로 취급하는지, 아니면 그 위에 배치한 상급조직의 형태로 보충적으로만 역할을 하는지에 따라 일반적으로 사용된 개념은 언제나 완전히 반대가 된다.

예로부터 중앙집권적인 명령행정의 우위에 익숙한 국가(프랑스, 이탈리아, 독일, 오스트리아 등)는 진정으로 강력한 "집단"이다. 그러한 관료계층제의, 종속원칙의, 지방부자유의 세계에서는 자연적으로 집단적인 경제질서를 관치적인 명령원칙의 일방적인 결과로서 파악하는 경향이 지배적이다.

거기서는 대다수의 국민이 확실히 계획경제조치를 국가의 포괄적인 명령의 형태와는 다른 것으로 생각하기 어렵다. 이러한 관치국가적인 문제는 특히 제네바의 존경받는 국민경제학자인 빌헬름 뢰프케에서 출발하는데, 그가 그의 저서에서(Wilhelm Röpke ≪Civitas Humana≫, Zürich, 1944) "집단주의"를 "추상적인 개념"으로 부르고, "그것의 합목적성에 대해서 토론하게 하고 본래의 내용에 공명하여 묵시적인 연상을 받았을 때"였다. 또한 그가 그렇게 다의적이고 논란이 되는 단어를 전혀 이의없이 "명령경제"와 동일시했을 때였다.

그러한 "권력적인 집단주의"의 위험은 명백하다. 여기서 뢰프케에 동의할 수밖에 없다. 위에서 제시했듯이 그렇게 강한 개인적인 자기현시욕과 재산현시욕을 가진 유럽의 세계에서 모든 중앙집권적-위계적 명령기계가 필요하고, 러시아보다 더 높은 정도의 권력남용과 부패의 가장 강력한 유혹을 가지고 있다. 상급행정청이 하급자에게 줏대 없는 복종을 요구하는 데 익숙한 것처럼, 하급자들은 그들 측에서 모든 공동책임의사나 심지어

는 자신의 의견은 물론이고 고유한 양심까지도 체계적으로 배
제하도록 길러졌다. 그러한 행정적 종속원칙의 압도는, 자유이
념에서 보면, 하나의 유일한 조건하에서만 어느 정도 참을 수 있
다. 즉, 국가의 명령-권력기구가 그의 업무를 좁게 한정하고 가
능한 법과 질서의 유지를 위하여 헌신할 때에만 참을 수 있다.

그러한 중앙집권적인 명령기계가 자유주의적인 것 대신에 사
회주의 질서를 더 많이 추구할수록, 그것이 일반적 복리를 촉진
하기 위해 더 강하게 노력할수록, 국민경제를 더 밀도있게 지시
하고 국가위임을 퍼부을수록, 점점 더 참을 수 없는 결과가 나타
난다. 특히 자유민주적 헌법하에서. 그래서 관치적인 관료계층
제하에서, 우리들이 "지방자치행정"에서 확인했던 것처럼, 국
유화된 기업에서 노동자의 "공동발언권"은 순전히 형식적-법
적인 원칙으로 단순히 외관상의 권한으로 남게 된다. 마찬가지
로 그것은 불가능하게 된다. 모든 행정권뿐만 아니라, 경제권력
까지도 중앙정부의 손에 집중되는 곳에서는 지배를 위한 투쟁
은 극단적으로 변질되고, 그곳에서는 정당들, 경제적 이익단체
들, 국가위임을 지원하는 회사나 경우에 따라서는 관청들, 국유
화된 기업의 지배인들은, 서로를 웃음거리로 만들기 위해, 선동
이나 음모를 서슴지 않게 되고, 그곳에서는 지배하는 정치인,
국회의원, 정당서기들이 언제나 금전적 이해관계와 사업정치에
빠지게 된다. 그러나 어떻게 그렇게 취약한 도덕적 기반 위에서
지속적인 사회정의가 자라날 수 있겠는가?

그것은 다 사실이다. 세밀하게 계획된 경제중앙집권주의를 목표로 하는 모든 "집단주의"는 위계적인 권력국가를 더욱 거대하고, 비인격적이며, 비대중적으로 만든다. 그것은 자유주의적-연방적인 의미에서 부드럽게 하는 것을 더욱 어렵게 한다. 그것에 도달하기 위해서는 관치국가가 스스로 행정중앙집권주의를 해체해야 한다. 그는 그것을, 아직 그가 국민경제를 거의 지휘하지 않았을 때인 자유주의시대에도 하지 않았다! "명령행정"의 국가가 원래 강력하게 극단적-자유적대적인, 전체주의적인 강제질서를 추구하듯이, 전체주의로의 이러한 발전은 "명령경제"를 향한 모든 단계에서 거의 방해받지 않고 집행될 수 있다. 그러한 상황하에서 단순한 경제적 전환을 통해서, 예컨대, "생산수단의 국유화"를 통해서, 자유로운 사회질서가 출현하기를 기대하는 것은 허무맹랑하다. 여기서 칼 마르크스가 예견한 것처럼 "공동경제의 승리"가 필연적으로 "국가의 소멸"로 통하는 것은 결코 아니다. 그것은 두 가지 원칙적으로 서로 독립적이고, 단지 이따금 중복되며, 가장 근본적으로는 독립적으로 해결되어야 할 특별한 문제이다!

국가가 협동적-지방분권적인 의미에서 아래로부터 구성된 곳, 그의 자치행정단체가 (미국이나 영국, 스위스 등과 같이) 위계적인 명령기관이 아니라 오로지 법률에만 복종의무를 지는 곳에서는 상황이 전혀 다르다. 역사가 보여주듯이 지방적-연방적 국가구조에서도 경우에 따라서는 가장 강력한 경제적 구속으로부터 가장 강력한 경제자유에 이르기까지 극단적인 사회발전의 가능성이 있었다. 한편으로는 중세시대 소도시의 동업조합강제 (Zunftzwang)를 떠올릴 수 있는데, 그것은 경제생활의 실제적인 마비를 초래하는 경우가 매우 빈번하였다.

다른 한편으로 19세기의 맨체스터주의를 들 수 있는데, 그것은 모든 부지런하고 절약하는 국가시민의 복리의 보장을 약속했는데, 그러나 실제로는 경제적 약자의 생활이익을 가장 무자비하게 무시하였다. 그럼에도 그러한 경제생활분야의 일방적인 형성이 지방적-연방적 세계의 도덕적 공동체구조를 본질적으로 뒤흔든 것은 결코 아니었다. 왜냐하면 그것은 여전히 아주 일관된 (비록 잘못되어도) 공동체이상과 공동체희망으로부터 나왔기 때문이다. 이러한 희망이 충족되지 않은 경우에는 사후에 공동체의지는 스스로 다시 가장 필요한 교정을 실행하였다.

언제나 기억해야 한다. 아래로부터 구성된 생동하는 자치행정의 세계에서는 국가의 주된 활동은 집단성을 결속하는 정신적-도덕적인 유대 특히, 배려와 절제를 위한 자발적인 의지를 강화하는 데 있어야 한다. 따라서 행정적인 조정원칙과 지방자유의 기반 위에서 국민경제의 건설에 대한 올바른 해결책은 원칙적으로 극단적으로 치우치지 않고 어딘가 중간에 있다. 그것은 미래의 경제정책에도 통용된다.

근대 자유주의 국민국가가 개인이익과 집단이익을 정치적 영역에서 서로 조화시키도록 이해한 것처럼 경제분야에 있어서

도 마찬가지로 그것을 지속적으로 추구해야 한다. 그리고 정치
분야에서 성공한 것은 경제분야에 있어서도 틀림없이 가능하
다. 어떠한 경우이든 경제적 자유의 요구와 경제적 안전의 요구
를 양립할 수 없는 반대로 간주하는 것은 타당하지 않다. 그렇지
않으면 필연적으로 공동체파괴적인, 생활적대적인 결과에 이르
게 된다.

　개인이나 공동체처럼 사회적 기본개념인 개인주의와 집단주
의, 자유주의와 사회주의는 적대적인 반대가 아니라 생활필수
적인 보완이라는 기본인식을 가져야 한다. 앞에서 든 모든 개념
들은 그것을 "순수한 형태"로 실현하고자 하는 경우에만, 그것
을 상대적 가치가 아니라 절대적 가치로 평가하는 경우에만, 중
도적인 해결책 대신에 극단적인 해결책을 추구하는 경우에만,
생활적대적으로 변질된다.

　가장 공정하고 가장 건전한 합성은 여기서, 사회적 자유주의
(Sozialliberalismus)와 자유적 사회주의(Liberalsozialismus)를
정확히 동등한 정당성을 가진 표현으로 적용하는 데 있다. 어떤
면에서는 오늘날 많이 거론되는 기본개념인 시장경제-계획경
제를 위해서도 유사한 합성이 모색되어야 한다. 여기서 주의할
것은 공동체결속에는 오로지 위로부터 권력적인 것과 아래로부
터 도덕적인 것 두 가지 종류만 있는 것처럼, "질서원칙"은 경제
적 생활의 영역이 아니라 정치적 생활의 영역에서만, 즉, 물질
의 세계가 아니라 정신의 세계에만 주요한 요인으로 존재한다

는 점이다. 이것을 자유주의적 관점에서 부정하려고 하면, 새로
운 종류의 유물론, 즉, "전도된 마르크스주의"로 될 것이다.

자유로운 시장교환은 언제나 자유로운 도덕적 유대의 세계에
서만 성공적으로 전개될 수 있다. 오로지 자유로운 게마인데에
살아 있는 "윤리적 집단주의"만 공동체를 위태롭게 하는 사적
이익의 범람을 막고 자유의 기반 위에 건강한 경제질서를 세울
수 있다. 정치적 영역에서 개인에게 자기규율을 교육하는 자치
행정원칙은 경제생활영역에서 집단적인 자조의 원칙에서 본질
적으로 연관된 표현을 찾는다. 이러한 인식은 가능한 광범위한
협동조합의 발전에서 바람직한 것으로 나타난다. 경제적 협동
조합은 본질적으로 (게마인데와 마찬가지로) 개관가능한 단체이
다. 개인과 공동체가 서로 유기적으로 결합되고, 결과적으로 가
장 생동하는 신뢰와 연대의 정신이 스며든다. 따라서 유럽의 모
든 정치적 지방자치화는 그것이 경제적인 협동조합화와 병행할
수록 더 성공적인 결과를 가져올 수 있다.

모든 건강하고 올바른 국가질서에서 연방주의가 중심적이고
중앙집권주의는 보완적인 공동체원칙이듯이, 건강하고 올바른
경제질서에도 유사한 것이 적용된다. 자유로운 연대의 정신에
가장 일치하는 "경제적 질서원칙"은 한편으로는 아래로부터 필
요한 활동공간을 보존하는 집단적 자조이고, 다른 한편으로는
국민다수로부터 필요한 것으로서 인정된 것에 한정된 국가의
명령권이다. 이를 위한 표현으로 고려되는 것은 경제적 자치행

정, 경제연방주의, 민주적 공동경제, 협동조합적 구조, 자유지
향적인 집단주의 등이다.

그 밖에 중세도시의 길드경제에서 그러한 자유지향적-협동
적 집단주의는 이미 한번 현실화되었다. 그리고 그것은 심지어
자유시장과 사적 주도에 의해 현저히 엄격한 족쇄가 채워졌던
곳에서조차도, 관료주의적 "명령경제"로, "노예의 길로" 가지는
않았다. 실제로 명령행정의 세계만, 위로부터 구성된 "명령국가"
만 명령경제를 지향하는 경향이 있다. 이와는 대조적으로 자치
행정의 세계, 아래로부터 구성된 "집단국가(Kollektivitäten-
staaten)"는 고유한 생존법칙에 따라 국민경제에서도 자유지향
적인 집단주의의 형성에 의존하고 있다. 따라서 이들 국가들은
경제생활에서 명령원칙을—공적인 분야는 물론 사적인 영역에
서도—가능하고 합리적인 범위 안에서 철폐하고, 높은 도덕적
인 가치 즉, 합의의 원칙을 통하여 대체하는 과제에 직면해 있다.
"자유경쟁" 원칙을 유지해야 하며, 그것은 언제나 생산적이
고 진보를 촉진한다. 진정으로 활발한 집단적 자조정신은 "혼합
경제"를 위하여, 개인기업, 단체기업, 공기업, 국가기업의 생산
적인 공존을 위하여, 언제나 충분한 공간을 남겨둘 것이다. 동
시에 그러한 협동적인 구성으로, 국가적인 넓은 공간에서 전개
될 위험이 있는 권력적-전체주의적 집단주의를 가장 효과적으
로 방어한다. 그럼에도 장기적으로 세계역사가 입증하는 유일
하고 확실한 보장은 작은 공간에서 유래하는 자유지향적-윤리

적 집단주의뿐이다.

현대적인 상황하에서 "경제연방주의"는 다양한 수단으로 실현할 수 있다. 기업공동체와 직업공동체의 형성을 통하여, 단체노동계약체결을 통하여, 일반적 구속력을 가지는 조치의 발령을 통하여 할 수 있는데, 그것은 일차적으로 국민의 경제적 신뢰조직으로서 직업단체와 노동단체의 자유로운 합의로부터 나온다. 국유화과정조차도 관계된 기업들이 광범위하고 법적으로 확실하게 보장된 재량자유와 처분자유를 가지고 있는 범위 안에서 여기저기 협동원칙의 강화를 가져올 수 있다. 근로자를 다시 법적 주체로 세우고, 자유로운 기업분위기와 경제적 공동체 활동의 합일 실현으로 이끄는 모든 것을 촉진해야 한다. 국가가 특히 세력들 간의 조정을 하도록 하고, 지시보다는 격려하고 균형을 잡으며, 위로부터의 국가규율 대신에 아래로부터의 자기규율을 정립하는 목적으로 하는 "계획경제"의 의미에서(한때 길드도시에서 그랬던 것처럼) 해야 한다.

매우 적게 알려져 있지만, 카톨릭의 "코포라티즘(Korporations-lehre)"도 엄밀하게 살펴보면 행정적 조정원칙과 지방자치의 불가분의 관계에 있다. 이에 관해서 칼 티메는 그의 논문인 (Karl Thieme, ≪Korporativismus als entarteter Föderalismus≫, Schweizer Rundschau, 1944/1945)에서 역점을 두고 언급했다. 그는 무엇보다도 다음과 같이 말했다. "실제로 피우스 11세는 특히 프롤레타리아의 탈프롤레타리아화(Entproletarisierung)와 그

전제조건으로서 국가와 경제에서 확장된 자치행정을 권고했다. 그러나 '직업계층적 질서'를 잘못 언급하고 교황으로부터 가장 날카롭게 비판받은 파시스트의 정통 '코포라티즘(Corporativus Ordo)'을 혼동함으로써 치유할 수 없는 개념혼란이 나타났다 – 그가 원래 무엇을 원하는지를 스스로 알지 못하는 코포라티즘... 편의적 이유와 본질적 이유에서, '직업계층적 질서'를 완전히 삭제하도록 긴급하게 제안한다. … 그래서 카톨릭의 국가론의 핵심내용을 전혀 다른 말로 요약할 것을 제안한다. 그것은 사람들이 국가노예를 싫어하는 곳에서 언제나 본질적으로 타당하고 동시에 매력적인 것이다. 그 말은 자치행정이다!"

요약하면 자본주의적 경제시스템의 결함을 극복하고 높은 사회적 정의로 가는 길을 여는 것이 유럽의 전체 국민들에게 남겨진 가장 중요한 미래과제이다. 지방자치의 세계, 전반적인 지방분권의 세계만이 이러한 길로 성공적으로 나아갈 수 있는 전망을 제공한다. 헌법준수의, 신뢰의, 화합의 집단적 힘이 국민을 결집시키는 곳에서만 진정으로 건설적인 사회정책을 위한 확고한 도덕적인 기반이 존재한다.

관료위계제와 지방부자유의 세계도 적절한 사회정책적인 조치들을 할 수 있는 것은 사실이다. 그러나 그것은 통일적인 공동체의지와 국민의 양심의 힘 자체에 기초한 것이 아니라 처음부터 기계적-도구적 결합이 지배적인 곳에 근거를 둔 것이다. 더 추가하면 국민이 모든 구원을 정부당국에 기대하고 있는 곳에서, 실제로 모든 사회정책은 공중에 떠 있다. 즉, 그것은 단지 다른 목적을 달성하기 위한 수단에 불과한 것이 된다. 그래서 관치적인 명령적 권력국가는, 외부적으로 강해지기 위해 불만이 아주 많지 않은 국민을 필요로 한다. 사회정의를 촉진하는 것이 정당정치적, 외교적 혹은 심지어 군사적 권력위상의 강화만을 위한 것이라면, 그것은 윤리적인 지지가 부족하고 무의미하게 된다. 그렇게 되면 그것은 바로 권력이념의 하인이 되고, 그 자체로 불의가 되며, 언제든지 반대로 뒤집어질 수 있다.

　사정이 그러하다면 중앙집권적-위계적인 국가구조에서 "사회적 문제"는 필연적이고 결정적인 권력문제가 되고 그 자체로 해결할 수 없는 상태로 남게 된다. 왜냐하면 관치적인-권력적인 명령행정이 지배적인 곳에서는 언제나 국가가 결코 대중적이 될 수 없고, 그곳에서는 모든 정치적 자유처럼 모든 사회적 개혁주의도 언제나 대부분의 국민을 가장 깊이 실망시키게 되고, 그곳에서는 좌파나 우파의 혁명가들이 조만간 불가피하게 온건한 정당을 완전히 이기고 허무주의에 길을 열어주기 때문이다.

　지방적-연방적으로 구성된, 초당적으로 생동하는 자치행정의지에 고무된 공동체에서는 상황이 완전히 다르다. 여기서 "사회적 문제"는 본질적으로 윤리적인 문제, 교육문제가 된다. 그것은 국민과 국가가 불가분하게 결합되어 있고, 지방적이고 지역적인 자치행정기관이 광범위한 재량자유와 자기책임을 가지고 있는 세계의 상황과 일치한다. 결과적으로 법률을 적용함에 있어서 계속적으로 여론의 신뢰를 얻어야 하고, 그것에 의해 통제를 받아야 한다. 또한 그들의 교육을 위해 끊임없이 배려할 필요가 있다. 무엇보다도 근무시간과 관청밖에서도 전체국민과 상시적이고 긴밀한 접촉을 함으로써 그렇게 된다.

그러한 아래로부터 구성된 국가시민적 교육기관에서 통찰과 정의 대신에 예컨대 "사회적 권력관계의 변경"을 촉구하면서 어떤 권력의지에 호소하는 모든 정치적 선전은 잘못된 길을 가고 있다. 오히려 기존의 불의를 그 자체로 비난하며, 최대한 도덕적인 힘으로 맞서고, 끊임없이 양심을 자극하는 것이 중요하다. 그리고 실패하는 경우에 그 책임을 무엇보다도 자신의 정신적 또는 도덕적 실패에서 찾는 것이 중요하다("자본의 지배"에서 찾는 대신에).

모든 사회정책은 자유로운 신뢰의 세계에서 국민을 보다 잘 계몽하고, 확신할 수 있는 근거로 유익한 길을 제시하는 것을 추구해야 한다. 여기에 필요한 열정적인 노력과 진정한 헌신이 있다면 "사회적 권력관계"는 점진적으로 자연스레 변경될 것이다. 자유로운 공동체의사에 대한 이러한 믿음 없이는, 그것의 유기적이고 엄격히 합법적인 국가개조능력에 대한 믿음 없이는 민주주의에 대한 어떠한 신조도 진지하게 받아들일 수 없다. 그러한 국민교육적인 태도만이 지방적-연방적 국가사상에 합치된다. 그것만이 그 범위 안에서 정당하고 공동체촉진적인 "계급투쟁"의 형태라고 간주할 수 있다.

짧게 말하면 국가가 지배자법의 토대가 아니라 민중법의 토대로부터 성장한 곳에는 근본적인 개혁을 위한 하나의 길만 있다. 그것은 법의 계속성을 유지하면서 국민의 의지로부터 자라나온 유기적이고 엄격하게 합법적인 발전이어야 한다.

그것은 확실히 힘들고, 시간이 많이 걸리는 길이다. 바로 민주주의의 길이다. 이 길에서 한 번의 "사회주의적인" 대개혁과 같은 기적을 기대할 수 없다. 오히려 일상적인 작은 일에서, 협동적인 사회적 자유주의와 자유주의적 사회주의 방향으로 계속 가는 것이 중요하며, 종종 후퇴도 없지 않을 것이다. 그러나 점진적인 국민교육의 길에는 언제나 지속적인 성과의 희망이 있다. 그것이 결정적이다. 지방주의와 "윤리적 집단주의"의 세계에서도 오늘날 아직 이상적인 상황으로부터 떨어져 있을 수 있는 만큼, 그것의 실현을 향한 올바른 출발점에 서 있게 된다. 그것은 여기서도 마찬가지다. 본래 올바른 회전점을 가진 자는(실제는 아니지만, 원칙적으로) 이미 결정적인 것을 획득한 것이다.

모든 것은 개인주의에 의해 형성된 유럽의 문화권에서 사회정의를 향한 오직 하나의 길이 있을 뿐이며, 그것은 지방자유를 통해서 이어진다는 것을 보여준다. 이로써 본질적으로 지방분권화된 질서원칙으로부터 성장한 민주주의는 그 밖의 세계에 대해 강력한 책임을 진다. 왜냐하면 행정적 자유와 광범위한 지방자치가 존재하는 세계에서 사회적 상황이 모범적일수록, 지금까지 관치국가의 국민들이 경우에 따라서는 더욱 흔쾌하게, 전반적인 탈위계화와 지방화를 추구하기로, 전통적인 명령행정을 진정한 자치행정으로 대체하기로 결정할 수 있기 때문이다. 따라서 다음과 같이 말할 수 있다. 예로부터 자유로운 국민이 그들의 협동적-연방적 국가이상을 경제생활에도 과감하게 이전할수록, 그들은 보다 더 빨리 스스로 충실할 수 있고 그들의 정신적인 임무를 내부적으로나 외부적으로나 완수할 수 있다.

그렇게 높은 목표에 도달하기 위해서는, 예로부터 자유로운, 아래로부터 구성된 국민국가들은 무엇보다도 가장 위험한 약점을 극복해야 한다. 가장 광범위한 국민의 안일함을 극복해야 한다. 유익한 개혁이 필요하고 가능함에도 불구하고 지방자유의 세계에서 항상 사회적 태만의 동기를 부여하고, 이미 물려받은 보수적인 공동체정신은 너무 오래 옛 것을 고수한다. 더 이상 그렇게 머물러서는 안 된다. 실업, 영양부족, 주택결핍, 인플레이션과 디플레이션위기, "가부장"원칙, 재산과 수입의 지나친 격차, 이 모든 것이 극복되어야 할 것이고, 이는 정치적 민주주의가 사회적 민주주의로 확장되어야만 궁극적으로 가능하다. 건강한 경제상태가 유럽의 지방화와 민주화를 위해, 집단신뢰와 공동책임의지의 일반적인 소생을 위해 최선의 조건을 이룬다. 그러나 반대로 "경제는 운명이다[1]"라는 라테나우(Rathenau)의

---

1) (역자주) "경제는 운명이다(Die Wirtschaft ist das Schicksal)"는 말은 사업가이면서 바이마르공화국에서 외교부장관을 지냈던 발터 라테나우(Walther Rathenau)가 말했던 "Nicht Politik ist unser Schicksal, sondern die Wirtschaf(정

말은 관치적인 중앙집권주의, 행정적인 명령원칙과 종속원칙, 그로부터 나오는 악마적이고 허무주의적인 권력의 극복에 진지하게 접근하는 세계에서 비로소 올바르게 적용될 수 있다.

헌법적 사고처럼 경제적 사고는 정치적-사회적 생활의 핵심적인 본질을 제대로 파악할 수 없다. 결정적인 것은 언제나 행정적 사고이다. 즉, 종속의 정신이든, 아니면 조정의 정신이든, 국가가 정치적인 문제와 경제적인 문제를 관리하는 정신의 인식에 초점이 맞추어져 있다. 극복되어야 할 것은 일차적으로 절대주의시대부터 유지되어온 관치적인 "명령국가"와 그것의 위계적인 "명령행정"이다. 이 과제가 해결되면 얽혀있는 "명령경제"와 "노예의 길"을 위한 모든 공간이 저절로 사라지게 된다.

이에 따라 모든 결정적인 것은 지방과 지역의 — 마찬가지로 미래의 경제적 — "자치행정"관청이 광범위한 재량자유를 가지고 있는지 아닌지에 달렸다. 즉, 그것이 일반적으로 단지 법률의 규정에만 복종해야 하는지, 아니면 이를 넘어 상급 정부관료의 명령을 따라야 하는지 여부에 달렸다. "사회적 문제"도 상황에 따라 전혀 다른 모습을 가지게 된다. 그에 따라 점진적인 해법의 정신적-도덕적인 전제조건이 있거나 없게 된다. 이러한 인식이 상식적인 것이 되어야 한다. 언제나 그리고 어디서나 지속적으로 정치적, 사회적 자유로 가는 길은 오로지 행정적 자유

치가 아니라 경제가 운명이다)"에서 나온 말로 오늘날까지도 많이 인용된다. 이 말은 나폴레옹이 괴테에게 말했다는 "정치가 우리의 운명이다"라는 말과 대비를 이룬다.

를 통해서만 가능하다.

34. 지방자유와 국제평화

　정치적으로 보다 소극적인 성향의 아시아와 러시아 국민대중과는 달리 유럽인은 도덕적인 힘의 원천을 언제나 고통보다는 행동에서 더 많이 찾는다. 이러한 유럽인(과 미국인)의 적극적인 생활태도로부터 필연적으로 인정받으려는 강력한 개인적인 욕구가 나온다. 바로 개인주의이다. 개인적인 현시욕구는 유럽인에게 무엇보다도 두 가지 이상에 감동하는 능력을 주었다. 자유와 권력에 대한 것이다. 권력을 위한 열정은 약한 민족집단이나 민족을 무기의 힘으로 굴복시키고 지배하려는 의지를 의미한다. 물론 도덕적인 대항력이 경우에 따라서는 작용하기도 하는데, 그것은 평화와 인도주의의 이상으로부터 나온다. 그러나 유럽인은 한번 전사로 태어났기 때문에 전쟁열정과 평화갈망, 권력신봉과 정의감이 그들 가슴에서 아주 쉽게 적대적으로 충돌한다. 유럽인의 투쟁의지를 억제하는 것은 결코 성공하지 못한다. 그러나 이러한 투쟁의지를, 군사적인 침략이나 억압행위 대신에 다른 목적을 위해 동원함으로써, "승화하는" 것은 가능하다.

　권력의지를 막을 수 있는 가장 강력한 힘은 바로 자유이다. 개개인은 그의 삶을 일정한 한도 내에서 그 자신의 이상에 따라 자유롭게 형성할 수 있는 의식을 가져야 한다. 그렇게 된다면 집단적인 권력확장의 관심은 저절로 약화될 것이다. 하지만 여기서 자유로운 개인을 권위적이고 권력적인 구속 대신에 윤리적이고 양심에 따라 집단에 구속되도록 묶어둘 필요가 있다. 공동체가 초당적인 신뢰의지와 "윤리적 집단주의"에 의해 고무될수록, 더 효과적으로 자유와 질서를 결합하고 사회정의를 최대한 관철시킬수록, 개개인은 더 확실하게 정치적으로 만족하고 열망하는 안전을 찾는다. 자유로운 국가적인 질서공동체 안에서 진정으로 안전하게 느끼는 자에게는 시민생활에서 그의 전투적인 이상을 진정으로 생산적인 방법으로 만족시킬 기회가 결코 없지 않을 것이다.

세계역사를 통한 우리의 산책이 보여주듯이, 유럽의 적극적-투쟁의 세계에 자유와 질서를 유기적으로 결합하는 유일한 제도가 있다. 이 제도는 지방자유, 지방분권화된 행정구조 또는 넓은 의미에서 연방주의이다. 그것은 특히 교훈적으로 작용한다. 모든 지방적-연방적으로 아래에서 위로 구성된 현재의 민주주의는 비군사적 국민정신을 특징으로 한다. 스칸디나비아-네덜란드 세계의 국민군주들은, 이미 언급했듯이, 전쟁 전에 그의 군사체제를 가장 우려스러운 방식으로 소홀히하고 쇠퇴시켰다.

유사한 평화적인 기본 흐름이 앵글로색슨계 국가들에서도 지배적이었다. 알려진 것처럼 영국인과 미국인들은 이전의 평

화시대에 일반적인 병역의무나 더 큰 군사적 노력을 알려고 하
지 않았고, 그래서 처분할 수 있는 전쟁에너지는 그들의 잠재
적인 전력의 극히 일부분에 불과했다. 이러한 정신에서 예컨대
약 5,000km에 달하는 미국-캐나다 국경은 완전히 무방비로
두었다. 우리들의 중립적인 스위스의 민병대에 대해서 잘 알려
진 것처럼, 그 존재목적은 유일하게 단지 국토방위의 보장에
한정된다.

오늘날 지방자유와 생동하는 자치행정의지의 세계에 고유한
평화주의에 대한 일반적인 경향은 동시에 그 본성에 근거를 두
고 있다. 국민들이 언제나 초당적인 양심의 힘에 의해, 법률준
수의, 신뢰의, 화합의 집단정신에 의해 결속된 곳에서 그것은
바로 확고한 도덕적인 단위가 되고, 외부와의 충돌을 통해서 공
동체정신을 강화시킬 필요가 없다. 그러한 내부정치적인 조건
하에서 기독교가 군사적인 침략의지와 정복의지를 물리치는 데
다른 곳보다 더 효과적으로 도울 수 있었다.

그 밖에도 지방주의의 세계를 고무하는 평화주의는 또 다른
힘에 의해서 촉진된다. 19/20세기에 모든 생활관계에서 불러
온 물질적 도약은 내부적으로 견고해진 국가질서의 분야에서
전쟁모험에 대한 욕망을 축소시켰다. 단순히 권력정치적인 소
득을 위해 희생하기에는 생활이 너무나 많은 것을 제공했다. 이
에 따라 다음과 같은 상황이 된다. 광범위한 지방자치로부터 나
오는 도덕적이고 정신적인 힘이 지배하는 곳에서 현대적 물질

주의조차도 그로부터 긍정적인 영향을 받아 높은 수준의 전쟁 억지적 영향을 미쳤다.

명령행정과 지방부자유의 세계에서 관치적-중앙집권적인 국가의 상황은 전혀 다르다. "관료위계제와 직업정치인의 국가"에서 언제나 후견을 받았기 때문에, 신뢰를 주는 진정한 지방자치행정의 시민학교를 거쳐본 적이 없기 때문에, 거기에 국민들은 공동체정신의 심한 결핍에 시달렸다(적어도 평화시에는). 행정중앙집권주의와 위계적 종속원칙의 토대 위에서는 오직 전체주의적 군사국가만 지속적으로 획일적인 공동체의식을 형성한다는 것을 우리는 알고 있다. 전체주의 국가가 모든 정치적(또는 추가로 모든 경제적인) 자유추구를 억압하는 곳에서 유럽인의 고유한 자기현시욕이 꿈틀거리게 된다. 이것은 논리적으로 힘 있고 점점 강력해지는 국민공동체에 소속한다는 의식을 통해서만 만족될 수 있다. 실제로 전체 유럽의 역사는 보여준다. 자유적대적인 정부시스템이 그때마다 특별히 강하게 호전적인 권력확장의 경향을 보였다. 인간이 자유 대신에 그렇게 자주 명예를 추구하는 경우에, 그것은 내적인 의미를 가진다. 자유의 연대에 대해 교육을 받아본 적이 없는 사람은 더욱더 전쟁에서 전우애를 갈망한다. 즉, 필요한 경우에 공동체에 가장 힘든 모든 희생을 바칠 기회를 갈망하다가 자신의 목숨까지도 희생하게 된다.

지나친 군사적 권력추구를 우선적으로 경제적 관련 속에서,

말하자면 "독점자본주의"나 "경제집단주의"의 팽창욕에서 찾으려고 한다면, 그것은 옳지 못하다. 제2차 세계대전은 겉으로 보기에는, 원료보유국과 원료부족국의 싸움이었지만, 그들의 자백에 의하면 그들의 투쟁은 "세계부의 재분배"에 있었다. 단지 문제는: 왜 세계부가 "재분배되어야" 하는가? 경제적인 이유들은 그것을 설명하지 못한다.

예컨대 작은 국가들이 교환을 통해 그들 노동의 산출물을 팔았다면 그들에게 없는 원자재를 충분한 양으로 살 수 있었다. 이런 방식으로 국민행복이 가장 왕성하게 성장했을 것이다. 무엇 때문에 호전적인 권력국가가 경제적인 불이익을 불평했는지, 자세히 보면 그것은 오히려 군사적인 원인이었다. 평시뿐만 아니라 전시에도 군사적으로 가장 중요한 원료물질의 접근을 보장하려고 했다. 실제로 추구한 것은 미래의 전쟁에서 더 나은 성공전망을 갖기 위한 원료의 자급자족이었다. 그러한 사고과정은 그 근원이 자본주의에 있는 것이 아니라 군국주의에 있다. 군국주의와 그로부터 성장한 관치국가적인 관료주의로 구현된 "권력 그 자체"는 악마의 힘이다. 이것이 어디선가 자유추구를 근본적으로 제압하는데 성공한다면, 이것은 본질적으로 최고의 가치 자체로 추구하게 되고, 자기목적이 된다. 이는 심리법칙과 일치한다. 왜냐하면 절대적인 권력을 가진 자는 필연적으로 원하는 것이 허용되는 것으로 보는 데 익숙해지기 때문이다. 그러한 조건하에서 오늘날 기독교적-인도주의적 문화적 이상조차

도 바람직하지 못한 족쇄로 느끼게 된다. 그 대체물로서 영웅적
이고 무자비한 "윤리"를 전파한다. 바로 강자의 지배의지를 위
해 자유로운 길을 열고 종속원칙의 범람을 통해서 모든 인간적
인 양심의 동요를 말살하려는 목적이다. "강자의 권리"가 공연
히 통용되는 곳에서는 무엇보다도 약한 민족에 대한 군사적 억
압도 정당한 것으로 보이게 된다(위기 시뿐만 아니라 모든 미래에
대해서도).

　1939년부터 1942년까지 지속적으로 실현된 그러한 전개가
능성이 더 이상 아주 없지 않다는 관점에서, 다시 한 번 반복한
다. 경제적인 착취와 군사적 착취는 두 가지 근본적으로 다른 것
으로 명확하게 분리되어야 한다. 경제적인 착취는 그 자체로서
전통적인 자유법질서의 범위 안에서, 광범위한 자치행정시스템
의 범위 안에서 평화적인 방법으로 막을 수 있고, 경우에 따라서
는 극복할 수 있다. 이에 대해서 군사적 착취는, 그것이 약한 민
족의 지속적인 억압을 통해서 만들어진 것처럼, 유럽세계의 영
역에서 불가피하게 법이념과 공동체도덕의 파괴를 초래할 수밖
에 없다. 그에 의해서 결과적으로 폭력신봉의 범람을 가져오며,
모두의 모두에 대한 증오를, 일반적인 노동혐오를, 그리고 중단
없는 문화쇠퇴를 가져온다. 고대의 몰락이 이에 대한 명확하고
영원히 기억해야 할 증거를 제공한다.

　유럽에 존재하는 균형시스템에 의해 지난 수백년간 관치적인
권력국가는 군국주의의 악마적인 힘을 제한받지 않고 방출하는

것이 저지되었다. 그들의 군사 경쟁에서 가능한 강해지기 위해
서 그들은 국민을 분위기 좋게 유지하고, 민족의식을 고취시키
며, 교육을 촉진하고, 사회적으로 부합하도록 할 압박을 느꼈
다. 이 모든 것은 지구가 "강자의 권리"와 전체주의적 군국주
의를 숭배하는 몇몇 세계제국의 희생물이 되어야 하는 즉시 근
본적으로 바뀌어야 한다. 그러한 거대하고 압도적인 군사국가
는 그들의 핵심부분 외에는 작은 지배자계층의 이익만 보전하
면 되었다. 이로써 고대문명이 파괴된 시대에, 압도적 권력의지
가 승리하도록 내버려두어야 했다. 왜냐하면 일반적인 폭력신
봉의 기초 위에, "대중마키아벨리즘"의 기반 위에서는 더 파괴
할 뿐 재건할 수는 없었기 때문이다.

그것은 깊이 생각하게 한다. 고대의 몰락 이후 처음으로 중세
시대의 권력원자화는 새로운 유럽문화의 번창을 가능하게 했
다. 이러한 권력원자화는 다음과 같은 이유로 실현되었다. 원시
게르만 민족이 원시시대의 지방주의로부터 자유지향적이고 일
방적으로 관습법을 기초로 한 공동체이념을 물려받았으며, 이
러한 자유지향적-보수적 법이념을 민족이동시대에 유럽전역
에 전파할 수 있었기 때문이다. 그리고 그 후 새로 출현한 기사
귀족이 군주권력에 대항하여 완전한 성과를 거둔 자유투쟁 때
까지, 권력원자화가 충분히 광범위하게 진전하고 문화적인 재
도약이 마침내 가능해질 때까지 500년이 더 걸렸다!

이로써 오늘날의 세계문화가 전체주의적인 군사국가의 침략

으로 모조리 파괴된다면, 또는 앞으로 유사한 침략을 받을 경우에 인류가 어떤 발전에 직면하게 될지 의문이다. 이러한 경우에 새로운 문화도약이 유럽에서 전혀 더 이상 일어나지 않을 것이라는 좋은 이유를 끌어낼 수 있을 것이다. 새로운 권력의 원자화와 세계의 정신적-도덕적 갱생을 기대할 수 있는, 지방적-연방적인 자유정신으로 충만한 지구의 구석이 도대체 어디에 있는가? 아시아-러시아 문화영역에서도 그들이 로켓과 핵무기로 무장한 지배민족의 통치권하에서 지속적으로 생존능력을 가질수 있을지 의문이다. 이 모든 것은 1939년에서 1945년까지 바로 인류의 미래가 실제로 위험에 직면했다는 것을 보여준다. 최근의 혼란과 공포가 "보다 나은 시대의 진통"이라고 주장하는 광범위하게 퍼진 낙관론은 얼마나 잘못된 것인가. 잘못된 세상은 마땅히 몰락하고, 이러한 붕괴로부터 "필연적으로" 올바른 질서가 자라날 것이라고 한다.

19세기와 20세기 초의 시기는 심각한 결함이 있다는 것을 부인할 수 없지만, 오늘날 이미 많은 국민들에게 진정한 낙원으로 보인다. 그것은 수백년 혹은 수천년을 넘어 후세에 파라다이스 시대로서 쉽게 통할 수도 있을 것이다. 전체주의가 된 군국주의 정신, 더 정확히, 망상이 전 지구를 폭력의 사슬로 묶는 데 성공한다면 그럴 수 있을 것이다. 왜냐하면, 허무적인 폭력정신에 빠진 세계로부터 다시 확고한 도덕적 공동체 기초를 세우는 것은 무한히 어려워서, 독재적인 군사통치의 압력 아래에서 모든

윤리적 유대의 쇠퇴가 믿을 수 없을 정도로 빠르게 진행되기 때
문이다. 모든 국가시민의 양심에 뿌리를 내린 공동체도덕보다
더 쉽게 붕괴될 수 있는 것도 없으며, 그렇게 느리게 재건할 수
있는 것도 없다!

　만약 수십년이 지나서 세상이, 특히 유럽세계가, 전쟁 전의
시기보다 실제로 좋아 보인다면, 그것은 기뻐할 만하다. 하지만
그것이 미래에 쉽게 침몰할 수 있다는 것을 결코 잊지 말아야 한
다. 이와 관련하여 야콥 부르크하르트(Jacob Burckhart)가
1869년에 한 말을 지속적으로 명심해야 한다. "유럽의 구세주
는 무엇보다도 정치적–종교적–사회적 강제통일과 강제평준화
의 위험으로부터 유럽의 특성인 다양한 정신의 풍부함을 구하
는 자이다. 실제로 민족과 문화를 잃어버리는지 여부가 특정한
시점에서 한 사람의 힘에 달렸을 수 있기에, 정신은 정복하기 어
렵고, 언제나 승리한다는 반론은 진부하다."

　보다 나은, 보다 평화로운 유럽을 만들기 위하여 물론 모든 것
은 우선 승리한 연합군의 선의에 달렸다. 앵글로색슨–러시아의
생산적인 협력이 조만간 이루어진다고 가정하면, "국제연합"이
구축한 평화체제는 당분간 스스로 검증할 것이다. 확실히 집단
적인 안전보장시스템은 여러 가지 관점에서 강제시스템을 구체
화한 것이고, 그것이 모든 평화침해를 방지하는 데 엄격하게 제
한되었을 때만 정당화된다. 그러나 이러한 제한은 유럽, 특히
독일의 집단적인 통제에 대해서는 이의가 제기될 수 없다. 법과

도덕의 원칙에 기여해야 한다는 의무를 의식한다면, 무장된 힘도 경우에 따라서는 유익하게 작용할 수 있다. 하지만 그 모든 것은 장기적으로 충분하지 않다. 집단안전보장시스템의 구성과 고립의 극복이 매우 중요하기 때문에, 세계평화의 보호를 위해서는 궁극적으로 보다 더 강력한 보장을 필요로 한다. 국민들의 정신 자체에 뿌리를 내린 보장이 필요하다.

여기서 중요한 것은 유럽에 위계적으로 구성된 관치국가가 존재하는 한, 권위적이고 전체주의적인 흐름은 항상 새롭게 분출되고 결코 완전히 억누를 수가 없다는 점이다. 행정중앙집권주의는 명령과 종속의 시스템으로서 도덕적- 양심적 공동체결속보다는 기계적-도구적 결속을 성립시키고, 그 본질에 따라 권력원칙을 구체화하고, 결과적으로 내부적 질서를 보장하기 위해 강력한 군대를 유지하는 것에 의존한다. 덧붙이면, 관료위계제와 명령행정의 세계에서 전쟁위험 없는 상태는 때때로 거의 필연적으로 국가 공동체생활의 붕괴와 사회적(또는 국제적) 증오감의 범람을 가져올 위험이 있다.

그렇게 권위적으로 관리되는 무정부주의의 권력국가가 정부권위의 강화를 통하여, 좌 또는 우의 "파시즘적인" 헌법형태의 도입을 통하여 나아간다면, 세계 강대국 사이의 집단적인 안전보장시스템하에서 항상 귀찮고, 국제신뢰를 오염시키는 다툼에 도달하게 된다. 왜냐하면 구체적인 경우에 외부로부터 폭력적인 개입을, 평화보장을 위하여 군사적 사전행동이 정당화될

수 있는지 여부를, 언제나 쉽게 결정할 수 있는 것은 아니기 때
문이다.

사실 이러한 모든 어려움으로부터 벗어나는 해결책은 "자유
로운 국민집단의 연합"이 되기 위해 유럽의 모든 관치국가가 진
정으로 철저한 탈위계화프로그램과 지방화프로그램의 실현을
위해 착수하고, 그들이 관료주의적인 명령행정의 세계에서 생
동하는 자치행정으로 전환하고, 그들이 단순한 "관료와 직업정
치인의 국가"이기를 중단해야만 제공될 수 있다.

왜냐하면, 지금까지 우리의 설명이 보여주듯이, 유일하게 지
방주의가 그로부터 흘러나오는 "집단적 윤리주의"에 의해 유럽
의 국민들을 규율이 잡힌 자유와 민주적 정신에 대해서 뿐만 아
니라 사회적 조정의지와 외교적 평화에 대해서도 진정으로 교
육할 수 있기 때문이다.

유럽은 일반적 지방분권의 세계로서, 즉 광범위한 지방적 재
량자유와 처분자유의 세계로서 미래의 평화를 해치는 태풍의
중심이 되는 것을 중단해야 한다. 전쟁을 하기에는 너무 작아졌
기 때문에 더욱 그렇다. 오늘날 전쟁이라고 부르는 것은 예전과
는 완전히 달라졌으며, 인류가 더 많이 원자력시대로 들어갈수
록 오로지 대량학살로 전개될 위험이 있다. 연방적인 집단적 국
가와 사회적 국가만 존재하고 권위적으로 관리되는 명령국가와
권력국가가 더 이상 존재하지 않게 될 때, 아마도 국제전쟁은 끝
이 날 수 있다(가족 간의 피의 복수도 귀족적 전사 간의 사적 결투도

처음에는 확고한 제도로 간주되었지만, 나중에 없어졌다!)

　제2차 세계대전은 역사적으로 매우 중요한 의미를 가지는 것이며, 권력국가의 질서원칙과 사회적 국가의 질서원칙 사이의 심각한 충돌이 되었다. 구분선이 아주 예리하게 그어진 것은 아니었다. 프랑스는 처음에 관치국가적인 "민주주의"였다가, 전쟁 말기에는 다시 앵글로색슨 편에 섰고, 진정으로 민주적인 핀란드는 비극적으로 추축국진영에서 숙적인 구러시아와 싸웠다. 강대국 자체에 관해서는 구분이 아주 명확했다. 한편에는 일방적으로 군사지향적인 권력국가인 독일, 일본, 다른 쪽으로 사회적국가인 영국, 미국, 소련 그리고 중국이 진영을 이루었다. 이러한 "집단적 국가"와 동일하게 표기될 수 있는 것은 그들의 비군사적 정신이다. 반대진영에서는 통상적으로 그들을 퇴폐적인 것으로 보거나 "이기주의자의 영혼"으로 또는 경우에 따라서는 "노예영혼"으로 평가했다.

　사회적-연방적이고 지방자치행정이념을 신봉하는 국가형태들을 결속시키는 가장 중요한 유대는 공동체윤리의 통일이다. 그들은, 세계제국 조차도, 권력정치에 부수적으로만 연루되어 있다. 그래서 그들은 국민들이 그들의 도덕적 공동체견해를 유지하기 위하여 싸워야만 할 때라고 확신하는 경우에만 실제적인 전쟁열정에 빠지는 경향이 있다. 한 번 그렇게 되면, 그들이 시작한 싸움을 무승부로 중단하는 것은 거의 불가능하다. 영국인, 미국인, 러시아인, 중국인은 그래서 제2차 세계대전 당시에 일치하여 같은 견해였다. 그 견해는 모든 타협평화는 확실히 휴전일 뿐이고 "평화시"에도 가장 극단적인 방법으로 계속 무장을 하여 군사화된 상태에서 살아야 한다는 것이다.

그러나 그것은 연합국들의 전통적 공동체이상과 모순될 수 있다. 그런 범위 안에서 "지방주의적인" 앵글로색슨과 "공산주의적인" 러시아는 모든 권력정치적이고 이념적인 차이에도 불구하고 미래에도 공동의 정신적·정치적 기초가 존재한다.

독일-일본의 군국주의의 승리를 전망할 정도로 인류의 미래는 절망적이었지만, 오늘날 근본적인 비관론에 근거는 거의 없다. 확실히 앵글로색슨 제국들은 그들의 세계로 확산되는 경제적 이익과 식민지이익에 의해서, 소련과 중국은 그들의 전체주의적 일당독재에 의해서, 비록 일방적으로 빠진 것은 아니지만 매우 잘 느낄 수 있도록 권력사상에 사로잡혀 있다. 그러나 제3차 세계대전의 가능성을 고려해야 했지만, 그러한 인류재난의 가능성은 현저하게 감소되었다. 오히려 발전을 위한 진지한 기회가 존재하는데, 그것은 시간이 흐름에 따라 국제적인 신뢰를 공고히 하고, 자유주의와 사회주의를 도처에서 화해시키고 동서세계 사이의 이념적 대립을 점차적으로 완화시키기 위하여 개선된 조건들을 만들었다.

비군사화된 국가들은 병사들을 더 높은 존재가 아니라 무장한 민간인으로 간주하고, 대규모의 침략전쟁이나 예방전쟁을 위해 남용하지 못하도록 했다. 이에 아이젠하워 장군은 완전히 타당하게도 말했다. "평화는 국민에게 있는 것이지, 그들 국민의 운명을 이리저리 조종하려고 시도하는 정치지도자에게 있는 것이 아니다."

권력국가-사회적 국가의 대립에서 출발한다면, 제2차 세계대전은 그럼에도 인류의 발전에서 결정적인 전환점이 되었다. 세계역사가 보여주는 것처럼, 그들이 전통에 따라, 자유로운 게마인데의 근원으로부터, 통일적인 법원칙과 도덕원칙에 의해서, "집단적 윤리주의"에 의해서 결합된 곳에서 인간사회는 지나친 군사적 중앙집권주의가 없어도 된다. 다시 말하면 "전통적인 양심의 동화" 없이는 국가는 필연적으로 권력조직이 된다. "강제적인 양심의 획일화"를 통해서, "권위적 집단주의"를 통해서 내부적인 무정부주의를 방지하려고 하면 할수록 권력의 성공은 더 강해지게 되고 "대량마키아벨리즘"도 삶의 요소가 되기 때문이다. 이 점에서 국가 간의 관계를 형성하기 위해서 전적으로 "국내정치의 우선"이 존재한다.

다음 문장은 1943년 이 책의 초판에서 표현했던 대로 남겨둔다. "그 밖에 오늘날 전쟁에서 승리하는 권력집단은 자신의(권력정치적이거나 사회적인) 질서원칙을 세계 전체에 확산시키려고 한다. 그러면 미래에 군사적 권력국가가 아직 존재하거나 또는 철저한 지방화를 통하여 유럽에서 그것의 재등장을 효과적으로 억제한다. 어쨌든, 모든 경우에 권력국가-사회적 국가의 대립의 극복을 약속한다."

35. 인간의 선에 대한 믿음

지방의 자유에 의거한 모든 국가구조의 기초가 되는 도덕적인 힘은 그 본질적으로 높은 수준의 믿음, 인간의 선에 대한 믿음을 특징으로 한다. 생동하는 자치의지로부터, 그로부터 나오는 법률준수, 신뢰, 화합에 대한 집단적 의지로부터 (의식적이든 무의식적이든) 동료 인간의 책임의식에 대한 믿음이 저절로 나온다. 그들의 통찰력에 대한, 그들의 추진력에 대한, 그들의 희생정신에 대한.

자유와 민주주의는 이러한 정신적·정치적 조건이 존재하는 경우에만 스스로를 증명할 수 있다. 왜냐하면 거기에서만 모든 동료시민의 자유로운 정치적 공동발언권이 일반적으로 자명한 것으로 간주되기 때문이다. 이로써 지방주의로부터 나와서 자유민주적 헌법을 생존할 수 있도록 하는 도덕적인 힘과 초당적인 양심의 유대에서 바로 이웃사랑의 신성한 불꽃이 작용한다는 것을 우리는 인정한다.

이러한 맥락은 고대 그리스의 국가학에 의해서 이정표적인 의미로 인식되었다. 이에 관해서 다시 한 번 베른하르트 크나우스(위 41)의 글을 통해서 본다. "그리스의 국가학이 동시에 윤리학이 되었을 때, 그것이 그리스의 국가에 대한 명확한 인식이었다. 진정으로 인간다운 삶을 살게 되려면, 정치적인 것과 윤

리적인 것의 양자는 개별적 인간의 종합적 인격의 표현으로 서
로 결합되어야 한다. 에우 첸(Eu Zen)은, 훌륭한, 행복한 삶은,
개개인의 목적이지만 그것은 동시에 국가의 목적이기도 하다.
완전한 게마인데는 완전한 인간과 일치한다. 그것은 그리스에
서 전무후무한 것이고 특별한 것이다. 인간이 원인으로서 또한
목적으로서 국가생활에서 작용하고, 그 외 다른 모든 국가의 목
적은 물러나고 오직 한 가지만 국가를 위해 결정적인 것으로 남
는다. 인간다운 존재의 실현, 에우 첸의 위대한 사상."

　고대 그리스인은 특별히 극단적으로 이상적인 형태의 지방자
치정부와 연방주의를 추종하였기 때문에, 그것은 지방적인 작
은 국가들만을 포함한 세계였기 때문에 이러한 인식을 쟁취할
수 있었다. 그러나 로마황제시대부터 유럽에서는 새로운 상황
이 형성되었다. 그때부터 관치적- 위계적으로 구성된 권력국가
가, 특히 근대에도 모든 서구 공동체조직의 일반적인 경우가 되
었다. 지방적-연방적, 아래로부터 위로 구성된, 지방자치의 원
칙에 의해서 건설된 국가구조는 그때부터 더 많은 예외적 발전
을 구현하였으며, 따라서 그들의 국가개념도 마찬가지로 중앙
집권적인 권력사상으로 향하게 되었다. 특히 외부를 향한 방어
를 더 잘 하기 위하여. 그럼에도 불구하고 본질적으로 이질적인
이론에 대한 이러한 용인은 공동체이상의 내면적 핵심을 변조
할 수는 없었다. 지방자유의 세계처럼 언제나 강력한 내면적인
관성을 보여주었다. 그들은 모든 일시적으로 만연한 고난에도

불구하고, 본질적 핵심에 있어서 윤리적이고 양심적 본성에 의해 결속된 공동체연합으로 존속했다. 이러한 특징으로 인하여, 특히 기독교의 영향으로, 인간에 관련된 존재의미와 그들의 선과 교육능력에 대한 믿음을 결코 완전히 포기할 수는 없었다.

이와 반대로 관치적-중앙집권적인 국가이론은 위계적인 명령행정의 이념에 기초하여 세워졌으며, 그 본성에 따라 일반적으로 도구적이고 권력적인 사고로부터 나온다. 이들 견해에 의하면 국가는 목적자체이고 그것을 유지하기 위해서는 무엇보다도 권력의 최대한 유지를 명심해야 한다. 그러나 그것은 행정적 명령시스템과 종속시스템의 불가피한 결과로 인간이 목적을 위한 수단으로 선언되고, 언제나 권력신조와 권력욕의 대상으로 전락할 위험이 있다.

바로 제2차 세계대전 동안에 강자의 악마적 폭력과 인간경멸이 전례없는 규모로 거리낌 없이 지구의 대부분을 억압하였다. 그래서 인류는 가장 잔인한 경험에 의해서 그들 자신의 운명문제에 대해 어느 때보다 명확해졌다. 기독교적-인도주의적 견해에 따라 약자가 강자로부터 보호되어야 하는가, 아니면 신이교도가 요구하는 것처럼 강자를 약자로부터 보호하여야 하는가?

최근에 다시 한 번 쟁점화된 중심적인 생존문제에 대해 미래가 궁극적으로 어떤 답을 하는지에 따라 유럽역사가, 인류의 역사 자체가 전혀 상반된 길을 가게 될 것이다. 협력과 건설의 길일지, 아니면 증오와 파괴의 길일지.

그것은 논박할 수 없는 사실이다. 고대와 중세의 시민게마인
데에서 소국가적-연방적 자유원칙은 유럽역사의 고유한 문화
창조적 요소로서 입증되었다. 반대로 이미 로마황제시대와 그리
고 오늘날 다시 새롭게 범람하는 대국가적-위계적 권력원칙은
문화파괴적으로 작용했다. 장기적으로 "약자의 권리"는 언제나
무엇보다도 작고 생동하는 공동체를 위하여 적용되는 경우에만
진정으로 풍성하게 전개될 수 있다. 왜냐하면 인간은 본성적으
로 공동체존재라는 단순한 이유 때문에. 관치국가가 그렇게 자
주 마찬가지로 높은 문화업적을 낼 수 있는 것은 소국가에서 창
조된 생활가치에 대해 내면적으로 의무를 느낄 때에만, 그 범
위에서만 이러한 능력을 보존할 수 있었다. 문화는 성장하고
지속하기 위하여 도덕적인 공동체교육의 존재를 전제로 한다.
문화는 그 가장 깊은 기초에서, 성과개념이 아니라 오히려 관
계개념이고 교육개념이다.

그러나 생동하는 집단신뢰는 언제나 개관가능한 자유로운 게
마인데의 작은 공간에서만 훼손되지 않고 지속적으로 존속할
수 있는 것처럼, 문화재앙은, 허무주의의 승리는, 고대의 소국
가적 존재원칙을 큰 공간에서 포괄적인 지방재량자유의 형태로
현재와 미래의 국민에게 확고하게 장착하는 데 성공할 경우에
만 피할 수 있다.

이 모든 것은 홀란드의 대 역사학자인 제이 후이칭가(J.
Huizinga, ≪Im Bann der Geschichte≫, Basel, 1943)의 인식을

통해서도 뒷받침된다. "수량에 대한 과대평가는 속도와 힘의 승리에 취한 현대 인간의 가장 진부한 편견 중의 하나이다. 사람들은 어디에서나 큰 국가를 믿기 시작했다. 일반적으로 통용되게 된 양적 망상의 치명적인 영향하에서 사람들은 이 세상에서 정말로 크고 지속하는 어떠한 가치도 권력국가 자체에 빚진 것은 아니었고, 지혜와 아름다움, 문화가 가져온 최고의 것과 최선의 것이 가장 좁은 국경 안에서 일어났다는 것을 유감스럽게 점차 잊었다. 우리들의 수천년 역사에서 살펴보면, 우리들이 속상해하는 세상이 '작은 나라'보다도 '큰 나라'에 의해 더 많이 시달렸다는 것은 모든 사람에게 명백해질 것이 틀림없다. 문화의 기초가 온전해지고 법이 다시 실효성을 회복하게 되면 "대국주의"도 다시 한 번 욕설이 될 수 있다."

"운명이 우리를 보고 결정한 유럽의 몰락에 대하여" 바젤의 역사가인 베르너 캐기(Werner Kaegi, ≪Historische Meditationen≫, Zweite Folge, Zürich, 1947)도 깊은 통찰력에 의해 확인하였다. "그 속에서 개개인이 성장하고 신뢰를 얻고 희생을 하는 인간공동체의 원세포는 가족과 게마인데, 그의 지역과 도시이다. 그것은 소국가 질서의 생존기관일뿐만 아니라 그것으로부터 대국가가 서서히 성장하고, 그것이 쇠하면 대국가가 병들고 죽게 되는 원세포이기도 하다. 대국가는 작은 이웃을 멸망시킬 수 있다. 그러나 작은 국가가 자신의 안에서 죽으면, 그 안에서 가족과 게마인데가 죽으면, 그 자신의 몸의 조직에서 질병이 발생하게 되고, 그것은 치명적인 결과를 가져오는 질병일 수 있다."

권력국가적인 양적 망상이 가지고 있는 문화파괴적인 위험과 관련해서, 유럽의 구원은 작은 공간으로부터 구성되는 지방적-연방적 국가이념과 그로부터 나오는 공동체윤리의 승리를 통해서만 일어날 수 있다. 지방자유와 행정적 조정원칙의 세계에서 인간의 선에 대한 믿음은 현재까지 확고하게 유지되고 있다. 이러한 세계에는 언제나, 이미 고대 그리스에게 방향을 제시하는 가치로 간주되었던, 두 가지 정치적 공동체이상이 살아있다. Dikaiosyne(정의)와 Sophrosyne(절제)이다. 포괄적인 자치행정시스템이 그 자체로는 일반적인 조화를 보장할 수는 없지만, 그것에 고유한 소국가적인 생활가치는 그럼에도 조용한 계속발전과 유기적인 진보를 위한 믿을만한 출발점을 제공한다. 정말로 지방분권화된, 지방적 재량자유의 원칙을 신뢰하는 국가에서 국내정치적인 비판도 역시 경우에 따라서 비등할 정도로 강할 수 있지만 그럼에도 그것은 실제로 현존하는 공동체생활의 기초에 대한 것이 아니라, 단지 인간의 약점으로부터 나오는 위험하거나 지저분한 현상에 대한 것이다. 그리고 반복적으로 나올 것이다.

누구도 다툴 수 없다. 광범위한 지방자치의 세계에 살아있는 공동체윤리는 해롭고 불결한 영향으로부터 결코 면역된 것이 아니다. 편협함과 무관심, 재정적이고 경제적인 권력집중, 최악의 사회적 착취와 그 밖의 많은 폐단으로부터. 그러나 다음이 결

정적이다. 불완전한 공동체도덕은 좋은 지배자도덕보다 항상
끝없이 더 낫다. 자유로운 공동체의지로부터 때때로 흘러나올
수 있는 유해한 것들에도 불구하고, 초당적인 자치이상과 보수
적-합법적 질서원칙의 토대 위에서 현존하는 폐단에 대한 책임
을 스스로 찾고, 다수의 의사와 신망 있는 소수자를 배려할 의사
가 지속적으로 남아 있다. 자기비판과 배려에 대한 이러한 집단
정신으로부터, 결코 완전히 죽지 않는 이러한 책임과 공동체를
위한 의식으로부터 갱생의 힘이 언제나 다시 활성화될 수 있다.

이로부터 다음과 같이 말할 수 있다. 집단신뢰에 대한 교육이,
통일적인 집단양심과 "윤리적 집단주의"가 국민을 결속시키는
곳에서는 인간형성의 이상이 결코 완전히 사라지지 않는다. 그
것이 비록 실현된 사실로서는 아니라고 하더라도 조만간 도덕
적 과제로서 인정될 것이다. 결코 잊지 않는다. 자유와 민주주
의에 대한 모든 집단적인 신조는 본질적으로 인도주의 이념에
대한 집단적인 신조와 다름이 없다.

모든 재앙이 현대적인 시대현상인 "대중화"로부터 기인한다
고 판단하는 것이 얼마나 잘못되었는가(대중화는 여러 가지 의미
를 가진 단어로 여기서는 단순히 사회적이고 정신적인 평준화과정으
로 이해한다. 그것은 오늘날 자유주의적으로 조직된 공공단체에서
도 뚜렷하게 볼 수 있으며 어떤 면에서는 모든 민주주의의 본질에 속
한다고 볼 수도 있다). 가장 폭넓은 국민계층의 정치참여가 인
류를 불가피한 전체주의적인 노예가 되는 나락으로 이끌고 가

는 것이 아닌가 하는 질문을 자주 듣는다. 그러한 것을 언제나 두려워하는 사람은 뛰어난 독일의 사회학자인 알프레드 베버(Alfred Weber, ≪Abschied von der bisherigen Geschichte - Überwindung des Nihilismus?≫, Bern, 1946)의 말을 가슴에 새겨야 한다.

"일반적인 의미로서 그러한 부정적인 판단은 편견일 수 있다. … 결정적인 것은―모든 광범위한 일반적인 편견에 대해서 가장 선명하게 강조되어야 할 것은―대중의 평균적인 품성이다. 즉, 자신의 고유한 판단을 위한 개개인의 불굴의 의지와 자신의 불이익에도 불구하고 그에 따라 행동할 수 있는 능력이다."

여기서 볼 때, 무엇보다도 베버의 다음과 같은 언급은 이정표적인 의미를 가진다. "모든 반대의 비난에도 불구하고 테일러화되고 포드화된 미국노동자도 영국노동자도 비인격화되지 않았다. 양자는 가장 광범위한 도구화에도 불구하고 스스로 판단하고, 더구나 시샘도 하는, 자기결정자유를 사용하는 파수꾼이다. 선험적으로 확실한 인간성에 대한 파수꾼. 따라서 비인격화는 불가피한 것이 될 수 없다. … 자기통제와 자치가 슬로건이 아니라 성격형성으로부터 오는 앵글로색슨족의 기본사실이라는 것을 알지 못하는 사람은 이번 전쟁의 전부를 이해할 수 없다. 그래서 그는 자신의 판단으로 집에 있어야 한다. 그는 자유에 대한 대중의 무능력에 관하여 일반적인 주장을 내세워서는 안 된다. 어떠한 경우이든 그는 자유주의적 대중정부가 무엇보다도 성격

형성의 문제라는 것을 이해하는 데 방해가 되어서는 안 된다."

　이러한 맥락에서 위대한 스위스의 국민교육자인 하인리히 페스탈로치의 경고를 기억하게 한다. 국가신격화시대에 그는 미래의 전령이 되었다. "언젠가 나의 현세계의 시대가 흘러갔을 때, 점점 커지는 국민고난과 그 심각한 결과가 유럽을 습격하여 사회적 기초가 완전히 흔들리게 되었을 때, 아마도 그때 내 경험의 교훈을 명심하게 되고 우리 국민 중에 보다 잘 교육받은 일부가 마침내 통찰하기에 이를 것이다.

　인간재난에, 국제소요에, 군주권력과 국민폭정의 무제한적 남용에 인간을 고귀하게 만드는 것보다 더 좋은 방책이 없다는 것을 … 도덕적으로, 정신적으로, 시민적으로 침몰된 세계부분을 위해서 교육을 통한, 인간성에 대한 교육을 통한, 인격형성을 통한 것 외에 가능한 구제는 없다."

　플라톤이나 아리스토텔레스가 고대 그리스의 지방세계에서 그랬던 것처럼, 페스탈로치는 스위스연방의 지방세계에 기초를 두고 있다. 지방자유의 기반위에 그는 인간의 선과 교육능력에 대한 확고한 믿음을 끌어내었다. 이에 따라 결정적인 것은 국가통치자에게 예전의 요구인 "사상의 자유를 달라!"를 새로운 요구인 "재량의 자유를 달라!"로 보충하고 의미있게 하는 것이 성공하는지 여부에 달렸다. 그것은 자유로운 시민정신을 심고, 작고 생동하는 공동체를 진정한 자치행정과 자기책임에 익숙하도록 하고, "명령국가"를 "집단적 국가"로 대체하는 조건하에서만 가능하다.

　모든 관료위계제와 행정적 종속의 시스템이 명령을 집행함에 있어서 자신의 양심을 배제하도록 부하를 훈련시키는 것처럼, 반대로 지방자치와 행정적 조정의 모든 시스템은 그 존재를 직접 국가시민의 자유로운 양심 자체에 기초하도록 하는 것에 의존한다. 날마다 가능한 한 의미에 충실하고 합법적인 법률해석을 유지하도록 하고, 자신의 고유한 통찰에 의하여 개인적이고 집단적인 이기심을 막고, "인격주적인" 공동체도덕을 교육한다. 그러한 "윤리적인 집단주의"에 의해서 모든 "전체주의적 집단주의"로, "대중마키아벨리즘"으로, "허무주의 혁명"으로 발전하는 것을 막는다.

　언젠가 유럽 전체가 관치국가적인 명령원칙과 권력원칙을 극복하고 다시 생동하고 초당적인 자치행정의지의 지방적ー연방적인 원칙으로 귀환하고, 모든 유럽 민족들이 마침내, 오로지 국가와 경제의 협동적인 구성이 인간의 도덕적인 필요를, 그의 양심의 요구를 만족시킬 수 있다는 것을 깨달으면, 그때, 그때에만, 페스탈로치의 의미에서 희망의 기쁨으로 미래를 보고 인도주의적 이상의 지속적인 승리를 믿을 수 있게 된 것이다. 믿음이 약한 자들은 오늘날에도 위대한 국민교육자가 당대의 인간을 경멸하는 자들에게 맞서서 무엇을 했는지를 명심해야 한다. "인간으로 존재하는, 인간이 되고 인간으로 남는 기술, 인간을 인간답게 만들고, 그를 인간답게 유지하는 기술, 네가 터무니없이 잘못된 종류라고 부정하고 만들지 않은 것으로 조롱하는 이런 기술은 다행스럽게도 만들 수가 없다. 그것은 거기 있고, 그것은 거기 있었고, 그것은 영원히 거기 있을 것이다. 그것의 기본원칙은 지울 수도 없고 흔들 수도 없도록 인간본성 자체에 존재한다."

역자후기

대한민국에서 민주주의와 지방자치의 역사는 결코 순탄하지 않았다. 제헌헌법에 지방자치가 보장되고 1949년에 지방자치법이 제정되었음에도 불구하고, 시행되지 못하다가 우여곡절 끝에 전쟁 중인 1952년에 시행되기 시작하였지만 1961년 군사쿠데타에 의하여 30년간 중단되었다. 1991년에 지방의회선거를 통해 부활하기 시작하여 김영삼정부에서 지방자치단체장 선거를 통해 지방자치의 외형을 갖추었다.

지방자치부활 30년을 통하여 적지 않은 변화가 아래로부터 일어나고 있는 것은 매우 다행스러운 일이지만 주민들은 지방자치를 체감하지 못하고 있으며, 지방문제를 주민들이 자기책임하에 처리하고 책임을 지는 지방자치의 정신은 제대로 구현되지 못하고 있다는 점에서 많은 아쉬움이 남는다.

이러한 역사는 비단 한국에서뿐만 아니라 다른 나라에서도 되풀이되었던 현상이다. 예컨대, 독일에서는 프랑스에 항복을 한 직후 당시 개혁정치가였던 프라이헤른 폼 쉬타인(Stein)은

패전의 원인을 관료주의에 의한 시민정신의 황폐화에서 찾았
다. 그는 관료주의를 극복하고 시민의 참여를 통하여 공동체에
대한 책임감을 배양하고 향토애와 조국에 대한 애국심을 고양
하기 위하여 1808년 지방자치법인 도시법을 제정하였다. 하지
만 그 이후의 지방자치는 쉬타인의 의도와는 반대방향으로 전
개되었고, 자치정신은 중앙집권적 관료주의에 의해 질식당했으
며 마침내 나치정권하에서 지방자치는 실종되고 지방자치단체
는 전체주의의 수족으로 전락하였다.

프랑스에서도 마찬가지의 전철을 밟게 된다. 1789년 프랑스
혁명 직후 전국적으로 확산된 지방자치는 로베스피에르의 공포
정치하에서 관치적 중앙집권주의로 전락하였다. 여기서 토크빌
은 '왜 프랑스는 자유를 위하여 그렇게 많은 피를 흘렸음에도 불
구하고 정치는 여전히 불안하고 안정되지 못하는가'라는 질문
을 품고 미국을 여행하고 돌아와서 "미국의 민주주의"를 썼다.
그 후에도 프랑스는 여전히 중앙집권적인 관치주의하에서 국민
들은 모든 것을 국가에 의지하는 나약한 국민으로 전락하게 되
고 나치군의 지배하에서 수모를 겪었으나 이러한 전통은 지방
분권개혁이 이루어진 1970년대까지도 극복되지 못하였다.

일본의 군국주의 지배하에서 관치적인 명령국가의 지배하에
서 모든 문제를 위에서 아래로 해결하는 데 익숙해졌던 대한민
국에서 헌법과 법률에 의해서 지방자치를 도입하였으나 관치국
가였던 독일이나 프랑스와 마찬가지로 수난을 겪었으며, 지금

도 관치적인 풍토를 극복하는 데 매우 미흡한 수준에 있다. 무엇보다도 주민과 지방에 대한 불신에 기반한 행정풍토는 읍·면·동 수준의 지방자치를 포기하여 주민들이 자치를 생활속에서 체험하지 못하고 있다. 지방자치의 외형은 도입하였으나 지방자치의 정신과 그 도덕적, 윤리적인 기반은 형성하지 못하여 가써가 경고한 것처럼 지방자치와 민주주의는 뿌리가 없이 공중에 매달려 있어 언제든지 전체주의의 바람에 휩쓸릴 수 있는 위기를 맞을 수도 있다.

정부에서는 "주민자치회"를 통해 풀뿌리자치를 복원하려고 시도하고 있지만 진정한 자치와는 거리가 멀다. 가써의 표현을 빌리면 그것은 지방의 자유를 복원하려는 것이 아니라 가짜자치(Scheingemeinde)로 관치주의를 은폐하려는 것에 불과하다. 이러한 점에서 가써의 저서들은 우리에게 제대로 된 지방자치와 민주주의를 실현하는 데 많은 시사점을 줄 것으로 생각한다.

이 책을 번역함에 있어서 여러 가지 어려움이 있었다. 가장 큰 애로는 저작권의 소재를 파악하는 일이었다. 저자는 1983년 타계하였고, 출판사는 문을 닫았기 때문이다. 전문 에이전시를 통해서 저작권 협약을 시도하였으나 저작권자를 찾지 못하였다. 평소에 가깝게 지냈던 스위스 프라이부르그 대학의 Eichenberger 교수에게 저작권자를 찾을 수 없다고 연락했다. 그는 저자의 상속인을 찾기 위해서 저자인 Gasser와 같은 성을 가진 사람들에게 모두 연락했으나 찾지 못하였다. 마침내 그는 이 책이 2004년에 독일 출판사인 Nomos에서 출판한 "유럽의 지방자유(Gemeindefreiheit in Europa)"라는 제목의 책 속에 포함되어 있다는 것을 발견해 Nomos 출판사가 저작권을 가지고 있음을 확인하였고 마침내 번역출판의 승인을 받았다. Eichenberger 교수님의 헌신적인 도움에 대해서 깊이 감사를 드린다. 2004년에 Nomos 출판사가 발간한 "유럽의 지방자유"에는 1947년판 유럽의 구원으로서 지방자유가 대부분을 차지하고 두 개의 글이 추가되어 있다. 하나는 Adolf Gasser가 1983년에 쓴 추록과 편저자인 Ulrich Mentz의 "유럽에서 지방자치 확대로 가는 험난한 길. 제2차 대전 이후 유럽에서 지방자유의 발전"이라는 글이 실려 있다. 두 개의 글도 함께 번역하여 추가할 생각도 했으나 저자의 당시 생각을 전달하기 위하여 저자의 원본만을 번역하였다. 동시에 아무런 조건 없이 흔쾌히 번역을 승인해 준 Nomos 출판사의 Rux 교수님과 Mentz 대표님에게 감사를 드린다.

　끝으로 이 책의 출판을 주선해 주신 한국지방자치학회 박기관 회장님과 손준호 과장님, 적절한 번역어를 찾는 데 도움을 주신 안권욱 교수님과 강기홍 교수님, 꼼꼼한 교정과 훌륭한 편집으로 이 번역서의 가독성을 높여주신 박가온 님과 그 밖의 박영사 관계자분 모두에게 깊은 감사를 드린다.

사항색인

역자 약력

이 기 우

독일 Münster대학교 법학부(법학박사)

현) 인하대학교 법학전문대학원 교수

전) 인하대학교 법학전문대학원 원장

전) 국회 개헌특위 자문위원회 제1소위원장

전) 국회정치개혁특위 자문위원

저서: 스위스의 지방분권과 자치(2021),

　　　모든 권력은 국민에게 속한다 이제는 직접민주주의다(2016),

　　　분권적 국가개조론-스위스에서 정치를 배우다(2014) 외 다수

유럽의 구원으로서 지방자유

2022년 3월 5일 초판 발행

지은이 아돌프 가써 | 옮긴이 이기우 | 펴낸이 안종만 · 안상준 | 펴낸곳 ㈜박영사

등록 1959.3.11. 제300-1959-1호(倫)

주소 서울특별시 금천구 가산디지털2로 53, 210호(가산동, 한라시그마밸리)

전화 (02) 733-6771 | 팩스 (02) 736-4818

홈페이지 www.pybook.co.kr | 이메일 pys@pybook.co.kr

편집 박가온

기획/마케팅 손준호

표지디자인 Benstory

제작 고철민 · 조영환

ISBN 979-11-303-4051-7 (93360)

정 가 19,000원